Die Jugoslawienkriege in Geschichtskultur und Geschichtsvermittlung

Julia Thyroff, Béatrice Ziegler (Hg.)

Die Jugoslawienkriege in Geschichtskultur und Geschichtsvermittlung

CHRONOS

Der Tagungszyklus, bestehend aus den Veranstaltungen «Jugoslawienkriege und Geschichtskultur: Vergangenes Unrecht, Umgangsweisen und Herausforderungen» (27. Januar 2018) und «Die Jugoslawienkriege vermitteln: Zugänge und Herausforderungen» (19. Januar 2019) sowie dem hier vorliegenden Tagungsband, wurde ausgerichtet vom Zentrum Politische Bildung und Geschichtsdidaktik der Pädagogischen Hochschule Nordwestschweiz am Zentrum für Demokratie Aarau und finanziell unterstützt mit Beiträgen der Fachstelle für Rassismusbekämpfung (FRB).

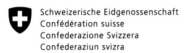

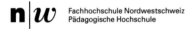

Informationen zum Verlagsprogramm:
www.chronos-verlag.ch

Umschlagbild: Das Titelblatt basiert auf einer Vorlage von Theo Gamper Grafik, Solothurn.

© 2020 Chronos Verlag, Zürich
ISBN 978-3-0340-1582-0

Inhalt

Einleitung 9
Julia Thyroff, Béatrice Ziegler

Teil I: Geschichtswissenschaftliche Grundlagen

Die Jugoslawienkriege 1991–1995 19
Nada Boškovska

Teil II: Geschichtsdidaktische Ausgangslage

Die Vermittlung der Jugoslawienkriege als Herausforderungsgefüge.
Bestandsaufnahme und Problemaufriss aus geschichtsdidaktisch-
theoretischer Perspektive 37
Julia Thyroff

Die Jugoslawienkriege als Unterrichtsthema in der Schweiz.
Der Lehrplan 21 für die Sekundarstufe I und darauf abgestimmte
Geschichtslehrmittel 61
Julia Thyroff

Teil III: Situationsbestimmung in der Schweiz

Vergessener Kontrapunkt. Das schweizerische Jugoslawienbild
im Kalten Krieg 75
Thomas Bürgisser

Das «Serbenbild» während der Jugoslawienkriege in der Schweiz 87
Kathrin Pavić

Zwischen Stigmatisierung und Emanzipation. Bildungserfahrungen von Schweizer Romnija mit exjugoslawischer Herkunft bezüglich ihrer Roma-Zugehörigkeit 101
Nadine Gautschi

Teil IV: Geschichtskulturelle Phänomene

Vergeben, aber nicht vergessen. Serbisches Gedenken an die NATO-Bombardierung 1999 115
Elisa Satjukow

National and Religious Categorisation in Patriotic Songs Made between 1992 to 1995 in Sarajevo, Bosnia-Herzegovina 131
Petra Hamer

The Kosovo War during 1998–1999 in the History Textbooks in Kosovo and Serbia 143
Shkëlzen Gashi

Die «lange Dauer». Gewalt und Erinnerung in Kosovo im 20. und 21. Jahrhundert mit Beispielen aus Mitrovica 155
Franziska Anna Zaugg

Teil V: Didaktische Zugänge

Jugoslawienkriege im Geschichtsunterricht in der Schweiz. Tagungskommentar 171
Dominik Sauerländer

«Pulverfass Balkan»? Zu den Möglichkeiten des Einsatzes von Karikaturen im Umgang mit einem überkommenen Deutungsmuster 175
Kathrin Pavić

Perspektiven gewinnen. Youtube-Clips zu den Jugoslawienkriegen
mit der Webapp Travis Go im Unterricht kooperativ untersuchen 189
Elke Schlote, Susanne Grubenmann

Die Schweiz und die Auflösung Jugoslawiens im Spielfilm.
Ansatzpunkte für ein identitätssensibles historisches Lernen
in den Filmen Andrea Štakas 201
Oliver Plessow

Internationale Friedenssicherung im «Jugoslawienkonflikt».
Systemische Reflexionsformen in der Unterrichtsplanung 213
Gabriele Danninger

Autorinnen und Autoren 227

Einleitung

Julia Thyroff, Béatrice Ziegler

In der migrationsgeprägten Schweiz leben heute zahlreiche Menschen mit Bezügen zur Region des ehemaligen Jugoslawien. Unter der ständigen ausländischen Wohnbevölkerung in der Schweiz finden sich, so zeigen Daten des Bundesamts für Statistik für das Jahr 2018, insgesamt über 300 000 Menschen, die Staatsangehörige Bosnien-Herzegowinas, Kosovos, Kroatiens, Nordmazedoniens, Montenegros, Serbiens oder Sloweniens sind (Bundesamt für Statistik 2019). Unter den insgesamt in der Statistik erfassten über zwei Millionen ausländischen Staatsangehörigen im Jahr 2018 machen diejenigen von Nachfolgestaaten des ehemaligen Jugoslawien damit eine erhebliche Gruppe aus. Im Vergleich mit dem Jahr 1990, in dem die Gruppe der in der Schweiz lebenden Staatsangehörigen Jugoslawiens aus rund 140 000 Personen bestand (ebd.), hat sich die Zahl von Menschen mit Bezügen zu (Ex-)Jugoslawien seither also mehr als verdoppelt, wobei Personen, die im Verlauf der letzten Jahrzehnte die schweizerische Staatsbürgerschaft erworben haben, nicht mitgerechnet sind. Thomas Bürgisser spricht für diese von Zehntausenden und kommt zu dem Schluss, insgesamt habe jede zwanzigste in der Schweiz lebende Person in irgendeiner Weise «Wurzeln» im ehemaligen Jugoslawien (Bürgisser 2017, 20). Verschiedene Phasen von Migration und unterschiedliche Migrationsanlässe führten zu dieser Situation: namentlich arbeitsbedingte Migration, insbesondere in den 1960er- und 1980er-Jahren, mit zugehörigem Familiennachzug, aber auch kriegsbedingte Flucht und Migration während des Zweiten Weltkriegs und seit den 1990er-Jahren (Iseni/Ruedin/Bader/Efionayi-Mäder 2014, 26–33; Pavić 2017, 25; siehe auch Beitrag von Bürgisser in diesem Band).[1]
Heutige Schülerinnen und Schüler haben zwar keine eigenen Erinnerungen an die Jugoslawienkriege, viele von ihnen aber wohl familiäre Verbindungen zu Region und Thematik. Ihnen und auch der schweizerischen Gesamtgesell-

---

[1] Ein historischer Überblick spezifisch zur serbischen Immigration in die Schweiz findet sich zudem bei Pavić, welche von Zuwanderung bereits ab der Mitte des 19. Jahrhunderts berichtet, zunächst vonseiten «serbischer Studenten und Intellektueller» (Pavić 2015, 37).

schaft können Jugoslawien und die Jugoslawienkriege überdies durch mediale Produkte wie Dokumentationen, Nachrichten, Filme, Musik, Zeitungsberichte und weitere Manifestationen vermittelt im Bewusstsein sein. Es ist davon auszugehen, dass vielfältige Vorstellungen gesellschaftlich virulent sind – sowohl in Bezug auf die Jugoslawienkriege als Ereigniskomplex als auch hinsichtlich der darin involvierten Kollektive und einzelnen Menschen mit biografischen Bezügen zur Region des ehemaligen Jugoslawien.

Vielfach sind diese Vorstellungen heute negativ konnotiert, wie das in pejorativ gebrauchten, stereotypen Bezeichnungen wie «Jugo» oder «Balkanraser» zum Ausdruck kommt. Insbesondere im Zusammenhang mit den Jugoslawienkriegen der 1990er-Jahre erfolgte eine derart negative Auflaudung der Wahrnehmung und eine Stereotypisierung von Menschen aus der Region des zerfallenden Jugoslawien (Bürgisser 2017; Pavić 2015, 97–152; sowie deren Beiträge in diesem Band). Bürgisser fasst den Prozess der Stereotypisierung wie folgt zusammen: «‹Jugo› war also ein Sammelbegriff, mit dem Menschen auf ihre Herkunft aus einem einstmals gemeinsamen Staat reduziert wurden. Wichtig war nicht, wer sie waren, sondern woher sie kamen. In einem zweiten Schritt wurden negative Attribute einzelner Vertreter dieser Gruppe – ob sie nun im Einzelfall zutrafen oder nicht – allen Angehörigen dieser Gruppe zugeschrieben. Somit wurde der eigentlich wertfreie Begriff *jugo* (= Süd) zum Pejorativ, zum abwertenden Ausdruck oder eben zum Schimpfwort. Die hohe Sichtbarkeit von Menschen aus Ex-Jugoslawien und der rassistische Diskurs über sie machten das Thema in den 1990er- und 2000er-Jahren zum Gegenstand heiss geführter öffentlicher Debatten.» (Bürgisser 2017, 21 f.)

Was Bürgisser hier beschreibt, ist ein Prozess der Stereotypisierung von Personen aufgrund ihrer Herkunft und angenommener, damit verbundener negativer Merkmale. Teilweise werde die Herkunft mit Jugoslawien bezeichnet, teilweise und synonym auch mit dem Begriff Balkan, oft in zusammengesetzten Substantiven wie «Balkanschläger», «Balkanraser» oder «Balkanmachos» (Bürgisser 2017, 25 f.), oftmals insbesondere bezogen auf junge Männer aus dem Balkan (Ritter 2018, 43).

Mit solchen Bezeichnungen wird angeknüpft an überkommene Balkanbilder, die Maria Todorova in ihrem einflussreichen Werk «Imagining the Balkans», in der deutschen Übersetzung «Die Erfindung des Balkans», dargestellt hat (Todorova 1999). Der Region und den von dort stammenden Menschen werden homogenisierend spezifische Merkmale zugeschrieben, ein Vorgang, den Todorova in Weiterführung von Edward W. Saids Konzept «Orientalism» als «Balkanismus» fasst (Bürgisser 2017, 27 f.; Pavić 2015, 71–73; Said 1978; Todorova 1999, 23–40). Christian Ritter spricht vom Balkan als – angenommene – «kulturelle und mentale Disposition» (Ritter 2018, 40).

Während das Attribut «Balkan» heute in aller Regel[2] pejorativ gebraucht wird, waren solche negativen Balkan- und Jugoslawienstereotype in der schweizerischen Gesellschaft keineswegs immer dominierend. So konnte Bürgisser im Rahmen seiner Forschungen zur «Wahlverwandtschaft zweier Sonderfälle im Kalten Krieg» aufzeigen, dass Menschen aus Jugoslawien im Zusammenhang mit der Arbeitsmigration seit den 1960er-Jahren durchaus positiv wahrgenommen wurden und als willkomme Arbeitskräfte galten (Bürgisser 2017, und sein Artikel im vorliegenden Band). Erst im Zuge der Jugoslawienkriege erfolgte eine deutliche Wahrnehmungsverschiebung, wurden negative und verallgemeinernde Jugoslawien- und Balkanstereotype aktiviert. «Paradoxerweise» geschah dies, so Bürgisser, ausgerechnet in einer Zeit, in der der vermeintlich homogene Balkan beziehungsweise der jugoslawische Staat im Zerfall begriffen war und sich die Region «tief greifend» veränderte: «Alle Lebensbereiche von Individuen und Gesellschaft wurden grundlegend erschüttert und nachhaltig verändert. Der Wechsel von der ehemals gemeinsamen sozialistischen und jugoslawischen Identität hin zu konkurrierenden und in offenem Konflikt stehenden ethnonationalistischen Ideologien markierte einen radikalen Wandel. Der Krieg in der Heimat bedeutete für die Biografien der jugoslawischen Migrationsbevölkerung zweifellos eine beispiellose Zäsur. […] Alles, was ihnen bisher vertraut schien, verlor seine Gültigkeit.» (Bürgisser 2017, 24 f.)

Die in der Schweiz lebenden Menschen jugoslawischer Herkunft erlebten die Zeit der Jugoslawienkriege und die damit verbundene Auflösung des vormaligen Staates Jugoslawien als Identitätsbruch (Pavić 2015, 339–343) und zugleich als deutlichen «Imageverlust» (Bürgisser 2017, 25). Insbesondere in der Schweiz lebende Serbinnen und Serben, die Kathrin Pavić im Rahmen ihrer Dissertation interviewte, erlebten die Jugoslawienkriege neben einem allgemeinen Identitäts-, Nationalitäts- und Heimatverlust spezifsch auch als «Verschlechterung der Reputation Serbiens und ethnischer SerbInnen», wobei sie diese Wahrnehmung Serbiens «als Aggressor und Hauptschuldiger» mitunter als «ungerecht» empfänden (Pavić 2015, 341).

Es lässt sich also ein Nebeneinander von unterschiedlich gelagerten Stereotypen beobachten: Einerseits solche, mit welchen Personen «[e]ntgegen ihren heterogenen Migrationsgeschichten, Nationalitäten und sozioökonomischen Hintergründen […] pauschalisierend als ‹vom Balkan› oder, synonym dafür, als ‹Jugos›

---

2 Ausnahmen gibt es gleichwohl: So zeigt Samuel Behloul für die Gruppe der in der Schweiz lebenden muslimischen Albaner und Bosniaken, dass angesichts einer sich verschärfenden Stigmatisierung von Muslimen das Merkmal «Balkan» zu einem Vorteil werden kann: «Aufgrund ihrer europäischen Herkunft werden sie vielmehr als ‹Balkan-Muslime›, das heisst als ‹europäische› und von daher als ‹unproblematische› Muslime wahrgenommen. Die herkunftsbedingte Balkan-Hypothek wird so offenbar zu einem religionsbedingten Balkan-Bonus» (Behloul 2016, 204).

angerufen» werden (Ritter 2018, 39), andererseits eine Differenzierung entlang nationaler beziehungsweise ethnischer Kategorien und Kriegsparteien sowie zugeschriebener Rollen, wobei eine solche Unterscheidung nach Kollektiven beziehungsweise Kriegsparteien überhaupt erst mit den Jugoslawienkriegen einsetzte, während die Menschen vorher in der Regel als Angehörige eines homogenen Jugoslawien wahrgenommen wurden (Burri Sharani et al. 2010, 41; Pavić 2017, 26).

Eine differenzierte Betrachtung der öffentlichen Wahrnehmung ist also notwendig, sowohl in zeitlicher wie auch in regionaler Hinsicht. In letztgenannter Hinsicht kommen Burri Sharani et al. in Bezug auf Zuwandererinnen und Zuwanderer aus dem Kosovo beispielsweise zu dem Schluss, dass diese je nach Landesteil unterschiedlich gesehen würden: In der französischen und italienischen Schweiz gälten sie «als Migranten unter vielen anderen, während man sie in der Deutschschweiz als eine besonders grosse und schwierige Gruppe betrachtet, die oft Gegenstand öffentlicher Debatten ist» (Burri Sharani et al. 2010, 42). Sie würden mit Drogenproblemen assoziiert und gälten als Belastung für das Sozialsystem (ebd., 41). In derartigen Diskursen über die soziale Situation von Menschen aus Südosteuropa werde, so Christan Ritter, «ein diffuses Wissen abgerufen, das sich weniger auf tatsächliche Erfahrungen bezieht als auf Vorstellungsbilder und Stereotype» (Ritter 2018, 42).

Geschichtsunterricht in der Schweiz steht, will er die Jugoslawienkriege zum Thema machen, also vor grossen Herausforderungen. Geschichtsunterricht ist als System eingebettet in das ihn umgebende Umfeld (Gautschi 2009, 34), die konkrete Gesellschaft und Geschichtskultur. Er ist mithin nicht ohne die darin vorherrschenden Bedingungen, Vorstellungen und Phänomene zu denken. Dies zeigt sich auch am Thema Jugoslawienkriege in besonderem Masse. Die historische, gesellschaftliche und geschichtskulturelle Ausgangslage in Bezug auf das Thema Jugoslawienkriege führt hier zu einem komplexen Herausforderungsgefüge: Erstens bestehen vielfältige Hintergründe der zu unterrichtenden Adressatinnen und Adressaten mit ihren je eigenen Erfahrungen. Zweitens stellen die Jugoslawienkriege einen überaus vielschichtigen und schwer durchschaubaren Ereigniskomplex mit einer Vielzahl beteiligter Akteurinnen und Akteure und deren je spezifischen Perspektiven dar. Drittens kursiert eine Vielzahl medialer, geschichtskultureller Manifestationen zum Thema mit ihren je spezifischen Perspektiven und Beschränkungen, zum Beispiel mitunter stark vereinfachenden Opfer-Täter-Dichotomien (vgl. die Beiträge von Gashi und Satjukow in diesem Band). Viertens sind negative Stereotype in Bezug auf Menschen mit Bezügen zum ehemaligen Jugoslawien gesellschaftlich verbreitet.

Flucht- und Zielpunkt des vorliegenden Bandes ist die Gestaltung von Geschichtsunterricht in der Schweiz. Dabei betrachten wir die Jugoslawienkriege als ein Thema, das für die gesamte Gesellschaft in der Schweiz relevant ist: um zu einem differenzierten Verständnis der komplexen Ereignisse zu gelangen, um eine Reflexion und Hinterfragung der zugehörigen vielperspektivischen geschichtskulturellen Phänomene anzuregen, um die in Gesellschaft und Geschichtskultur beobachtbaren Stereotypisierungen und Vereinfachungen zu reflektieren und aufzubrechen, um das Gespräch zwischen Menschen mit unterschiedlichen Bezügen anzuregen und mithin das Zusammenleben in einer heterogenen, demokratischen Gesellschaft positiv zu beeinflussen. Die Tatsache, dass unter den Schülerinnen und Schülern solche mit familiären Bezügen zur Region des ehemaligen Jugoslawien und zu den Jugoslawienkriegen sind, verdient dabei eine besondere didaktische Aufmerksamkeit.

Der Band ist mit seinem Anliegen in die Reihe «Erinnerung – Verantwortung – Zukunft» eingebettet, im Rahmen derer am Zentrum Politische Bildung und Geschichtsdidaktik der Pädagogischen Hochschule Nordwestschweiz, angesiedelt am Zentrum für Demokratie Aarau, seit einigen Jahren regelmässig wissenschaftliche Tagungen stattfinden und zughörige Bände publiziert werden. Die Reihe setzt sich zum Ziel, Geschichtsvermittlung im Umgang mit in der Schweiz gesellschaftlich virulenten, aber herausfordernden und bislang zu wenig bearbeiteten Themen zu begleiten und wissenschaftlich zu fundieren. Versammelt im hier vorliegenden Buch sind Beiträge zweier Tagungen: «Jugoslawienkriege und Geschichtskultur: Vergangenes Unrecht, Umgangsweisen und Herausforderungen» und «Die Jugoslawienkriege vermitteln: Zugänge und Herausforderungen», die in den Jahren 2018 und 2019 stattgefunden haben (Ziegler/Thyroff 2018).

Mit dem Tagungsformat und den zugehörigen Bänden tragen wir der gesellschaftlichen und geschichtskulturellen Vernetztheit von Geschichtsunterricht Rechnung, indem wir nicht nur im engeren Sinn didaktische Zugänge für den Unterricht in den Blick nehmen, sondern zunächst einmal das gesellschaftliche und geschichtskulturelle Umfeld, in dem dieser Geschichtsunterricht situiert ist, ausloten. Ein Teil des Bandes (Teil III) widmet sich in diesem Sinn einer gesellschaftlichen Situationsbestimmung in der Schweiz. Den Auftakt bildet dort der Text von *Thomas Bürgisser*, mit dem er an seine bereits zitierte Dissertation zur «Wahlverwandtschaft zweier Sonderfälle» anschliesst. Bürgisser beleuchtet im Text das in der Schweiz beobachtbare durchaus positive Jugoslawienbild während des Kalten Krieges und kontrastiert dieses mit aktuellen vor allem pejorativen Stereotypen in Bezug auf Menschen aus dem ehemaligen Jugoslawien. Auch *Kathrin Pavić* schliesst mit ihrem Text an ihre Dissertation an. Sie nimmt spezifisch Menschen mit serbischen Bezügen und deren Selbst- und Fremdwahrnehmungen in den Blick. Hierfür analysiert sie in schweizerischen Zeitungen während der Jugoslawienkriege zu findende Vorstellungen von Serbinnen und

Serben sowie Selbstbilder von Personen mit serbischen Bezügen. Eine weitere Autorin in diesem Abschnitt, *Nadine Gautschi*, widmet einer bislang wenig gehörten Bevölkerungsgruppe ihre Aufmerksamkeit: den in der Schweiz lebenden weiblichen Roma exjugoslawischer Herkunft mit ihren Bildungserfahrungen, die Gautschi «zwischen Stigmatisierung und Emanzipation» einordnet.

Der Beitrag Gautschis bricht dabei mit einem gängigen Klassifikationsschema. Das Reden über Migrantinnen und Migranten aus Jugoslawien, über die Jugoslawienkriege und die daran beteiligten Akteurinnen und Akteure bedient sich, sofern überhaupt das oben beschriebene verallgemeinernde Balkanbild differenziert wird, oftmals nationaler Kategorien. Die Rede ist dann von Serbien, Kroatinnen, Slowenen, dem Kosovo usw., die als Kriegsparteien auftreten – oftmals verbunden mit stark vereinfachenden Täter-Opfer-Dichotomien. Auch in aktuellen schweizerischen Geschichtslehrmitteln ist bei der Darstellung der Jugoslawienkriege eine Differenzierung entlang vor allem nationaler Kategorien gang und gäbe (vgl. Beitrag von Thyroff in diesem Band). Nationale Kategorien verschleiern den Blick für eine auch innerhalb nationaler Distinktionslinien starke Heterogenität von Gesellschaften und die Unterschiedlichkeit von Erfahrungen. Der vorliegende Band setzt sich zur Aufgabe, einen Impuls zur differenzierten Betrachtung der Jugoslawienkriege, ihrer geschichtskulturellen Darstellungen, der daran beteiligten Akteurinnen und Akteure und ihrer Wahrnehmungen zu geben. Dies geschieht zum Beispiel, indem Selbst- und Fremdwahrnehmungen kontrastiert werden (Beitrag von Pavić), historische Differenzierungen vorgenommen werden (Beiträge von Bürgisser, Pavić, Satjukow) oder indem unterschieden wird zwischen offiziellen und inoffiziellen Praxen des geschichtskulturellen Umfangs mit den Jugoslawienkriegen (Beiträge von Hamer und Satjukow), um auf diesem Weg ein differenziertes Bild der historischen Ereignisse und ihrer gesellschaftlichen und geschichtskulturellen Bearbeitungen zu erhalten.

Wie Teil III dient Teil IV der gesellschaftlichen Kontextualisierung von Geschichtsunterricht. In diesem rücken geschichtskulturelle Manifestationen zu den Jugoslawienkriegen ins Blickfeld. Verschiedene Arten von Phänomenen werden hier analysiert: *Elisa Satjukow* nimmt offizielle Praxen des Gedenkens an die NATO-Bombardierung 1999 in Serbien in den Blick und zeigt dort einen Wandel von Gedenkpraxen im Zeitverlauf auf. *Petra Hamer* widmet sich «patriotic songs», die im Sarajevo der Jahre 1992 bis 1995 entstanden, und analysiert diese im Hinblick auf die darin vorliegenden nationalen und religiösen Kategorisierungen. Ein weiteres Medium steht mit Geschichtsschulbüchern im Beitrag von *Shkëlzen Gashi* im Zentrum. Er vergleicht, wie heutige Schulbücher in Kosovo und Serbien den Kosovokrieg der Jahre 1998 und 1999 darstellen. Den Abschluss in diesem Teil bildet der Beitrag von *Franziska Anna Zaugg*, die nicht den Zugang über einen bestimmten Typus von Manifestationen wählt, sondern einen Ort ins Zentrum stellt: Mitrovica als Ort, an dem sich Zaugg zufolge eine «lange Dauer» von Gewalt manifestiert.

Ebenfalls mit geschichtskulturellen Manifestationen arbeiten einige Beiträge, die im Anschluss in Teil V versammelt sind, dort nun allerdings dezidiert unter didaktischem Zugriff und der Frage, wie sich anhand solcher Manifestationen Geschichtsunterricht zu den Jugoslawienkriegen gestalten lässt. Den Auftakt in diesem Teil bildet der Text von *Dominik Sauerländer*, in dem er die Beiträge der Tagung «Die Jugoslawienkriege vermitteln» kommentiert und zugleich Herausforderungen auslotet, auf die Lehrpersonen stossen, wenn sie in ihrem Geschichtsunterricht in der Schweiz die Jugoslawienkriege zum Thema machen wollen. Erneut *Kathrin Pavić* nimmt sich dann ein spezifisches Medium, nämlich Karikaturen, vor und fragt danach, inwiefern sich diese eignen, im Unterricht das negative Stereotyp des «Pulverfass Balkan» zu behandeln, zu reflektieren und zu dekonstruieren. *Elke Schlote* und *Susanne Grubenmann* berichten aus einer Unterrichtseinheit, in der Youtube-Clips zu den Jugoslawienkriegen eingesetzt und mittels der Webapp Travis Go analysiert wurden. *Oliver Plessow* reflektiert über Möglichkeiten des didaktischen Einsatzes von Spielfilmen, die Erfahrungen von in der Schweiz lebenden Migrantinnen und Migranten aus dem ehemaligen Jugoslawien aufgreifen. Nicht anhand spezifischer geschichtskultureller Manifestationen, sondern mit systemischem Ansatz arbeitet *Gabriele Danninger*. Sie unterbreitet in ihrem Beitrag einen Vorschlag für eine Unterrichtseinheit, in der sich nicht die Jugoslawienkriege, sondern Prozesse, Akteurinnen und Akteure im Rahmen der Friedenssicherung in den Blick nehmen lassen.

Zum Auftakt des Bandes vorangestellt sind drei Beiträge, die der geschichtswissenschaftlichen Einführung in die Thematik (Teil I) und Klärung der geschichtsdidaktischen Ausgangslage (Teil II) dienen sollen. *Nada Boškovska* stellt im Sinn eines historischen Überblicks den Verlauf der Jugoslawienkriege bis einschliesslich 1995 als Ereigniskomplex dar. Dabei beschreibt sie die Jugoslawienkriege nicht als eine rein innerjugoslawische Angelegenheit, sondert öffnet den Blick auch auf internationale Akteure. Zudem erweitert sie nicht nur den räumlichen, sondern auch den zeitlichen Fokus und geht auf Wege der Aufarbeitung der Kriege und bestehende Herausforderungen ein. *Julia Thyroff* nähert sich der Thematik aus geschichtsdidaktischem und dabei teilweise noch themenunspezifischem theoretischem Blickwinkel an. Sie zeigt nämlich in einer Synthese auf, welche theoretischen Überlegungen in der Geschichtsdidaktik zu Herausforderungen für die Geschichtsvermittlung in heterogenen, migrationsgeprägten Gesellschaften einerseits, im Umgang mit kontroverser, konflikthafter Geschichte andererseits vorhanden sind. In einem weiteren Beitrag nimmt sie eine Bestandsaufnahme für den neuen Lehrplan 21 und die darauf abgestimmten neuen Geschichtslehrmitteln für die Sekundarstufe I vor, um zu klären, inwieweit und auf welche Weise dort das Thema Jugoslawienkriege behandelt wird.

Literatur

Behloul, Samuel M. (2016). Zwischen Balkan-Hypothek und Balkan-Bonus. Identitätsbildung der muslimisch-jugoslawischen Diaspora in der Schweiz. In: Martina Baleva, Boris Previšić (Hg.), «Den Balkan gibt es nicht». Erbschaften im südöstlichen Europa (S. 191–207). Köln: Böhlau.
Bundesamt für Statistik (BfS) (2019). Ständige ausländische Wohnbevölkerung nach Staatsangehörigkeit, 1980–2018, www.bfs.admin.ch/bfs/de/home/statistiken/bevoelkerung/migration-integration/auslaendische-bevoelkerung.assetdetail.9466941.html.
Bürgisser, Thomas (2017). Wahlverwandtschaft zweier Sonderfälle im Kalten Krieg. Schweizerische Perspektiven auf das sozialistische Jugoslawien 1943–1991. Bern: Diplomatische Dokumente der Schweiz.
Burri Sharani, Barbara, Denise Efionayi-Mäder, Stephan Hammer, Marco Pecoraro, Bernhard Soland, Astrit Tsaka, Chantal Wyssmüller (2010). Die kosovarische Bevölkerung in der Schweiz. Bern: Bundesamt für Migration, www.sem.admin.ch/dam/data/sem/publiservice/publikationen/diaspora/diasporastudie-kosovo-d.pdf, 15. Mai 2020.
Gautschi, Peter (2009). Guter Geschichtsunterricht. Grundlagen, Erkenntnisse, Hinweise. Schwalbach/Ts.: Wochenschau.
Iseni, Bashkim, Didier Ruedin, Dina Bader, Denise Efionayi-Mäder (2014). Die Bevölkerung von Bosnien und Herzegowina in der Schweiz. Bern: Bundesamts für Migration, www.sem.admin.ch/dam/data/sem/publiservice/publikationen/diaspora/diasporastudie-bosnien-d.pdf, 15. Mai 2020.
Pavić, Kathrin (2015). «Da habe ich alles, was Serbisch war, verteufelt». Wie gesellschaftliche Diskurse die natio-ethno-kulturellen Zugehörigkeiten von ethnischen Serbinnen und Serben in der Deutschschweiz beeinflussen. Bern etc.: Peter Lang.
Pavić, Kathrin (2017). Leben mit dem Gespenst der aggressiven Jugos und Balkanraser. Eine Aussen- und Innenperspektive. Polis. Das Magazin für politische Bildung, 10, 25–27.
Ritter, Christian (2018). Postmigrantische Balkanbilder. Ästhetische Praxis und digitale Kommunikation im jugendkulturellen Alltag. Zürich: Chronos.
Said, Edward W. (1978). Orientalism. London: Routledge & Kegan Paul.
Todorova, Maria (1999). Die Erfindung des Balkans. Europas bequemes Vorurteil. Darmstadt: Primus.
Ziegler, Béatrice, Julia Thyroff (2018, April 23). Tagungsbericht Jugoslawienkriege und Geschichtskultur. Vergangenes Unrecht, Umgangsweisen und Herausforderungen, 27. Januar 2018 Aarau. H-Soz-Kult, 23. April 2018, www.hsozkult.de/conferencereport/id/tagungsberichte-7664?title=jugoslawienkriege-und-geschichtskultur-vergangenes-unrecht-umgangsweisen-und-herausforderungen&recno=1&q=thyroff&sort=newestPublished&fq=&total=10.

Teil I

Geschichtswissenschaftliche Grundlagen

Die Jugoslawienkriege 1991–1995

Nada Boškovska

Die Krisen der 1980er-Jahre

Als sich ausgangs der 1980er-Jahre in Osteuropa das Ende des Realsozialismus abzeichnete, hätte man annehmen können, dass Jugoslawien besonders gut auf einen Übergang in die postsozialistische Phase vorbereitet sei. Das Land gehörte nicht zum «Ostblock» und war nicht Mitglied des Warschauer Paktes, sondern hatte ein eigenes politisches und wirtschaftliches System entwickelt. Seine Bevölkerung genoss viel weitergehende politische und andere Freiheiten als die übrigen Osteuropäer und -europäerinnen; sie konnte zum Beispiel nicht nur frei reisen, sondern auch im Ausland arbeiten und somit den Kapitalismus aus eigener Anschauung kennenlernen. Der jugoslawische Pass gehörte zu jenen, die am besten visumfreies Reisen gewährleisteten. Ausländerinnen und Ausländer, die Jugoslawien in grosser Zahl besuchten, konnten sich frei im Land bewegen, mussten keinen Zwangsumtausch von Devisen vornehmen und wurden nicht weiter behelligt. Jugoslawien genoss in der ganzen Welt hohes Ansehen und hatte als führendes Mitglied der Bewegung der Blockfreien eine überproportional grosse politische Bedeutung.

Auch die sozioökonomischen Voraussetzungen hätten eine Expertin, die zur Transformationsfähigkeit Jugoslawiens befragt worden wäre, optimistisch stimmen müssen: Jugoslawiens Wirtschaft war keine staatliche Planwirtschaft, sondern eine sozialistische Marktwirtschaft, die dezentral organisiert war. Dank der Selbstverwaltung konnte auch die Arbeiterschaft an der Lenkung der Betriebe partizipieren. Es gab sogar private Kleinunternehmen und die Landwirtschaft war nicht kollektiviert, das heisst, in Jugoslawien gab es noch selbständige landwirtschaftliche Betriebe und eine Bauernschaft. Die Bevölkerung genoss einen vergleichsweise hohen Lebensstandard, insbesondere mussten die Menschen nicht wie in den meisten osteuropäischen Staaten stundenlang für Nahrungsmittel oder rare Konsumgüter Schlange stehen; auch hatten sie Zugang zu westlichen Konsumgütern – von «Coca-Cola-Sozialismus» spricht die Historikerin Radmila Vučetić (Vučetić 2016). Und dennoch nahm der Kollaps des Systems nirgends so dramatische und brutale Formen an wie in Jugoslawien. Wie konnte das geschehen?

Es waren mehrere Entwicklungen, die zu diesem Ende mit Schrecken geführt haben. Zum einen muss die Rolle der Föderalisierung näher betrachtet werden, denn bei genauerem Hinsehen zeigt sich, dass nur die föderalistischen Staaten Osteuropas zerfielen, nämlich die Sowjetunion, die Tschechoslowakei und Jugoslawien. In Ländern wie Bulgarien oder Rumänien, die ebenfalls eine ethnische und religiöse Vielfalt aufweisen, kollabierte zwar das System, nicht aber der Staat. Diese Länder gingen durch eine schwierige Transformationsphase und kämpfen trotz EU-Mitgliedschaft immer noch mit beträchtlichen wirtschaftlichen und politischen Problemen, aber ihre Existenz war nie gefährdet. In Jugoslawien, das ähnlich stark föderalisiert war wie die Schweiz, wurde der Gesamtstaat durch die Verfassung von 1974 derart geschwächt, dass er im entscheidenden Moment politisch wie ökonomisch handlungsunfähig war. Auf beiden Ebenen wäre aber in den 1980er-Jahren, als das Land in eine tiefe Krise schlitterte, rasches und wirksames Handeln vonnöten gewesen.

Lange Zeit hatte Jugoslawien über seine Verhältnisse gelebt und bis 1981 einen Schuldenberg von 21 Milliarden Dollar angehäuft, davon 85 Prozent allein in den Jahren 1976–1981 (Calic 2010, 265). Bei der Bevölkerung entstand dadurch der falsche Eindruck von Prosperität. Der langjährige, unangefochtene Partei- und Staatsführer Tito, der mit seiner Autorität schon mehrere innenpolitische Krisen beigelegt hatte, überliess die Innenpolitik zunehmend anderen und konzentrierte sich auf die Bewegung der Blockfreien und die internationalen Beziehungen, die in der Tat nach allen Seiten hin verbessert werden konnten. Dass das Ende des Kalten Krieges seine Bemühungen, Jugoslawien einen sicheren Platz in der internationalen, bipolaren Ordnung zu verschaffen, zunichte machen würde, konnte niemand ahnen. Am 4. Mai 1980 starb «der Alte», wie ihn seine engsten Gefährten seit je nannten, und mit ihm verschwand eine wichtige Klammer des Zusammenhalts im ethnisch und religiös überaus heterogenen Staat. Insgesamt neigte sich die Ära der «alten Partisanen», die Jugoslawien im Zweiten Weltkrieg zunächst befreit und dann nach ihren Vorstellungen aufgebaut hatten, dem Ende zu. Der Nachfolgegeneration fehlte diese Verbundenheit über die ethnischen Grenzen hinweg.

Die Jahre nach Titos Tod waren von schweren wirtschaftlichen und politischen Krisen gekennzeichnet. Die internationalen Kredite flossen nicht mehr so freizügig und die Zinsen schnellten in die Höhe, sodass ein guter Teil der Deviseneinnahmen für den Schuldendienst aufgewendet werden musste, der 1982 die immense Summe von 1,8 Milliarden Dollar erreichte (Calic 2010, 265). Der Lebensstandard der Bevölkerung sank rapide, sodass sich ein *blame game* etablierte: Schuldige für die eigene schlechte Lage wurden gesucht und in den jeweils anderen Republiken gefunden.

Kaum ein Jahr nach Titos Tod, im März 1981, brachen offen nationale Unruhen aus: Im Kosovo kam es zu schweren Auseinandersetzungen mit dreissig bis vierzig Todesopfern, die man in der Rückschau als den Anfang vom Ende Jugoslawiens bezeichnen kann. Kosovo-albanische Nationalisten forderten den Republikstatus für die Autonome Provinz Kosovo, sodass diese gänzlich unabhängig von der Republik Serbien geworden wäre, zu der sie seit der Verfassung von 1974 eher nominell gehörte. Extremisten verlangten gar die Sezession, denn es gab schon seit einigen Jahren Gruppierungen, die sich für den Anschluss des Kosovo und von Teilen Makedoniens und Montenegros an Albanien einsetzten. Auch in Montenegro, Makedonien und Südserbien kam es zu nationalistischen Manifestationen von ethnischen Albanern. Die Revolte führte dazu, dass noch mehr als zuvor Angehörige der serbischen und montenegrinischen Minderheit das Kosovo verliessen (Ramet 1981, 378–382).

Die Kosovokrise und die sezessionistischen Forderungen erschütterten Jugoslawien schwer und brachen auch anderen Nationalismen Bahn, die bis dahin eher unter der Oberfläche geblieben waren. Diese Entwicklung spielte den illiberalen Kräften in Partei und Staat in die Hand und löste einen Dominoeffekt aus: Die Ereignisse im Kosovo führten einerseits zu einem massiven Einsatz von Armee- und Polizeikräften und befeuerten andererseits den serbischen Nationalismus, der im Verlauf der 1980er-Jahre zum Aufstieg einer Gruppe von Hardlinern führte, die eine Rezentralisierung der Republik Serbien und mehr Kontrolle über die autonomen Provinzen Kosovo und Vojvodina durchsetzte. Diese Entwicklung lief den Interessen in den anderen Republiken zuwider, löste dort Ängste aus und beförderte ein Denken, das sich zunehmend an den Eigeninteressen orientierte. Insbesondere Slowenien wandte sich aufgrund der zentralisierenden Bestrebungen Serbiens, aber auch angesichts der landesweiten wirtschaftlichen Probleme immer mehr von Jugoslawien ab und liebäugelte mit einer Zukunft in der Europäischen Wirtschaftsgemeinschaft (EWG).

Divergierende Interessen der Republiken

Man kann die Ereignisse in Jugoslawien des Weiteren nur verstehen, wenn man sich vor Augen führt, dass angesichts der epochalen weltpolitischen Veränderungen am Ende der 1980er-Jahre die Interessen der jugoslawischen Teilrepubliken diametral auseinandergingen. Der jugoslawische Staat war im Dezember 1918 über jahrhundertealte politische, wirtschaftliche, kulturelle, sprachliche, religiöse und ethnische Grenzen hinweg errichtet worden. Nur zwanzig Jahre später, im April 1941, wurde er von den Achsenmächten erobert und in einen überaus brutalen und verlustreichen Krieg und Bürgerkrieg gestürzt. Nach dem Krieg hatte das Land rund vierzig Jahre Zeit für ein sozialistisches Experiment, in dem versucht wurde, durch Föderalismus, wirtschaftliche Förderung der schwächeren Regionen sowie durch die Propagierung von «Brüderlichkeit und Einheit» unter den Völkern und einer gemeinsamen Ideologie die weiterhin grossen Unterschiede zu überbrücken. Die Ereignisse ab Mitte der 1980er-Jahre zeigen, dass das nicht gelungen ist. Die nördlichen, reicheren Republiken Slowenien und Kroatien strebten eine Sezession an, weil sie sich davon Vorteile versprachen: einen eigenen Staat, mehr Demokratie, mehr Freiheit, eine europäische Perspektive und die Aussicht auf grössere Prosperität ohne den armen Süden. Aus serbischer Sicht lagen die Dinge völlig anders. Die ethnisch serbische Bevölkerung lebte verteilt auf das engere Serbien, die Vojvodina, das Kosovo, Kroatien, Bosnien-Herzegowina und Montenegro. Ein Zerfall des Staates lag nicht in ihrem Interesse, denn er würde die nationale Einheit, für welche die Serben im 19. und 20. Jahrhundert gekämpft und die sie 1918 im Staat Jugoslawien realisiert hatten, zerstören. Und er würde die Serbinnen und Serben überall, ausser im engeren Serbien, in den Status einer Minderheit versetzen.

Mittlerweile haben sich die Hoffnungen der nördlichen Landesteile erfüllt und die Befürchtungen der serbischen sind vollumfänglich eingetreten: Slowenien und Kroatien sind unabhängig und Mitglieder der EU, während die Serbinnen und Serben auf mehrere Staaten verteilt leben und Serbien zu einem Kleinstaat geschrumpft ist.

Jugoslawien den Rücken zu kehren und sich eine andere Zukunft vorzustellen, war nur möglich, weil sich die politischen Verhältnisse in Europa seit 1985 vollständig zu ändern begannen. Mit der von Michail Gorbatschow eingeleiteten neuen Politik von Perestroika und Glasnost und dem – vom Generalsekretär der Kommunistischen Partei der Sowjetunion an sich nicht intendierten – Ende des Sozialismus in Osteuropa änderten sich auch für Jugoslawien die Parameter entscheidend. Zum einen verlor das Land angesichts der Auflösung der Blöcke sein beträchtliches internationales Gewicht als ein Staat, der einen eigenen sozialistischen Weg ging und führendes Mitglied der Blockfreien war. Zum andern eröffneten sich für die jugoslawischen Republiken ganz neue Perspektiven wie zum Beispiel die Mitgliedschaft in der EWG. Es waren nebst den politischen Divergenzen insbesondere nationale Partikularinteressen, die zu Sezessionswünschen und in der Folge zum Zerfall Jugoslawiens führten. Insbesondere in Slowenien, der prosperierendsten und gleichzeitig ethnisch und religiös homogenen Republik, vollzog sich eine Entsolidarisierung mit dem restlichen Staat. Hatte Slowenien im sozialistischen Jugoslawien hochrangige Politiker und entscheidende Ideologen gestellt, war nun insbesondere die jüngere Generation – auch angesichts der hohen Schuldenlast – nicht mehr zur finanziellen Solidarität mit den weniger entwickelten Gebieten bereit (Sundhaussen 2012, 267f.). Im Jahr 1988 stellten Slowenien und Kroatien ihre Zahlungen in den gesamtjugoslawischen Entwicklungsfonds und 1989 in die Bundeskasse ein und plädierten für einen jugoslawischen Staatenbund und eine weitgehende Weltmarktintegration und Anbindung an die EWG. Im September 1989 verabschiedete das slowenische Parlament eine Reihe von Verfassungszusätzen, welche der Teilrepublik Slowenien das einseitige Recht einräumten, sich von Jugoslawien abzuspalten und ausserordentliche Bundesbeschlüsse für das eigene Territorium abzulehnen (Sundhaussen 2012, 273–275). Slowenien wie Kroatien erklärten in diesem Jahr den Vorrang ihrer Republikgesetze vor Bundesrecht und führten keine Gelder mehr an die Zentrale ab.

Das Tempo setzten die nationalistischen Politiker in den Republiken, die Bevölkerung verabschiedete sich weniger schnell von Jugoslawien. Gemäss Umfragen sahen sich bis 1990 die meisten in erster Linie als Jugoslawen – die Sloweninnen und Slowenen, Kroatinnen und Kroaten und Albanerinnen und Albaner etwas weniger ausgeprägt als die anderen. Eine deutliche Mehrheit bezeichnete die interethnischen Beziehungen bis zum Ende der 1980er-Jahre als gut oder zumindest befriedigend (einzige Ausnahme stellte die Beziehung zwischen Albanern und Slawen, ob nun Serben, Montenegriner oder Makedonier, dar). Noch im Sommer und Herbst 1990 antworteten in einer gesamtjugoslawischen repräsentativen Umfrage auf die Frage «Stimmen Sie zu, dass jede (jugoslawische) Nation ihren eigenen Nationalstaat haben sollte?» nur 15,8 Prozent mit einem uneingeschränkten «Ja». Der populärste Politiker war der gesamtjugoslawische Ministerpräsident Ante Marković (Sundhaussen 2012, 280f., 283), ein Kroate, der Jugoslawien zu retten versuchte.

Die Stimmung begann sich allerdings im Verlauf des Jahres 1990 zu verändern, denn es fanden in allen jugoslawischen Republiken die ersten freien Wahlen seit 1927 statt und brachten einen Nationalisierungsschub. Die Wahl eines Bundesparlamentes, die das Gemeinsame hätte in den Vordergrund rücken können, stand hingegen nicht an. Wiederum gingen Slowenien (8. April) und Kroatien (mehrere Wahlgänge ab dem 22. April) voran, die anderen Republiken folgten im November und Dezember. Ausser in Serbien und Montenegro, wo die kommunistische beziehungsweise sozialistische Partei im Dezember 1990 triumphale Ergebnisse erzielte, siegten überall nationalistisch ausgerichtete Parteien oder Wahlbündnisse. Insbesondere der überaus nationalistisch geführte Wahlkampf der Kroatischen Demokratischen Union (HDZ) «trug massiv zur Eskalation der nationalen Spannungen bei», wie Sundhaussen konstatiert (Sundhaussen 2012, 284). Besonders fatal war der Sieg der nationalistischen Parteien in Bosnien-Herzegowina, wo die Stimmenanteile der muslimischen (bosniakischen)[1] Partei der Demokratischen Aktion (SDA), der Serbischen Demokratischen Partei (SDS) und der Kroatischen Demokratischen Union (Ableger der HDZ) genau dem je-

---

1 Die Bezeichnungen «muslimisch» und «bosniakisch» werden hier synonym verwendet.

weiligen Bevölkerungsanteil entsprachen – das Elektorat spaltete sich also allein nach ethnischen Kriterien auf.
Die politische Dynamik war stark von einzelnen Exponenten getrieben. In Serbien und Kroatien waren mit Slobodan Milošević und Franjo Tudjman zwei Republikpräsidenten an der Macht, die sich in einer historischen Rolle wähnten und diesen Moment nicht zu verpassen gedachten. Tudjman sah sich als der Politiker, der den Kroaten und Kroatinnen endlich den lang ersehnten eigenen Staat bringen würde. Milošević wollte Serbien wieder zur stärksten Kraft im Land machen und verhindern, dass sich Gebiete mit serbischen Minderheiten abspalteten.

Die Kriege: Slowenien, Kroatien, Bosnien-Herzegowina

Slowenien und Kroatien begannen an der Jahreswende 1990/91 zügig mit der rechtlichen und institutionellen Loslösung vom Bund. Schon zu Beginn des Jahres 1991 proklamierte sich das Kosovo als unabhängige Republik. Serbien auf der anderen Seite, das einen Zerfall Jugoslawiens nicht hinnehmen wollte, drohte mit dem Einsatz der Jugoslawischen Volksarmee, um die staatliche Einheit zu wahren. Daraufhin wurden in der ersten Hälfte 1991 auf zahlreichen Treffen des kollektiven jugoslawischen Staatspräsidiums, in dem alle Republiken und die beiden autonomen Provinzen paritätisch vertreten waren, und vor allem auch auf Zusammenkünften der Republikpräsidenten hektische Versuche unternommen, für Jugoslawien eine neue Staatsform zu finden, auf die sich alle einigen konnten. Das war allerdings von vornherein ein aussichtsloses Unterfangen, weil die Interessen der Republiken stark auseinandergingen und vor allem die slowenischen Politiker zum Austritt entschlossen waren. Am 25. Juni 1991 erklärten die Republiken Slowenien und Kroatien ihre Unabhängigkeit, nachdem sich die Bevölkerung in Referenden dafür ausgesprochen hatte – für den Fall, dass es nicht gelingen würde, eine Neuordnung Jugoslawiens zu realisieren. Die Serbinnen und Serben Kroatiens, knapp 12 Prozent der Bevölkerung, hatten diese Abstimmung allerdings boykottiert und riefen ihrerseits am 19. Dezember 1991 die Republika Srpska Krajina aus.
In den ersten Monaten des Jahres 1991 war die Sowjetunion am Zerfallen und der Zweite Golfkrieg wurde geführt – die gleichzeitige Agonie Jugoslawiens wurde im Schatten dieser Ereignisse von der internationalen Öffentlichkeit und den politischen Akteuren zwar zur Kenntnis, aber wohl zu wenig ernst genommen. Nach der Erklärung der Unabhängigkeit Sloweniens am 25. Juni 1991 übernahmen slowenische Zöllner die jugoslawischen Grenzkontrollposten, worauf am 27. Juni das Verteidigungsministerium und die Regierung Jugoslawiens den Be-

fehl zum militärischen Eingreifen erteilten, um die staatliche Integrität zu wahren. Nach zehntägigen Gefechten mit 62 Todesopfern zog sich die Jugoslawische Volksarmee (JVA) aus dem ethnisch homogenen Slowenien zurück und überliess es sich selbst. Kommandiert wurden die Truppen der JVA im Übrigen vom slowenischen General Konrad Kolšek, der gegenüber Jugoslawien und dessen Armee loyal blieb (Niebuhr 2004, 93). Insgesamt war die jugoslawische Armee allerdings von da an in Auflösung begriffen, da viele Angehörige der sezessionistischen Republiken sie verliessen oder nicht einrückten. Aber auch zahlreiche junge Männer aus Serbien und Montenegro entzogen sich dem Dienst nach Möglichkeit.

Weit komplexer als in Slowenien war die Lage in Kroatien und Bosnien-Herzegowina. In Kroatien war die serbische Minderheit entschieden gegen eine Sezession. Sie boykottierte das Unabhängigkeitsreferendum vom 19. Mai 1991 und führte ein eigenes Plebiszit für den Verbleib bei Jugoslawien durch. Schon ab Februar 1991 kam es zu bewaffneten Zusammenstössen zwischen kroatischen Serben und Sicherheitskräften der Republik Kroatien, die nach der Unabhängigkeitserklärung zum Krieg eskalierten. Bis zum September 1991 hatten Milizen der kroatischen Serben, zunehmend mit Unterstützung der Jugoslawischen Volksarmee, ein Drittel der Republik erobert. Der UN-Sonderbeauftragte Cyrus Vance vermittelte einen Waffenstillstand, der am 3. Januar 1992 in Kraft trat, worauf 14 000 Soldaten der United Nations Protection Force (UNPROFOR) in Kroatien als Puffer zur von kroatischen Serben besetzten Krajina stationiert wurden – eine Situation, die im Wesentlichen so bestehen blieb, bis Kroatien im Mai und August 1995 in zwei Offensiven diese Gebiete wieder unter seine Kontrolle brachte. Ebenfalls zu Beginn des Jahres 1992, am 15. Januar, vollzog sich auch die Anerkennung der Unabhängigkeit von Slowenien und Kroatien durch die Europäische Gemeinschaft.

Während zu Beginn des Jahres 1992 die Kampfhandlungen in Kroatien für mehrere Jahre aufhörten, bahnte sich die bosnische Katastrophe an. Am 29. Februar und 1. März 1992 fand auch in Bosnien-Herzegowina eine Abstimmung über die Unabhängigkeit statt, die von den Musliminnen und Muslimen (44 Prozent der Bevölkerung) und Kroatinnen und Kroaten (17 Prozent) angenommen wurde, wogegen die Serbinnen und Serben (32 Prozent) die Abstimmung boykottierten. Sie hatten sich schon in einem Referendum am 9. und 10. November 1991 für die Unabhängigkeit ihrer Siedlungsgebiete und einen möglichen Verbleib bei Jugoslawien oder Serbien ausgesprochen. Als die Europäische Gemeinschaft am 6. April 1992 die Unabhängigkeit Bosnien-Herzegowinas anerkannte, erklärte die politische Führung des serbischen Bevölkerungsteils tags darauf die Sezession der serbischen Gebiete von Bosnien-Herzegowina und den Verbleib bei Jugoslawien, das zu diesem Zeitpunkt nur noch aus Serbien und Montenegro bestand.

Der Krieg brach in Bosnien-Herzegowina unmittelbar nach der Anerkennung der Unabhängigkeit durch die EG aus. Alle Bevölkerungsgruppen versuchten, einen möglichst grossen Teil der Republik für sich zu erobern und ethnisch zu vereinnahmen. An dieser Stelle kann nicht auf den komplexen Verlauf des Kriegs oder auf die unzähligen Bemühungen, einen Frieden herbeizuführen, eingegangen werden. Einige Hinweise müssen genügen. Die Verhältnisse waren sehr unübersichtlich, da es zahlreiche kämpfende Parteien und wechselnde Bündnisse gab. Ausser den bosnischen Serben, den bosnischen Kroaten, den Muslimen (Bosniaken) und der Jugoslawischen Volksarmee beteiligen sich auch zahlreiche paramilitärische Einheiten und Wochenendkrieger an den Kämpfen. Gemäss dem Bericht eines Strafrechtsexperten für den UN-Sicherheitsrat operierten in Bosnien-Herzegowina zwischen Sommer 1991 und Ende 1993 mindestens 83 paramilitärische Banden – 56 serbische, 13 kroatische und 14 bosniakische (Sundhaussen 2012, 331 f.).

Die bosnischen Kroaten und die Bosniaken verbündeten sich zunächst gegen die bosnischen Serben, gerieten aber auch untereinander in Konflikt, vor allem in der Herzegowina, wo sie durchmischt siedelten. Die Bosniaken waren zum Teil untereinander verfeindet, so etwa die Anhänger von Alija Izetbegović und von Fikret Abdić. Letztere kämpften seit dem Herbst 1993 mit bosnisch-serbischen Einheiten gegen die Truppen von Izetbegović (Sundhaussen 2012, 351). Die bosnischen Serben wurden von Serbien unterstützt, die bosnischen Kroaten von Kroatien und bei den Bosniaken fanden sich ausländische islamische Kämpfer ein. Besonders im Jahr 1993 kämpften in verschiedenen Kombinationen alle gegen alle. Als längerfristiges Ziel schwebte den kroatischen und serbischen Politikern in Bosnien-Herzegowina der Anschluss an das jeweilige «Mutterland» vor, während es in erster Linie die bosniakische Bevölkerung war, die ein unabhängiges Bosnien benötigte.

Der Krieg wurde in einem ethnisch durchmischten Land um das Territorium geführt, um Grenzziehungen, darum, was wem in Zukunft gehören würde. Deswegen war er auch besonders brutal und wies die Unerbittlichkeit des Bürgerkriegs auf. Die grosse Zahl der Kriegsparteien, von denen viele keine regulären Einheiten darstellten oder eben erst formierte Armeen waren, und die Unübersichtlichkeit der Fronten trugen zur irregulären Kriegführung bei. Die zahlreichen Milizen waren in besonderem Mass für Gräueltaten verantwortlich. Die Brutalität des Krieges wurde auch durch die Mobilisierung der Feindbilder aus dem Zweiten Weltkrieg befördert, denn die Massaker und Gräueltaten fanden zu einem guten Teil an den gleichen Orten statt wie damals. Die offiziell verdrängten, in den Familien aber überlieferten Erinnerungen an die Geschehnisse im Zweiten Weltkrieg kamen entweder von selbst wieder an die Oberfläche oder wurden von den politischen Führungen durch Propaganda gezielt aktiviert.

Schon ab Sommer 1992 wurden von allen kriegführenden Parteien ethnische Säuberungen durchgeführt, um Fakten für die Grenzziehung zu schaffen. Die Angehörigen der jeweils anderen Volksgruppe wurden terrorisiert, vertrieben, umgebracht. Mehrere Tausend Soldaten der UNPROFOR waren stationiert, die aber nicht eingriffen, sondern die Zustellung von Hilfslieferungen sicherten. Der Bosnienkrieg hat traurige Berühmtheit wegen der zahllosen Kriegsverbrechen erlangt, die im Mai 1993 zur Einsetzung eines eigenen Gerichtshofs führten, des Internationalen Strafgerichtshofs für das ehemalige Jugoslawien (International Criminal Tribunal for the Former Yugoslavia, ICTY). Unter anderem lösten die in grosser Zahl verübten Vergewaltigungen in der Weltöffentlichkeit Empörung aus. Dadurch wurde dieses Verbrechen, das die Kriege schon immer begleitet hat, erstmals breit zur Kenntnis genommen und als Kriegsverbrechen qualifiziert.

Geradezu zur Chiffre für den Bosnienkrieg ist Srebrenica geworden, wo im Juli 1995 etwa 8000 bosniakische Männer und Jugendliche durch Truppen der bosnischen Serben unter dem Kommando von Ratko Mladić umgebracht wurden (ICMP). In Srebrenica hatten sich bosniakische Flüchtlinge unter den Schutz der UNO begeben; als aber bosnisch-serbische Truppen die Schutzzone eroberten, konnten die holländischen Blauhelme dem nichts entgegensetzen, worauf Mladićs Einheiten die Männer von den Frauen trennten und sie im Verlauf der nächsten Tage massakrierten.

Die ethnischen Säuberungen der Jugoslawienkriege hatten Flüchtlingsströme zur Folge, wie sie Europa seit dem Zweiten Weltkrieg nicht mehr erlebt hatte. In Bosnien-Herzegowina wurden zwischen 1992 und 1995 schätzungsweise 2,5 Millionen Menschen zu Flüchtlingen, von denen 1,3 Millionen Binnenvertriebene waren. Etwa 1,2 Millionen retteten sich ins Ausland, die meisten in die Nachbarstaaten: Rund 300 000 flohen in die Bundesrepublik Jugoslawien und 170 000 nach Kroatien (Iseni et al. 2014, 31).

Medien und internationale Akteure

Der Krieg war in grossem Stil auch ein Medien- und Propagandakrieg, nicht nur in der Region selbst (Thompson 1999; Kolstø 2009), sondern auch im Ausland. Für die kämpfenden Parteien, vor allem für die zunächst schwächeren, also die bosniakische und kroatische, war es wichtig, die öffentliche Meinung im Westen für sich einzunehmen und nach Möglichkeit ein Eingreifen zu erreichen. Dafür war es nötig, dass sie immer als Opfer und nie als Täter dargestellt wurden. Die kroatische und die muslimische Kriegspartei engagierten frühzeitig amerikanische PR-Agenturen, die intensiv daran arbeiteten, einerseits ihren Kunden eine gute Presse zu verschaffen und andererseits die Politiker im richtigen Auftritt zu schulen (Beham 1996). Um die Weltöffentlichkeit aufzurütteln, musste insbesondere das Elend der Zivilbevölkerung ins Zentrum gerückt werden und in den Medien konstant präsent sein. Es konnte darum durchaus im strategischen Interesse der Politiker und Militärs liegen, das Leiden zu verlängern, anstatt es zu lindern. Der stellvertretende Kommandant der US-Streitkräfte in Bosnien von 1992 bis 1995, der Luftwaffengeneral Charles Boyd, beschreibt, wie im Winter 1993/94 die Stadtregierung von Sarajevo eine amerikanische Stiftung daran hinderte, die Bevölkerung mit Wasser zu versorgen. Die Fernsehbilder von den gepeinigten Einwohnerinnen und Einwohnern, die unter serbischem Beschuss um Wasser anstehen und durch die Strassen rennen mussten, war zu medienwirksam. Zudem wollten Beamte das Benzin, das sie von der UNO erhalten hatten, um Wasser zu verteilen, auf eigene Rechnung verkaufen (Boyd 1995, 27f.).

Der kriegerische Zerfall Jugoslawiens stellte die internationalen Organisationen und Institutionen wie OSZE, EG (ab 1993 EU), UNO, NATO auf eine harte Probe. Die Europäische Union erarbeitete immer neue Friedenspläne, die von den beteiligten Parteien regelmässig abgelehnt wurden; mühsam erreichte Waffenstillstände wurden immer wieder gebrochen. Von 1992 bis 1995 waren UNO-Truppen stationiert, deren Mandat sie zur Neutralität verpflichtete und nur erlaubte, die Einhaltung von Waffenstillständen zu überwachen und in begrenztem Umfang der Zivilbevölkerung Schutz und Versorgung zu bieten.

Wie häufig in internationalen Krisensituationen, wurden Sanktionen verhängt, in diesem Fall mittels einer UN-Resolution vom 30. Mai 1992 gegen das sogenannte Restjugoslawien, bestehend aus Serbien und Montenegro. Diese Sanktionen waren erfolgreich, denn sie führten dazu, dass die Bundesrepublik Jugoslawien am 4. August 1994 die Unterstützung der bosnischen Serben abbrach, da diese den Friedensvorschlägen nicht zustimmten (Sundhaussen 2012, 352). Wie immer trafen die Sanktionen die Bevölkerung schwer und schädigten die Wirtschaft, nicht nur diejenige Serbiens, sondern auch diejenige anderer Balkanländer, insbesondere Makedoniens, da Serbien sein wichtigster Handelspartner war. Sie öffneten zudem, da sie den regulären Handel verunmöglichten, kriminellen Machenschaften und mafiösen Organisationen Tür und Tor (Trifunovska 1997, 528).

Der Krieg kam erst 1995 zu einem Ende, als sich die NATO erstmals seit ihrer Gründung im Jahr 1949 zur Gewaltanwendung entschloss und zugunsten der muslimisch-kroatischen Koalition eingriff, während die lange Zeit militärisch überlegenen bosnischen Serben im August 1994 den Rückhalt Serbiens verloren hatten. Am 21. November 1995 wurde der Friedensvertrag von Dayton vereinbart und am 14. Dezember in Paris unterzeichnet.

Wie erwähnt, wurde der Medienkrieg nicht nur vor Ort geführt, sondern auch international. Die Berichterstattung in den meisten westlichen Medien war

Tab. 1: *Todesopfer des Bosnienkriegs (1992–1995) nach kriegsrechtlichem Status, Geschlecht und ethnischer Zugehörigkeit*

Status	Geschlecht	Muslimisch	Serbisch	Kroatisch	Andere	Total
Zivilperson	Männer	19 715	6 299	1 230	1 482	28 726
Zivilperson	Frauen	5 894	1 181	445	453	7 974
Militär	Männer	42 162	15 225	7 084	3 014	67 485
Militär	Frauen	330	73	98	44	546
Total	Total	68 101	22 779	8 858	4 995	104 732

Quelle: Zwierzchowski/Tabeau 2010, 17.

wenig ausgewogen, was inzwischen auch von einem Teil der Forschung thematisiert wird. Damit ist die Tatsache gemeint, dass viele Medien die Komplexität der Situation sehr schnell auf eine Einteilung in *good guys* und *bad guys* reduzierten. Insbesondere die *Frankfurter Allgemeine Zeitung* (FAZ) ist in den Fokus gerückt (Neu 2004), deren prokroatische Ausrichtung vor allem in der Endphase Jugoslawiens extrem war. Ihr wird ein grosser Einfluss bei der raschen und nicht abgesprochenen Anerkennung der Unabhängigkeit Sloweniens und Kroatiens durch Deutschland im Dezember 1991 zugeschrieben.

Die Rolle der *bad guys* erhielt die serbische Bevölkerung, die in den Medien bis hin zum Vergleich mit den Nazis dämonisiert wurde. Es ist keine Frage, dass die bosnisch-serbischen Truppen über weite Strecken des Krieges die dominierende Kriegspartei waren und der grössere Teil der Gräueltaten auf ihr Konto geht. Allerdings erweckten die Medien und die westliche Politik den Eindruck, die serbische Seite habe nur aus Tätern bestanden, während die kroatische und die muslimische immer nur als Opfer dargestellt wurden. Demgegenüber ist festzuhalten, dass Opfer und Täter sowie brutalste Gewalt auf allen Seiten zu finden waren – ohne damit eine gleichmässige Verantwortung suggerieren zu wollen. Die Zahlen der Todesopfer sprechen eine deutliche Sprache. Zunächst war die Schätzung von «mindestens 250 000» Opfern in Bosnien-Herzegowina weit verbreitet und kursiert in der Literatur bis heute. Die bosnische Regierung verwendete die Zahl von 300 000. Aus Angst vor dem Vorwurf, einen Völkermord zu leugnen, wurden diese Angaben nicht in Zweifel gezogen. Inzwischen weiss man Genaueres. Jan Zwierzchowski und Ewa Tabeau haben die Zahlen in Tabelle 1 errechnet, welche eine untere Grenze darstellen.

Die Tabelle dokumentiert eine deutliche Übervertretung der bosniakischen Bevölkerung: Diese stellt 44 Prozent der Einwohnerschaft dar, ihr Anteil an den Todesopfern beträgt jedoch 65 Prozent. Der Anteil der zivilen Opfer liegt bei hohen 37,6 Prozent. Auch bei der serbischen Bevölkerung ist dieser mit 32,8 Prozent ausgeprägt. Die Zahlen bestätigen den Bürgerkriegscharakter des Konfliktes, in dem es darum ging, möglichst grosse Gebiete nicht nur zu erobern, sondern auch ethnisch zu «bereinigen». Und sie zeigen deutlich, dass dies in erster Linie auf Kosten der muslimischen Bevölkerung geschah.

Eine wichtiger neuer Akteur im Geschehen der Jugoslawienkriege war das im Mai 1993 durch die UNO eingerichtete, bereits erwähnte Haager Tribunal, der «Internationale Strafgerichtshof für die Verfolgung von Personen, die für schwere Verletzungen des humanitären Völkerrechts, begangen auf dem Territorium des ehemaligen Jugoslawien seit 1991, verantwortlich sind». Die Straftatbestände, die verfolgt wurden, waren Völkermord, Kriegsverbrechen und Verbrechen gegen die Menschlichkeit. Das Tribunal weitete dabei die Verfolgung von Menschenrechtsverletzungen im Kriegsfall aus und bezog auch einen neuen Tatbestand, die Vergewaltigung, mit ein. Zumindest in der westlichen Forschung herrscht Konsens, dass das Tribunal im Grossen und Ganzen ein Erfolg war: Es hat Recht gesetzt und ist für die Entwicklung des internationalen Strafrechts von Bedeutung; es hat dazu beigetragen, auch hochrangige Personen zu belangen oder zumindest anzuklagen. Durch die Untersuchungen wurden auch viele Geschehnisse im Verlauf des Krieges untersucht und minutiös dokumentiert.

Vom schwierigen Umgang mit Schuld

Ob das Tribunal auch etwas zur Versöhnung unter den Völkern des ehemaligen Jugoslawien und zur Konfrontation der jeweiligen Gesellschaften auch mit ihren jeweils eigenen Kriegsverbrechern beitragen konnte, ist dagegen eher fraglich. Zum einen deshalb, weil seine Unparteilichkeit nicht über alle Zweifel erhaben ist. Nachweislich war der Einfluss der NATO-Staaten auf das ICTY hoch und dessen Rechtsprechung nicht immer konsistent (Zgonjanin 2018). Zum andern sehen sich immer noch alle Kriegsparteien in erster Linie als Opfer und die Beschäftigung mit den Kriegen erfolgt weitgehend unter dieser Prämisse. Die Bestrafung von Kriegsverbrechern der gegnerischen Seite wurde mit Genugtuung vermerkt, während Verbrecher auf der eigenen Seite nicht selten als Helden gelten. Ob sich andere Staaten und Gesellschaften anders verhalten würden, darf allerdings infrage gestellt werden. Einflussreiche Staaten lassen ohnehin nicht zu, dass sich ihre Militärangehörigen im Ausland verantworten müssen.

Diese geniessen bei solchen Einsätzen Immunität und können höchstens im eigenen Land belangt werden. Dass das geschieht, ist nicht garantiert: Französische Blauhelme in der Zentralafrikanischen Republik, die in Hunderten von Fällen Kinder sexuell missbraucht haben sollen, wurden in Frankreich nicht unter Anklage gestellt (NZZ, 23. Januar 2018). Insbesondere die USA pochen immer auf die Immunität ihrer Truppen. Im Oktober 2008 «willigte die EU ein, dass US-amerikanische Teilnehmer der EULEX-Mission der EU [im Kosovo] keine Rechenschaft schuldig sind, sollten sie irgendwelche Menschenrechtsverletzungen begehen» (Amnesty Report, Serbien, 12. Mai 2009). Es ist darum nicht erstaunlich, dass sich die NATO vor dem ICTY nicht für zivile Opfer ihres Eingreifens oder die Verwendung unerlaubter Munition insbesondere im Kosovokrieg verantworten musste.

Die Erinnerung an die Jugoslawienkriege ist für alle beteiligten Parteien schwer und jede pflegt vor allem ihre Erinnerung und ist meistens nicht bereit, sich auf die Perspektive der anderen einzulassen. Für Aussenstehende ist das schwer nachvollziehbar, schnell erfolgt die Forderung nach «Vergangenheitsbewältigung», häufig mit Verweis auf Deutschland. Doch gerade der Fall Deutschlands, der weiterum als vorbildlich gilt, kann verdeutlichen, wie schwierig es ist, eigener Schuld ins Gesicht zu sehen und sich dazu zu bekennen. Unmittelbar nach dem Zweiten Weltkrieg hatten die Deutschen als Kollektiv keine Gefühle der Schuld oder der Reue. Sie sahen sich vor allem als Opfer und die Forschung wandte sich zuallererst den Millionen von deutschen Vertriebenen zu. Deren Schicksal wurde minutiös dokumentiert.[2] Mit den eigenen Verbrechen in Osteuropa oder der Judenvernichtung befasste sich jahrzehntelang niemand. Wichtige ausländische Werke wurden erst spät übersetzt. Das Buch von Raul Hilberg, *The Destruction of the European Jews*, das sich als erstes mit dem Holocaust befasste und 1961 in Chicago erschien, wurde erst 1982 ins Deutsche übersetzt. Die breite deutsche Öffentlichkeit nahm die Vernichtung der Juden erst im Januar 1979 zur Kenntnis, als der vierteilige amerikanische Fernsehfilm «Holocaust – Die Geschichte der Familie Weiss» mit der jungen Meryl Streep gezeigt wurde. Der Film stiess auf eine ungeheure Resonanz und hatte eine Flut von Büchern und Filmen zur Folge. Die Aufklärungswelle erreichte ihren Höhepunkt dann in den Achtzigerjahren. Der Hintergrund war banaler demografischer Art: Die Generation der Täter und Opfer war zu diesem Zeitpunkt fast schon ausgestorben und deren Nachkommen fiel es leichter, sich der Vergangenheit, an der sie keine Schuld trugen, zu stellen (Fischer 2000, 185, 200 f.). Aber noch 1995 waren

---

2 In einem fünfbändigen Werk wurden die Schicksale der deutschen Vertriebenen gesammelt: Dokumentation der Vertreibung der Deutschen aus Ost-Mitteleuropa. In Verbindung mit Werner Conze et al. bearb. von Theodor Schieder. Bonn: Bundesministerium für Vertriebene, Flüchtlinge und Kriegsgeschädigte, [1954]–1961.

in einer «Spiegel»-Umfrage 36 Prozent der Deutschen der Meinung, dass die Vertreibung der Deutschen aus dem Osten ein gleich grosses Verbrechen gegen die Menschlichkeit gewesen sei wie der Holocaust (Moeller 1996, 1009).

Noch ein zweites sehr bezeichnendes und erstaunliches Beispiel sei angeführt: Die spanische Gesellschaft hat sich bis heute kaum mit dem Bürgerkrieg auseinandergesetzt, der vor achtzig Jahren stattfand. Immer noch liegt weitgehend ein Mantel des Schweigens darüber. Man würde meinen, dass die Wunden verheilt sein müssten und dass Spanien lange genug eine stabile Demokratie ist, um sich dieser Vergangenheit zu stellen. Dass es hier noch länger dauert als in Deutschland, hat sicher damit zu tun, dass es sich in Spanien um einen Bürgerkrieg handelte, der Riss also durch die eigene Gesellschaft ging und umso traumatisierender war und dass es keinen Zwang von aussen gibt, sich der Vergangenheit zu stellen.

Für diejenigen, die von den Jugoslawienkriegen direkt betroffen waren, ist es sehr schmerzhaft, mit der Erinnerung und mit fehlender Sühne zu leben. Aber die Beispiele Deutschland und Spanien zeigen, dass es auch im jugoslawischen Fall wohl unrealistisch ist zu erwarten, dass eine offene Auseinandersetzung mit der eigenen Schuld und ein Anerkennen des fremden Leids rasch erfolgen können.

Literatur

Amnesty Report, Serbien, 12. Mai 2009, www.amnesty.de/jahresbericht/2009/serbien-einschliesslich-kosovo, 12. Dezember 2018.

Beham, Mira (1996). Kriegstrommeln. Medien, Krieg und Politik, mit einem Vorwort von Peter Glotz (2. Auflage). München: Deutscher Taschenbuch Verlag.

Boškovska, Nada (2000). «Jugoslawen» in der Schweiz. Soziale, kulturelle und ethnische Herkunft, Integrationsprobleme. Schweizerische Ärztezeitung, 81 (47), 2647–2651.

Boyd, Charles G. (1995). Making Peace with the Guilty. The Truth about Bosnia. Foreign Affairs, 74 (5), 22–38.

Calic, Marie-Janine (2010). Geschichte Jugoslawiens im 20. Jahrhundert. München: Beck.

Fischer, Thomas E. (2000). Geschichte der Geschichtskultur. Über den öffentlichen Gebrauch von Vergangenheit von den antiken Hochkulturen bis zur Gegenwart. Köln: Wissenschaft und Politik.

Gagnon, Valère P. (2004). The Myth of Ethnic War. Serbia and Croatia in the 1990s. Ithaca, NY: Cornell University Press.

Goati, Vladimir (1997). The Disintegration of Yugoslavia. The Role of Political Elites. Nationalities Papers, 25 (3), 455–467.

International Commission on Missing Persons (ICMP). Over 7,000 Srebrenica Victims

Have Now Been Recovered. ICMP Press Releases, www.icmp.int/press-releases/over-7000-srebrenica-victims-recovered, 10. November 2018.

Iseni, Bashkim, Didier Ruedin, Dina Bader, Denise Efionayi-Mäder (2014). Die Bevölkerung von Bosnien und Herzegowina in der Schweiz. Bern: Bundesamt für Migration.

Kolstø, Pål (Hg.) (2009). Media Discourse and the Yugoslav Conflicts. Representations of Self and Other. Farnham: Ashgate.

Moeller, Robert G. (1996). War Stories. The Search for a Usable Past in the Federal Republic of Germany. The American Historical Review, 101 (4), 1008–1048.

Neu, Alexander S. (2004). Die Jugoslawien-Kriegsberichterstattung der Times und der Frankfurter Allgemeinen Zeitung. Ein Vergleich. Baden-Baden: Nomos.

Niebuhr, Robert S. (2004). Death of the Yugoslav People's Army and the War of Succession. Polemos, 7 (13–14), 91–106.

Ramet, Sabrina P. (1981). Problems of Albanian Nationalism in Yugoslavia. Orbis, 25 (2), 369–388.

Signer, David: Friedenssicherung und erpresster Sex. Neue Zürcher Zeitung, 23. Januar 2018.

Sundhaussen, Holm (2012). Jugoslawien und seine Nachfolgestaaten 1943–2011. Eine ungewöhnliche Geschichte des Gewöhnlichen. Wien: Böhlau.

Thompson, Mark (1999). Forging War. The Media in Serbia, Croatia, Bosnia and Hercegovina (komplett revidierte und erweiterte Auflage). Luton: University of Luton Press.

Trifunovska, Snezana (1997). The International Involvement in the Former Yugoslavia's Dissolution and Peace Settlement. Nationalities Papers, 25 (3), 517–535.

Vučetić, Radina (2016). Coca-Cola im sozialistischen Supermarkt. Die jugoslawische Konsumgesellschaft nach amerikanischem Vorbild. In: Nada Boškovska, Angelika Strobel, Daniel Ursprung (Hg.). «Entwickelter Sozialismus» in Osteuropa. Arbeit, Konsum und Öffentlichkeit (S. 211–236). Berlin: Duncker & Humblot.

Zgonjanin, Andrej (2018). Der Umgang mit Kriegsverbrechen im ehemaligen Jugoslawien 1991–1999. Wien: Promedia.

Zwierzchowski, Jan, Ewa Tabeau (2010). The 1992–95 War in Bosnia and Herzegovina: Census-Based Multiple System Estimation of Casualties' Undercount. Conference Paper for the International Research Workshop on «The Global Costs of Conflict». The Households in Conflict Network (HiCN) and The German Institute for Economic Research (DIW Berlin). Berlin, www.legal-tools.org/en/doc/ba5283, 12. Dezember 2018.

Teil II

Geschichtsdidaktische Ausgangslage

Die Vermittlung der Jugoslawienkriege als Herausforderungsgefüge

Bestandsaufnahme und Problemaufriss aus geschichtsdidaktisch-theoretischer Perspektive[1]

Julia Thyroff

Was gilt es aus geschichtsdidaktischer Perspektive zu bedenken, wenn das Thema Jugoslawienkriege im Geschichtsunterricht in der Schweiz behandelt werden soll? Welche Herausforderungen birgt das Thema und inwiefern hält die Geschichtsdidaktik Ansätze bereit, um diesen zu begegnen? Im vorliegenden Text widme ich mich der Bearbeitung dieser Fragen und nehme dabei eine theoretische und dabei teils analytische, teils normative geschichtsdidaktische Perspektive ein. Darauf aufbauend schlage ich am Ende des Textes Leifragen für eine didaktische Auseinandersetzung mit den Jugoslawienkriegen vor.[2]

Die Jugoslawienkriege vermitteln – ein Herausforderungsgefüge

Der Unterricht zum Thema Jugoslawienkriege in der Schweiz steht – so meine These – vor einem mehrdimensionalen Herausforderungsgefüge:
Zum einen liegen Herausforderungen in der hohen Komplexität des Gegenstands Jugoslawienkriege als historischer Ereigniskomplex, vor allem in der Vielzahl beteiligter Akteurinnen und Akteure und der damit verbundenen Vielzahl von Perspektiven, die sich auch in zugehörigen geschichtskulturellen Manifestationen in Vergangenheit wie auch Gegenwart niederschlägt. Diese Perspektiven sind überdies nicht nur vielfältig, sondern vor allem auch äusserst kontrovers.
Weitere spezifische Herausforderungen liegen in der Gegenwartsrelevanz und Lebensweltrelevanz des Themas begründet. Zahlreiche Schülerinnen und Schüler haben familiäre Bezüge zu – unterschiedlichen – Ländern des ehemaligen Jugoslawien und den Jugoslawienkriegen. Ihnen und auch allen anderen Schülerinnen und Schülern können Jugoslawien und die Jugoslawienkriege in mehr oder weniger konkreter Weise auch aus geschichtskulturellen Manifestationen und gesell-

---

[1] Ich bedanke mich herzlich bei Béatrice Ziegler und Vera Sperisen für ihre Lektüre meines Textes und für kritische und konstruktive Hinweise.
[2] Im nachfolgenden Text ergänze ich diese dann um eine Bestandsaufnahme und Kommentierung konkreter für die deutschsprachige Schweiz vorliegender didaktischer Rahmenbedingungen, nämlich Lehrplan und Lehrmitteldarstellungen zu den Jugoslawienkriegen.

schaftlichen Auseinandersetzungen ein Begriff sein, einschliesslich der darin zu findenden Stereotypisierungen und der damit verbundenen eigenen Herausforderungen wie Inklusions- und Exklusionsmechanismen in der Gegenwart (vgl. die Beiträge von Bürgisser, Pavić, Thyroff/Ziegler in diesem Band).
Die Beschäftigung mit den Jugoslawienkriegen hat vor diesem Hintergrund sowohl eine vergangenheits- wie auch eine gegenwartsbezogene Dimension. Einerseits geht es um das Verstehen eines komplexen historischen Ereigniszusammenhangs unter Berücksichtigung der dabei beteiligten Akteurinnen und Akteure und deren Perspektiven. Weiter geht es um das Kennernlernen und die reflektierte Auseinandersetzung mit den daraus resultierenden historischen Deutungen über diese Vergangenheit und deren Vielfalt, also die Auseinandersetzung mit «Geschichte(n)», inklusive deren Relevanz für die Gegenwart. Denn auch in der Gegenwart werden die Jugoslawienkriege dargestellt und verhandelt im Rahmen von Geschichtskultur(en) und deren Manifestationen. Sie können so in der Lebenswelt heutiger Schülerinnen und Schüler von Bedeutung sein, können Teile ihrer individuellen historischen Orientierungen sein.
Die reflektierte Beschäftigung mit der Art und Weise, wie von Individuen und Gesellschaften und in geschichtskulturellen Manifestationen über die Jugoslawienkriege und die Menschen mit Bezügen zum ehemaligen Jugoslawien und zu den Kriegen gesprochen wird, also die Dekonstruktion, Einordnung und Reflexion von Geschichtsdarstellungen, stellt neben der vergangenheitsbezogenen Auseinandersetzung mit den Jugoslawienkriegen und der Rekonstruktion des Ereigniskomplexes einen ebenbürtigen Aspekt historischen Denkens dar (Körber/Schreiber/Schöner 2007; Schreiber 2007). Ein solcher Zugang trägt zudem den für die Geschichtsvermittlung relevanten didaktischen Prinzipen des Gegenwarts- und Lebensweltsbezugs (zum Beispiel Baumgärtner 2015, 68; Bergmann 2016a; Heuer 2009) Rechnung und kann als ein wichtiger Bildungsauftrag des Geschichtsunterrichts verstanden werden. Weiter hat die reflektierte Auseinandersetzung mit geschichtskulturellen Manifestationen und den darin vorliegenden mitunter verkürzenden Darstellungsweisen und Stereotypisierungen nicht nur Bedeutung für die Förderung individuellen historischen Denkens, sondern auch eine gesellschafts- und demokratiebezogene Funktion, die mit der Hoffnung verbunden ist, dass damit das friedliche Zusammenleben in einer migrationsgeprägten, pluralen Gesellschaft positiv beeinflusst werden kann.
Die Beschäftigung mit den Jugoslawienkriegen und zugehörigen Darstellungen, etwa in geschichtskulturellen Manifestationen, stellt also für den Geschichtsunterricht ein lohnenswertes Thema dar, weil sie einerseits indivduelles historisches Denken der Schülerinnen und Schüler auf den unterschiedlichsten Ebenen adressieren kann und dabei zugleich gesellschaftliche Bedeutung aufweist. Dennoch gibt es wohl wenige Themen, bei welchen derart viele Herausforderungen

zusammenkommen und die deshalb für Lehrpersonen derart anspruchsvoll sein dürften. Umso schwerer wiegt es, dass die deutschsprachige Geschichtsdidaktik Lehrpersonen bis anhin in Bezug auf die Vermittlung der Jugoslawienkriege weitgehend allein lässt.[3] Immerhin liegt eine Reihe von abstrakten Überlegungen vor, die sich für eine Übertragung auf das Thema eignen. Ich werde nachfolgend unter Rückgriff auf geschichtsdidaktische Theorien einzelne Aspekte des nun bereits skizzierten Herausforderungsgefüges zunächst mehrheitlich themenunabhängig weiter ausleuchten (Abschnitte 2 und 3) und später auf das Thema Jugoslawienkriege übertragen (Abschnitt 4).

Geschichtsunterricht in heterogenen, migrationsgeprägten, demokratischen Gesellschaften

Die deutschsprachige Geschichtsdidaktik setzt sich seit einigen Jahren auf mehreren Ebenen mit gesellschaftlicher Heterogenität auseinander. Hierzu zählen Veröffentlichungen im Bereich der Inklusion von Menschen mit Behinderung (zum Beispiel Alavi/Lücke 2016) und im Bereich des geschlechtersensiblen Geschichtsunterrichts (zum Beispiel Bennewitz/Burkhardt 2016) sowie Veröffentlichungen, die anregen, generell der Einsicht in die Intersektionalität, also Mehrschichtigkeit von Zugehörigkeiten, Rechnung zu tragen (Lücke 2017).
Ausserdem findet sich eine ganze Reihe von Veröffentlichungen, in welchen Zugänge des Geschichtsunterrichts im Zusammenhang mit kultureller Heterogenität erörtert werden (zum Beispiel Alavi 1998, 2004; Alavi/Henke-Bockschatz 2004; Alavi/Lücke 2016; Albers 2016; Georgi/Ohliger 2009; Körber 2001; Meyer-Hamme 2009, 2017; Reeken 2014). Vielfach werden diese an das Phänomen der Migration gekoppelt, wodurch implizit oder explizit eine Verbindung von Vielfalt, kultureller Vielfalt und migrationsbedingter Vielfalt oder gar deren Gleichsetzung suggeriert wird. Ich werde diese Gleichsetzung weiter unten problematisieren, fokussiere aber gleichwohl beim nun folgenden Literaturüberblick auf die genannten Ansätze. Die Vermittlung der Jugoslawienkriege in der Schweiz hat, indem in der Schweiz zahlreiche Menschen mit Bezügen zu Jugoslawien beziehungsweise dessen Nachfolgestaaten leben, nicht nur, aber auch eine migrationsbezogene Komponente. Insofern gilt es zu prüfen, welche Ansätze die Geschichtsdidaktik im Umgang mit dieser Ausgangslage bereithält, und Ansätze bei Bedarf zu problematisieren. Die Stossrichtungen der Ansätze werden dabei

---

3 Das einzige mir bekannte ganze Lehrmittel dezidiert zu den Jugoslawienkriegen stammt von Emer und Norden (Emer/Norden 2008). Zahlreiche, jedoch nicht deutschsprachige Lehrmaterialien existieren hingegen durch das Projekt «Learning history that is not yet history» von Euroclio (Association of European Educators of History) und Partnern, www.devedesete.net.

vor allem im Vergleich sichtbar, sowohl innerhalb der Geschichtsdidaktik als auch im Vergleich mit erziehungswissenschaftlichen Ansätzen aus dem Bereich der sogenannten Interkulturellen Pädagogik und ähnlicher Konzepte, die ich zu diesem Zweck ergänzend einbeziehe und nun vorgängig vorstelle.

Erziehungswissenschaftliche Bezugspunkte

Zentrales Moment der Einordnung von Ansätzen kann zunächst einmal sein, wie diese überhaupt gesellschaftliche Heterogenität definieren und begründen. Für viele, vor allem ältere Ansätze ist kennzeichnend, dass sie gesellschaftliche Heterogenität eindimensional an das Phänomen Migration rückbinden, anstatt Heterogenität als den Normalfall demokratischer Gesellschaften zu betrachten (Gliederung von Ansätzen nachfolgend basierend auf Nohl 2010).

Prägend im deutschsprachigen Raum für die 1970er-Jahre war eine sogenannte Ausländerpädagogik, entstanden im Zusammenhang mit verstärkter Arbeitsmigration, die Zugewanderte als fremd und als Bedrohung für eine vermeintlich homogene, nationale Kultur betrachtete. Im Fokus pädagogischer Bemühungen standen in diesem Fall allein zugewanderte Schülerinnen und Schüler und es galt das Ziel, diese zu assimilieren und ihre vermeintlichen Schwächen zu kompensieren (im Überblick zu dieser Variante: Nohl 2010, 11, 17–48; Prengel 2006, 64–77).

Parallel dazu und zugleich als Abgrenzung entwickelte sich die sogenannte klassische interkulturelle oder multikulturelle Pädagogik. Annedore Prengel unterscheidet hierfür eine universalistische Spielart, die kulturübergreifend Gemeinsames sucht, und eine relativistische Spielart, in der es darum geht, die «Verschiedenheit und Gleichwertigkeit der Kulturen anzuerkennen» (Prengel 2006, 77–87, Zitat: 82). Vielfalt wird in dieser Variante neu als Ressource betrachtet. Pädagogische Massnahmen zielen nun auf alle Schülerinnen und Schüler, die lernen sollen, mit der migrationsbedingten Vielfalt umzugehen, wobei Differenzen betont werden (im Überblick zu dieser Variante: Alavi 1998, 193–195; Nohl 2010, 11, 49–92).

Alle bisher genannten Varianten führen gesellschaftliche Heterogenität auf Migration als Ursache zurück und betrachten Kultur als unveränderliche, homogene, ethnisch konnotierte Grösse. Menschen werden statisch auf diese Kulturen fixiert. Übertragen auf die Auseinandersetzung mit dem Thema Jugoslawienkriege und die Anwesenheit von Schülerinnen und Schülern mit Bezügen zu (Ex-)Jugoslawien würde sich diese Sichtweise beispielsweise manifestieren, falls davon ausgegangen würde,
– dass heutige Jugendliche als Vertreter der Gruppe «der Kosovaren», «der Serbinnen», «der Bosniaken» usw. gelten und angesprochen werden können und Merkmale aufweisen, die diesen Gruppen homogen zu eigen sind,

– dass «die Kosovarinnen», «die Kroaten», «die Serben» usw. während der Jugoslawienkriege homogene Volksgruppen mit einheitlichen Merkmalen bildeten, die sie voneinander unterschieden, ohne dabei auf transnationale Gemeinsamkeiten oder Differenzierungen innerhalb einzugehen,
– dass eine Perspektivenvielfalt der Schülerinnen und Schüler in Bezug auf die Jugoslawienkriege oder andere historische Gegenstände ausschliesslich aufgrund von Migration überhaupt ins Klassenzimmer kommt.

Solche Annahmen werden in jüngeren erziehungswissenschaftlichen Ansätzen zu Recht zurückgewiesen. Insbesondere wenden sich Autorinnen und Autoren gegen eine Festschreibung von Menschen auf definierte vermeintlich gegebene und homogene Kulturen und betonen stattdessen die «Hybridität» (Erel 2004) von Kulturen, die Konstruiertheit von Zuschreibungen und damit die strukturell geprägte Gestaltbarkeit individueller Zugehörigkeiten. Hierzu zählt etwa die sogenannte Antidiskriminierungspädagogik, die den Konstruktcharakter kollektiver Zuschreibungen aufdeckt und den Blick auf strukturelle Ungleichheiten richtet, die im Zusammenhang mit der Wahrnehmung und Konstruktion von Ethnien und der Fixierung von Menschen auf diese Ethnien entstehen und reproduziert werden (im Überblick zu dieser Variante: Nohl 2010, 11, 93–130).

Gegen einen verengten Kulturbegriff wendet sich auch Arnd-Michael Nohl, der von einer Vielfalt nebeneinander bestehender «kollektiver Zugehörigkeiten» spricht. Nohl definiert «Kultur als das praktische Leben innerhalb kollektiver Zugehörigkeiten» und setzt Kultur mit Milieu gleich (ebd., 148). Solche Milieus seien «*mehrdimensional* angelegt», umfassten «adolsezenz-, geschlechts-, generations-, religions-, migrations-, schicht- sowie bildungsspezifische[.] *Erfahrungsdimensionen*» (ebd., 159). Für Nohl ist damit «die Idee, die Gesellschaft sei vornehmlich durch Einwanderung pluralisiert, obsolet» – vielmehr werde sie «als ein immer schon kulturell heterogenes, aus mehrdimensionalen Milieus bestehendes Gebilde» sichtbar (ebd., 159f.). Eine Pädagogik kollektiver Zugehörigkeiten im Sinne von Nohl zielt nicht darauf, Differenzen in den Zugehörigkeiten zu assimilieren oder aufzulösen, sondern wahrzunehmen, zu reflektieren, «produktiv [zu] verarbeiten» und «eine eigene biographische Orientierung [zu] finden» (ebd., 189f.).

Auch Paul Mecheril operiert wie Nohl mit dem Begriff der Zugehörigkeiten (Mecheril 2003, 2010, 12–15) und betont deren Mehrdimensionalität, verengt dann aber bewusst darauf, dass sich «Migrationspädagogik» mit einem Teilbereich von Zugehörigkeiten, nämlich den «natio-ethno-kulturellen Zugehörigkeiten», befasse (Mecheril 2010, 13f.). Ähnlich, wie oben für die Antidiskriminierungspädagogik beschrieben, steht bei Mecheril der dekonstruktive Blick auf die Herstellung und Zuschreibung solcher Zugehörigkeiten im Zentrum, welche er in den grösseren Kontext der Herstellung eines «Wir» und

«Nicht-Wir» (ebd., 14) und des «Migrationsandere[n]» (ebd., 15) setzt. Migrationspädagogik als Disziplin betrachte Zugehörigkeiten nicht als Gegebenes, sondern analysiere die «Praxis des Unterscheidens», wie es nicht zuletzt durch Pädagoginnen und Pädagogen vorkomme (ebd., 19).

Wiederum übertragen auf die Auseinandersetzung mit dem Thema Jugoslawienkriege und die Anwesenheit von Schülerinnen und Schülern mit Bezügen zu (Ex-)Jugoslawien würde die Berücksichtigung der Perspektiven von Autoren wie Nohl und Mecheril beispielsweise beinhalten,

– sich als Pädagoginnen und Pädagogen der eigenen Praxen des Zuschreibens in Bezug auf Jugendliche mit vermeintlichem «Migrationshintergrund» bewusst zu werden, diese zu reflektieren und dabei insbesondere Herstellungen eines «Wir» und «die anderen» zu bemerken und zu vermeiden,

– Zugehörigkeiten sowohl der Schülerinnen und Schüler wie auch der Akteurinnen und Akteure der Vergangenheit gezielt in mehreren Dimensionen, nicht nur der ethnischen, zu berücksichtigen und ethnische Zuschreibungen in ihrer Verengung zu problematisieren: etwa die Akteurinnen und Akteure der Jugoslawienkriege nicht simpel nach Volksgruppen einzuteilen, sondern beispielsweise auch volksgruppenübergreifend nach der Situation von jungen Männern zu fragen, die Soldaten werden mussten und die dabei entlang ethnischer Kategorien eingeordnet wurden, die in ihrer Lebenswelt womöglich bis anhin kaum eine Rolle spielten (Ernst 2015).

Zuletzt habe ich bereits an einigen Stellen versucht, erziehungswissenschaftliche Ansätze auf den Geschichtsunterricht zu übertragen. Auch aus der Geschichtsdidaktik selbst stammen Ansätze zu der Frage, wie mit gesellschaftlicher Heterogenität im Unterricht umzugehen sei. Zudem gibt es einzelne empirische Studien, die Aufschluss über Vorstellungen bei Lehrpersonen und Umsetzungen im Unterricht geben. Dabei fällt auf, dass einige der aus der Erziehungswissenschaft bekannten Varianten darin aufscheinen – sowohl in theoretischen Überlegungen wie auch in empirischen Befunden. Ich wende mich nachfolgend zunächst der Empirie, anschliessend der Theorie zu.

Empirische Schlaglichter

Anne Albers hat im Rahmen von Gruppeninterviews Beliefs von Geschichtslehrpersonen in Bezug auf Geschichtsunterricht in der vielfältigen (Migrations-)Gesellschaft identifiziert (Albers 2016), die an oben genannte Varianten anschliessen. Eine Gruppe von Lehrpersonen nahm Schülerinnen und Schüler mit angenommenem Migrationshintergrund als «die Fremden, Anderen» wahr und sah ihre Hauptaufgabe darin, ihnen Wissen «über die deutsche Geschichte als Handlungs- und Orientierungswissen in der Alltagswelt» mitzugeben (ebd., 68 f.). Diese Lehrpersonen fokussierten also rein auf die Schülerinnen und Schüler mit vermeintlichen Defiziten. Hier scheinen Elemente der oben skizzierten Ausländerpädagogik auf, und es kommt, wie es Bodo von Borries ausdrückt, die Idee einer «Nationalgeschichte als Eintrittsbillett» (Borries 2009, 41) zum Ausdruck. Weiter erwogen diese Lehrpersonen bei der Themenauswahl für den Geschichtsunterricht die Berücksichtigung von (angenommenen) «Herkunftsräumen und -kulturen» der Schülerinnen und Schüler (Albers 2016, S. 70), worin sich eine Fixierung auf diese angenommenen Herkunftsräume und -kulturen als statisches Identitätsmerkmal ausdrücken dürfte.

Eine andere Gruppe von Lehrpersonen beschrieb im Kontrast dazu «die Identitäten ihrer Schüler/innen nicht als fest, sondern als hybrid und je nach Bezugspunkt wechselnd ausgerichtet. [...] Im Gegensatz zu Gruppe A ist ihr formulierter Anspruch nicht, Kenntnisse über Geschichte zur Orientierung in einer wie auch immer definierten westlichen Gesellschaft zu vermitteln, sondern an die als globalisiert beschriebene Lebenswelt der Jugendlichen anzuknüpfen und Geschichte jenseits von nationalen Kategorien als Verflechtungs- und Globalgeschichte zu erzählen» (ebd., 69). In dieser Gruppe manifestierten sich also Vorstellungen von der Vielschichtigkeit kultureller Zugehörigkeiten. Inwiefern diese Lehrpersonen Heterogenität dabei nicht nur als Merkmal der zugewanderten, sondern auch der autochthonen Schülerschaft begriffen, wird allerdings nicht ersichtlich.

In Unterrichtsanalysen von Vera Sperisen und Simon Affolter (Sperisen/Affolter 2019, 2020), die Umgangsweisen mit dem Thema Migration und dabei erfolgende Herstellungen von Differenz analysierten, zeigen sich deutliche Parallelen zu den von Albers gemachten Befunden. Sperisen und Affolter arbeiten nämlich heraus, dass Lehrpersonen gesellschaftliche Vielfalt eindimensional auf Migration zurückführen, dabei Vorstellungen eines «Eigenen» und «Fremden» transportieren und «natio-ethno-kulturelle Zugehörigkeitsordnungen» (Sperisen/Affolter 2020, bezugnehmend auf Mecheril 2003) herstellen und reproduzieren: «Familiäre Migrationsgeschichten von Schüler_innen werden in schulischen Kontexten oft als Indikatoren für Heterogenität und Diversität interpretiert. Die Jugendlichen werden entlang der hegemonialen Zugehörigkeitsordnungen kategorisiert und ihnen wird ein ‹Migrationshintergrund› zugeschrieben. [...] Die Schüler_innen werden in Abgrenzung zu einer imaginierten Gesellschaft von Ansässigen als ‹Fremde› oder ‹Zugezogene› angerufen» (Sperisen/Affolter 2019, 106).

Die «zugezogenen» Schülerinnen und Schüler werden dann je nach gewähltem Fallbeispiel entweder ungeachtet ihrer Vielfalt ebenfalls homogenisiert und es wird damit eine «binäre[.] Unterscheidung einer homogen gedachten Gruppe von ‹Hiesigen› von einer homogen gedachten Gruppe aus ‹Anderen›» entwickelt (Sperisen/Affolter 2019, 106). Oder aber, es wird deren Vielfalt zwar berücksichtigt,

aber unter ausschliesslicher Rückbindung und Zuschreibung natio-ethno-kultureller Zugehörigkeiten, sodass Sperisen und Affolter konstatieren: «Diese verkürzte Form der inhaltlichen Beschäftigung mit Zugehörigkeitsfragen führt in der untersuchten Unterrichtspraxis nicht zu einer Auseinandersetzung und subjektorientierten Reflexion von Zugehörigkeitsordnungen, sondern zum Gegenteil: Zur Objektivation der vorherrschenden Ordnung» (Sperisen/Affolter 2020, 5).
Die Ergebnisse von Albers einerseits, Sperisen und Affolter andererseits deuten an, dass sowohl in den Vorstellungen von Lehrpersonen wie auch in der Unterrichtspraxis das Phänomen gesellschaftlicher Heterogenität oft auf natio-ethno-kulturelle Vielfalt reduziert und damit eindimensional beleuchtet sein dürfte – während gesellschaftliche Vielfalt unterschiedlichster Ebenen als Normalfall demokratischer Gesellschaften nicht in den Blick rückt und auch eine reflektierende Auseinandersetzung mit Zugehörigkeiten aus einer Metaperspektive ausbleibt. Insgesamt liegen aber noch wenige empirische Befunde der Geschichtsdidaktik in diesem Feld vor. Vielmehr finden sich seitens der Geschichtsdidaktik bis anhin vor allem theoretische und normative Überlegungen. In diesen scheinen nun wiederum die weiter oben vorgestellten erziehungswissenschaftlichen Ansätze wie auch empirisch festgestellte Zugänge auf.

Theoretische Ansätze der Geschichtsdidaktik zum Umgang mit Heterogenität – drei Beispiele

Während die oben vorgestellten erziehungswissenschaftlichen Ansätze mit zentralen Konstrukten wie Kultur oder Zugehörigkeit arbeiten, findet in geschichtsdidaktischen Ansätzen oft eine fachspezifische Wendung statt, wobei mehrere Konstrukte vorkommen, insbesondere historische Orientierung (zum Beispiel Meyer-Hamme 2017) und historische Identität (zum Beispiel Alavi 1998; Meyer-Hamme 2009, 2017), teilweise auch Erinnerung (zum Beispiel Lücke 2016). Verbindend ist diesen Ansätzen, abstrakt gesprochen, die Annahme, dass Individuen über solche historische Orientierung(en) oder Identität(en) verfügen und dass dieses Verfügen in irgendeiner Weise abhängig von Einbindungen dieser Individuen in Kontexte, zum Beispiel Zugehörigkeit(en) oder Kultur(en), ist. Unterhalb dieses Oberflächenkonsenses finden sich jedoch Divergenzen. Ich stelle nachfolgend exemplarisch drei Ansätze vergleichend vor (Alavi 1998; Lücke 2017; Meyer-Hamme 2017) und gelange davon ausgehend im Anschluss zu einer theoretischen Synthese.
Erstmals ausführlicher mit den Herausforderungen durch migrationsgeprägte Heterogenität hat sich in der deutschsprachigen Geschichtsdidaktik Bettina Alavi beschäftigt (Alavi 1998). Ihre Arbeit führte in die Diskussion ein und muss aus heutiger Perspektive historisiert werden. Als Ziel des Geschichtsunterrichts postulierte Alavi: «In einer multiethnischen demokratischen Gesellschaft kann

es im Geschichtsunterricht nicht darum gehen, Loyalität der Staatsbürger über eine festgeschriebene historische Identität zu erreichen. Dies widerspricht sowohl den demokratischen Spielregeln als auch den Regeln der Integration und des Zusammenlebens mit Fremden» (ebd., 54).

Alavi spricht stattdessen von einem «*geschichtlichen Dialog*», in dem «jeder Partner zunächst gleichberechtigt» sei. Es gehe «darum, *vom anderen lernen zu wollen* und nicht darum, den anderen zur eigenen Position als der einzig richtigen zu bekehren» (ebd., 73). Mit diesen Zielbestimmungen weist Alavi eine Nähe zur klassischen multikulturellen Pädagogik auf. Sie spricht sich gegen eine einseitige Assimilierung aus, tritt stattdessen für Gleichberechtigung und Austausch ein. Alavis Verständnis von Heterogenität scheint insgesamt stark mit der Idee von Migration und Ethnien verknüpft, die dabei als etwas Statisches, Homogenes erscheinen, wie etwa die Formulierung eines «Zusammenlebens mit Fremden» ausdrückt. Zu diesem Eindruck passend konstatiert Anne Albers in Bezug auf Alavis Unterrichtsentwürfe, dass bei ihr «das Prozesshafte und Hybride eines trans*-Kulturverständnisses nicht durchweg für die unterrichtspraktischen Vorschläge gestaltend» werde (Albers 2016, 55).

Die Ebene, auf der Alavi ein gleichberechtigtes Nebeneinander und einen Dialog einfordert, ist diejenige der historischen Identitäten. Diese stellen etliche Jahre später auch den Bezugspunkt der Überlegungen von Johannes Meyer-Hamme dar (Meyer-Hamme 2009, 2017). Meyer-Hamme gebraucht den Begriff offenbar gleichbedeutend mit dem der historischen Orientierungen, wenn er schreibt: «Der Umgang mit Geschichte dient der Orientierung in der Zeit – das heisst der Konstruktion einer historischen Identität» (Meyer-Hamme 2017, 89). Definiert wird von Meyer-Hamme lediglich der Begriff der historischen Idenität, wobei er diese erheblich fluider fasst als Alavi: Historische Identität werde narrativ konstruiert, könne «nicht als monolithischer Block verstanden werden», sei «nicht stabil und bruchlos, sondern wandelbar, kontextabhängig und immer nur vorläufig», werde je nach Zeit, Situation und Adressaten anders entworfen (ebd., 90–94, Zitate: 92, 93). Warum Meyer-Hamme angesichts dieser Bedeutungsgehalte überhaupt mit dem Begriff der Identität operiert, welcher Monolithisches und Abgeschlossenheit suggeriert, und sich nicht auf das offenere Konzept der historischen Orientierung(en) fokussiert, bleibt unklar.

Auch hinsichtlich der Bestimmung der Ziele des Geschichtsunterrichts im Hinblick auf Orientierungen beziehungsweise Identitäten wirft seine Darstellung Fragen auf. So postuliert er einerseits, es sei nicht das Ziel, «dass sich alle Schülerinnen und Schüler dieselben historischen Orientierungen aneignen, also eine einheitliche historische Identität ausbilden sollen» (Meyer-Hamme 2017, 96f.). Es gehe darum, dass «die Schülerinnen und Schüler erstens mehrere Deutungen und Orientierungen zu einer historischen Fragestellung kennenlernen und sich damit auseinandersetzen, zweitens unterschiedliche Bedeutungen aushandeln sowie drittens lernen Spannungen und Widersprüche zwischen Orientierungen auszuhalten (‹Ambiguitätstoleranz›)» (ebd., 96f.). Ähnlich wie in der Pädagogik kollektiver Zugehörigkeiten Nohls wird also einerseits die Entwicklung eines eigenen Standpunkts in der Auseinandersetzung mit einer Vielfalt möglicher Orientierungen angestrebt. Jedoch gehe es andererseits auch darum, «dass diese [historischen Identitäten] zueinander kompatibel sind, sodass Begriffe und Konzepte zur Verfügung stehen und angewendet werden können, um die pluralen Identitäten auszuhandeln» (ebd., 96f.). Was eine Kompatibilität von Orientierungen beinhalten soll und inwiefern diese die potenzielle Freiheit des Sichorientierens gleichwohl einschränkt, bleibt völlig unklar. Auch favorisiert Meyer-Hamme die Überwindung von «devided memories» hin zu «shared memories» als Zielgrösse (ebd., 95). Dass für die Erreichung dieses Ziels doch eine sehr gezielte Gestaltung von Orientierungsangeboten notwendig wäre, diesen Gesichtspunkt blendet Meyer-Hamme aus. Insgesamt bleibt seine Darstellung im Hinblick auf die Ziele von Geschichtsunterricht unklar.

Allerdings birgt sein Ansatz durchaus auch zwei Chancen: einerseits durch die auf Wandelbarkeit und Vorläufigkeit fokussierende Definition historischer Identität, andererseits durch seine Offenheit hinsichtlich der Frage, woher überhaupt die kulturelle Heterogenität und die zugehörige Vielfalt historischer Identitäten rührt, über die er spricht. Meyer-Hamme bringt Heterogenität nicht, wie dies Alavi oder auch andere Autoren um die Jahrtausendwende tun (Alavi 1998; Borries 2001, 73; Körber 2001, 5), vornehmlich mit Migration in Zusammenhang, was die Möglichkeit eröffnet, Heterogenität sehr breit zu denken – auch wenn Meyer-Hamme dies selbst nicht explizit tut.

In einem viel breiteren Sinn als nur migrationsgeprägte Vielfalt denkt Martin Lücke (2017) über Vielfalt von Gesellschaft nach. Er erschliesst die im angloamerikanischen Raum klassische Kategorientrias *race*, *class* und *gender* für den Geschichtsunterricht, und dies vornehmlich auf der Ebene der Themenstrukturierung. Die Kategorien sollten nicht als «konkreter Inhaltskatalog», wohl aber als «heuristische Sehhilfe» fungieren, «mit der historisches Wissen geordnet werden kann» (ebd., 142), um so das Bewusstsein für Differenzierungen und Ungleichheiten entlang der genannten Kategorien zu schärfen. Dabei geht es Lücke auch um die Einsicht in die «Wandelbarkeit von Herrschaft, sozialen Differenzierungen und Ungleichheiten» – auf Basis der Auseinandersetzung mit der Entstehung von Ungleichheiten und mit deren Fluidität beziehungsweise Historizität (ebd., 142–146, Zitat: 145).

Lücke beschäftigt sich mit der Frage, welche Konsequenzen gesellschaftliche Diversität und Ungleichheit auf der Ebene der konkreten Themenauswahl im Geschichtsunterricht haben sollte. Damit liegt er mit seinen Ausführungen auf einer anderen Ebene als Meyer-Hamme, der historische Orientierungen, aber nicht die Frage einer konkreten Themenauswahl in den Blick nimmt. In der Zusammenschau der Texte von Alavi, Meyer-Hamme und Lücke zeigt sich also, dass eine Reihe von Ansätzen derzeit mehr oder weniger disparat nebeneinander stehen. Albers' Diktum aus dem Jahr 2016, dass die «Konzeptualisierung eines differenz- und kultursensiblen Geschichtsunterrichts» bislang «nur in Ansätzen» vorliege (Albers 2016, 51), kann als nach wie vor zutreffend beurteilt werden.

Synthese
Wie lassen sich die skizzierten Zugänge systematisieren? Sie alle beschäftigen sich damit, gesellschaftlicher Heterogenität im Geschichtsunterricht Rechnung zu tragen. Jedoch tun sie dies teilweise auf unterschiedlichen Ebenen. Ich unterscheide nachfolgend drei Ebenen, indem ich von Klaus Bergmann (2016b, 66) drei didaktische Prinzipien (Multiperspektivität, Kontroversität und Pluralität) entlehne und diese als Systematisierungshilfe verwende.[4]
Ansätze der ersten Ebene zielen auf Multiperspektivität auf der Ebene des historischen Gegenstands (des «Themas») und der daran beteiligten Akteurinnen und Akteure beziehungsweise vielmehr der dafür zur Verfügung stehenden Quellen. Auf dieser Ebene wird Heterogenität als ein Phänomen in der Vergangenheit in den Blick genommen. Unter anderem auf dieser ersten Ebene argumentiert Lücke, wenn er vorschlägt, am historischen Gegenstand Differenzen, ungleiche Macht und ungleiche Teilhabechancen entlang von Kategorien wie Race, Class und Gender aufzuzeigen und dabei insbesondere auch deren Wandelbarkeit zu behandeln (Lücke 2017). Auch die Vorschläge Alavis liegen dezidiert auf dieser ersten Ebene, nämlich: «Multikulturalität am historischen Beispiel», «Migration als Normalfall der Geschichte», «traditionelle Themen mit neuem Akzent oder in erweiterter Perspektive», «außereuropäische Geschichte», «weltübergreifende Themen und historische Grundfragen», «Vergleiche auf ethnologisch-alltagsgeschichtlicher Ebene» (Alavi 1998, 241–256, ähnlich: 2004, 27; Borries 2001, 83–89). Bei dieser Stossrichtung geht es nicht zuletzt darum, eurozentristische oder am Nationalstaat ausgerichtete Geschichten durch aussereuropäische Geschichten, Geschichten von Minderheiten oder Globalgeschichte zu ersetzen oder zu ergänzen. Dietmar von Reeken fasst zusammen, dass es darum

---

4   Ein ähnlicher Systematisierungsversuch findet sich bei Andreas Körber, der ebenfalls drei, allerdings etwas anders gelagerte Ebenen unterscheidet, nämlich «Interkulturalität in der Themenwahl», «Interkulturalität im Material», dort als «Multiperspektivität der Quellenbasis» und «Multiperspektivität der Darstellungen», sowie drittens «Interkulturalität im Lernprozess» (Körber 2001, 17–21; aufgegriffen von Meyer-Hamme 2009, 90–95). Den von Körber gewählten Begriff der Interkulturalität meide ich aufgrund der oben skizzierten Überlegungen.

gehe, sowohl «neue Inhalte anzubieten als auch traditionelle Inhalte anders zu akzentuieren und geschichtsdidaktische Forderungen nach Multiperspektivität und Exemplarität endlich konsequent umzusetzen» (Reeken 2014, 243).

Eng verbunden mit der Forderung nach Multiperspektivität auf der Ebene des historischen Gegenstands beziehungsweise der eingesetzten Quellen ist die Hoffnung, Schülerinnen und Schüler dadurch im Perspektivwechsel zu schulen und ein reflektiertes Wechselspiel aus Selbst- und Fremdverstehen[5] anzubahnen, damit Schülerinnen und Schüler «Selbstverständlichkeiten in Frage stellen und neue Möglichkeiten menschlichen Denkens und Handelns für sich entdecken» können (Reeken 2014, 242). Bodo von Borries und Andreas Körber weisen darauf hin, dass der Geschichtsunterricht eigentlich sowieso der Ort der Begegnung mit dem Fremden, nämlich dem historisch Fremden, sei (Borries 2001, 84; Körber 2001, 19), und Schülerinnen und Schüler zu einer «*Erweiterung* der eigenen Perspektive» bringen solle (Körber 2001, 19). Dieser Aspekt berührt bereits die Ebene dessen, was Schülerinnen und Schüler aus dem Unterricht mitnehmen sollen, und leitet damit über zu einer nächsten Ebene.

Diese enthält Ansätze, die Pluralität auf der Ebene der Sichtweisen von Schülerinnen und Schülern und ihrer historischen Orientierungen berücksichtigen möchten. Dabei kann wiederum differenziert werden in solche Orientierungen, die Schülerinnen und Schüler in Abhängigkeit von ihren diversen kollektiven Einbindungen bereits in den Geschichtsunterricht mitbringen und die berücksichtigt werden können beziehungsweise sollen, und in solche Orientierungen, die Schülerinnen und Schüler aus der Auseinandersetzung mit Themen generieren – entweder generieren können oder gar generieren sollen. Diese geschichtsdidaktischen Ansätze gehen, wie oben bereits vorgestellt, übereinstimmend dorthin, das Nebeneinander unterschiedlicher Orientierungen als gesellschaftlichen Normalfall zu postulieren, zu respektieren und zu berücksichtigen (Alavi 1998; Meyer-Hamme 2017; Reeken 2014). Es wird kategorisch betont, «dass es [...] nicht um die Entwicklung einer ‹gemeinsamen Erinnerung› im Sinne homogener historischer Orientierungen oder gar die Stiftung einer einheitlichen kollektiven historischen Identität gehen kann» (Reeken 2014, 243). Unterhalb dieses Oberflächenkonsenses sind Ansätze jedoch mitunter widersprüchlich, wie oben am Beispiel von Meyer-Hamme aufgezeigt, der einerseits das Aushalten von «Spannungen und Widersprüchen», gleichzeitig aber die Existenz gemeinsamer «Begriffe und Konzepte» postuliert (Meyer-Hamme 2017, 96f.).

Im mindestens teilweisen Kontrast zu einer Pluralität der Orientierungen stehen insbesondere solche Ansätze, die auf das Ausbilden von sogenannten *shared*

---

5 Für eine kritische Auseinandersetzung mit dem Begriff des Fremdverstehens, die an dieser Stelle zu weit führen würde, siehe Alavi 2004.

memories abzielen (Meyer-Hamme 2017, 95). Inwieweit neben einer Akzeptanz von Pluralität und dem gemeinsamen Prozess des Aushandelns dennoch auch gemeinsame Inhalte historischer Orientierungen gezielt angebahnt werden sollen, diesbezüglich gibt es derzeit konkurrierende Ansätze, ohne dass ein grundsätzlicher Diskurs über deren Widersprüche geführt würde (Reeken 2014, 243).
So lässt sich beobachten, dass eine Wertschätzung von Heteogenität und deren bewusste Bewahrung disparat steht neben Versuchen, gemeinsame Geschichten zu finden und anzubahnen, beispielsweise Verflechtungs- oder Globalgeschichten zu erzählen. In den Kategorien Annedore Prengels gesprochen, manifestieren sich hier ebenso kulturrelativistische wie universalistische Spielarten der interkulturellen Pädagogik (Prengel 2006, 77–87). Beide Zugänge bergen Risiken: einerseits die Überbetonung oder gar Konstruktion von Unterschieden – vielzitiert ist in diesem Zusammenhang die von Alavi konstatierte «Kulturalisierungsfalle» (Alavi 2001, 102; Borries 2009, 27 f.) –, andererseits die Aufhebung von Unterschieden und damit etwa die Marginalisierung von Minderheitengeschichten. Andreas Körber formuliert die Herausforderung wie folgt: «Kulturelle Unterschiede dürfen nicht zugeschrieben, müssen aber dort wahr- und ernstgenommen sowie berücksichtigt werden, wo sie als ‹Kulturelle Schemata› oder ‹Scripts› das Erleben und Denken der Schüler beeinflussen – und zwar nicht nur das alltägliche Handlen, sondern auch die Art und Weise, wie sie sich in dieser Welt orientieren – auch historisch» (Körber 2001, 9).
Martin Lücke schlägt einen Ansatz vor, der sich als Versuch der Auflösung dieses Dilemmas lesen lässt. So entwirft er die Idee einer inklusiven Erinnerungskultur[6] und definiert diese wie folgt: «Inklusive Erinnerungskultur heißt […], dass es nicht nur darum gehen kann, alle und jeden/jede auf ihre und seine Weise in bisherige Geschichtserzählungen zu integrieren. Das wäre bloß eine *integrative* Erinnerungskultur, die sich dem Ziel verschreibt, aus *divided memories* erfolgreich *shared memories* zu formen. Inklusive Erinnerungskultur würde sich hingegen dem Ziel verschreiben, eine Erinnerungslandschaft zuzulassen, in der auch *conflicting memories* ausgehandelt werden – und in ihrer Konflikthaftigkeit auch nebeneinander stehen bleiben dürfen» (Lücke 2016, 63).
Lücke versteht diese inklusive Erinnerungskultur als eine, die die Nation um weitere mögliche Referenzpunkte erweitert und die gerade auch Geschichten

---

6 Erinnerungskultur als Konzept ist in der Geschichtsdidaktik ansonsten eher wenig gebräuchlich, verbreiteter ist hingegen das Konzept Geschichtskultur (zum Beispiel Rüsen 1997; Schönemann 2002). Ich kann an dieser Stelle nicht ausführlich auf je nach Verwendungszusammenhang unterschiedliche Definitionen von Erinnerungskultur und Abgrenzungen zum Konzept der Geschichtskultur eingehen (hierzu ausführlich zum Beispiel Hasberg 2006, insbesondere 55 f.), sondern schliesse mich der Vorstellung Lückes (2016) an, dass Erinnerungskultur als inklusiv statt integrativ zu fassen sei.

von Marginalisierten miteinschliesst und diesen dazu verhilft, sich «einen Geltungsanspruch als historische Subjekte erkämpfen» zu können (ebd., 63).
Ebenfalls einen Ansatz zur Auflösung der skizzierten Widersprüche bietet der Zugang, nicht gemeinsame Orientierungen aktiv zu schaffen, sondern bestehende Angebote für historische Orientierungen zu reflektieren und zu dekonstruieren und die in ihnen liegenden Erzählmuster als solche zu erkennen. Auf dieser Ebene könnte es darum gehen, sowohl trennende als auch verbindende Geschichten(n) als Konstruktionen mit bestimmten Intentionen zu erkennen. Hiermit ist bereits die dritte mögliche Ebene angesprochen, die Auseinandersetzung mit bestehenden Geschichten und deren Heterogenität.
Bergmann fasst diese dritte Ebene, die Vielfalt von Geschichte(n), etwas zuspitzend unter dem Schlagwort der Kontroversität. Umfasst ist hiermit die Ebene historischer Darstellungen einschliesslich geschichtskultureller Manifestationen, die den gesellschaftlichen Kontext von Geschichtsunterricht bilden. Auch sie können heterogen sein und am Beispiel von konkreten Manifestationen in den Unterricht getragen werden. Der letztgenannte Aspekt, der Einbezug von kontroversen historischen Darstellungen, etwa im Rahmen von geschichtskulturellen Manifestationen, wird bei Meyer-Hamme (2017) und Lücke (2017) nicht explizit entfaltet, stellt aber eine wichtige Ebene der Auseinandersetzung mit Heterogenität dar, ermöglicht doch gerade diese Ebene das Einnehmen eines analytischen, dekonstruktiven Modus historischen Denkens, bei dem vorliegende historische Darstellungen im Hinblick auf ihre Machart und die in ihnen liegenden historischen Deutungen und Orientierungen entschlüsselt werden können. Der analytische, dekonstruierende Modus in Bezug auf fertig vorliegende Angebote stellt neben dem synthetischen Generieren eigener Orientierungen den zweiten zentralen Modus historischen Denkens dar (Körber et al. 2007; Schreiber 2007). Denkbar wäre auf dieser Ebene beispielsweise, eurozentristische Blickwinkel und die Idee von Nation als eine mögliche Form der Konstruktion von kollektiver Zugehörigkeit explizit zu hinterfragen sowie geschichtskulturelle Phänomene zu analysieren und deren Heterogenität explizit zum Thema zu machen.
In der Zusammenschau zeigt sich, dass in neueren geschichtsdidaktischen Ansätzen unabhängig von der konkreten Ebene das Abbilden und Berücksichtigen von Heterognität als Wert und als Zielgrösse erachtet wird. Einige der zuletzt angesprochenen Aspekte führen jedoch weg von einer reinen Heterogenität von Geschichten und Geschichtskulturen und berühren den Bereich der Kontroversität. Heterogenität muss noch nicht zwingend Kontroversität bedeuten, kann diese aber beinhalten. Überlegungen zum Umgang mit kontroversen Geschichten knüpfen unmittelbar an das bereits Skizzierte an, werden in der Literatur aber teilweise in einem separaten Theoriestrang behandelt, weshalb ich diesem Aspekt nachfolgend einen eigenen Abschnitt widme.

Kontroverse Geschichte(n) und Geschichtskultur(en) unterrichten

Kontroversität als Zuspitzung von Heterogenität stellt an den Geschichtsunterricht nochmals spezifische Herausforderungen. Tsafrir Goldberg und Geerte M. Savenije (2018) bestimmen «Controversial Historical Issues» entlang dreier miteinander verschränkter Bedeutungsdimensionen. Der Terminus umfasse nämlich
– existierende kontroverse Meinungen in Bezug auf einen Gegenstand, zum Beispiel in Öffentlichkeit oder Geschichtswissenschaft,
– eine Verknüpfung mit sozialen Dynamiken, zum Beispiel in sozial oder ethnisch stark heterogenen Gesellschaften, eine Verknüpfung mit Gruppeninteressen und -identitäten und eine diesbezügliche starke Emotionalisierung,
– die Art der Thematisierung eines Gegenstands im Unterricht, wobei Kontroversität dann das zugehörige didaktische Prinzip bezeichnet, nämlich eine absichtliche Kontrastierung von Perspektiven auf einen Gegenstand (Goldberg/Savenije 2018, 503f., 509).
Während Punkt 1 und 3 an die grundsätzliche Perspektivität von Geschichte und die Aufforderung zu deren Berücksichtigung im Unterricht anknüpfen (zum Beispiel Bergmann 2016b), eröffnet Punkt 2 eine neue Dimension: er weist auf die potenzielle gesellschaftliche Sprengkraft von Geschichte(n) und die enge Verknüpfung von Geschichte(n) mit imaginierten Gemeinschaften hin. In demokratischen Gesellschaften gibt es potenziell eine grosse Vielzahl unterschiedlicher und auch konkurrierender Geschichten. Goldberg und Savenije befürworten entschieden eine unterrichtliche Auseinandersetzung mit denselben. Auf Individualebene sehen sie darin eine Chance im Hinblick auf die Förderung von Motivation der Lernenden durch Bezug zu ihrer Lebenswelt. Vor allem aber sehen sie auf gesellschaftlicher Ebene eine «role in democratic education», indem Schülerinnen und Schüler das Argumentieren, Debattieren und Aushandeln erlernen können (Goldberg/Savenije 2018, 504f.). Die Autorin und der Autor verfolgen also einen handlungsbezogenen Ansatz, der sich auch in den Strategien für die Auseinandersetzung mit kontroverser Geschichte widerspiegelt:
a) das Nachspielen vergangener Auseinandersetzungen: Die Schülerinnen und Schüler arbeiten sich dafür mittels Quellen in die Perspektiven vergangener Akteurinnen und Akteure ein und argumentieren aus diesen heraus («Re-acting (to) Debate»),
b) die Auseinandersetzung mit Kontroversen unter Historikerinnen und Historikern («Joining Historians' Disputes») und
c) die Auseinandersetzung mit Kontroversen in gegenwärtigen Geschichtskulturen der Gesellschaft(en) («Clash of Memories and Ongoing Rasts») (ebd., 507–509).

Variante a) lässt sich der weiter oben beschriebenen Ebene der Multiperspektivität des Gegenstands und der dafür verwendeten Quellen zuordnen, die Varianten b) und c) beziehen sich auf die Ebene historischer Darstellungen – seien sie von Historikerinnen oder Akteuren der Geschichtskultur produziert.[7]
Goldberg und Savenije verknüpfen die Auseinandersetzung mit Controversial Historical Issues auf allen drei Ebenen grundsätzlich mit der Idee des tatsächlichen Führens kontroverser Auseinandersetzungen im Klassenzimmer. Sie nennen eine Möglichkeit, einen solchen Zugang mehrstufig anzulegen, nämlich mit einer «focal question» zu starten, die auf den ersten Blick die Möglichkeit einer «clear choice between options» suggeriert, später die Thematik mit «conflicting peaces of evidence» anzureichern. Auf dieser Basis sollen die Schülerinnen und Schüler sich einen eigenen Standpunkt erarbeiten und diesen in einer Diskussion vertreten, schliesslich die eigene Position reflektieren und gegebenenfalls anpassen (sich beziehend auf ein Phasenmodell von Foster 2013, zitiert nach Goldberg/Savenije 2018, 509).
Damit eröffnen Savenije und Goldberg das Feld des Argumentierens und Diskutierens, welches in den deutschsprachigen Didaktiken bislang weniger von der Geschichtsdidaktik als vielmehr von der Didaktik der Politischen Bildung bearbeitet wird: inkludiert sind darin Arbeitsschritte wie das Erarbeiten von Argumenten auf Basis von Materialien und das Vertreten und Aushandeln dieser Argumente im Diskurs, also die Anbahnung von politischer Methoden-, Urteils- oder Handlungskompetenz (zum Beispiel Krammer 2008). Durch diesen Einbezug des Argumentierens und Diskutierens ergeben sich wertvolle Ansätze zur Verknüpfung politischen wie auch historischen Lernens, was gerade in Zeiten einer zunehmenden Integration gesellschaftswissenschaftlicher Fächer (in der Schweiz mit dem neuen Lehrplan 21 auf Sekundarstufe I (D-EDK 2016) beispielsweise als «Räume – Zeiten – Gesellschaften») ertragreich scheint. Um dabei die Anliegen historischen Lernens im Blick zu behalten, müssen Diskussionen aber so gestaltet sein, dass sie Einsicht in die Komplexität von Situationen zulassen und die differenzierte Durchdringung von Perspektiven erlauben. Keinesfalls sollten solche Diskussionen im Stil von Debatten auf das Fällen simpler Ja-Nein-Entscheide hinführen.
Insgesamt scheinen Goldberg und Savenije – wenn man ihren Ansatz in die deutschsprachige Geschichts- und Politikdidaktik übersetzt – selbst eher poli-

---

7 Die bei Goldberg und Savenije zum Ausdruck kommende klare Trennung von Geschichtswissenschaft und Geschichtskultur ist in der deutschsprachigen Geschichtsdidaktik umstritten. Eine klare Trennung wird beispielsweise vertreten von Bergmann (1998, 21–23), während sich auch argumentieren lässt, dass Geschichtswissenschaft ein spezifischer Teilbereich einer – dann breit verstandenen – Geschichtskultur sei (Plessow 2015, 27; im Überblick: Thyroff, in Vorbereitung, 109 f.).

tische als genuin historische Lernziele im Blick zu haben. Zwar betonen sie, dass es bei der Beschäftigung mit Controversial Historical Issues darum gehe, «[to] expose learners to the nature of history as an interpretative discipline» (Goldberg/Savenije 2018, 505), binden diese Idee aber nicht systematisch an ein Modell historischen Denkens oder Lernens zurück.

Bezieht man die von Goldberg und Savenije vorgeschlagenen Strategien auf Strukturelemente historischen Denkens (Körber et al. 2007), zeigt sich, dass sich die drei Varianten auch auf die Förderung individueller historischer Kompetenzen übertragen liessen und diese auf unterschiedlichen Ebenen fördern könnten. Bei Variante a) stünde dann das Nachvollziehen und Rekonstruieren vergangenen Geschehens im Zentrum, mit einem Fokus auf dem Kennenlernen konfligierender Perspektiven. Die Varianten b) und c) würden stärker auf die Auseinandersetzung mit Darstellungen zielen und dort auch den Aspekt der Dekonstruktion, also Entschlüsselung bereits vorliegender Erzählungen über Vergangenes und deren Gegenüberstellung und Einordnung beinhalten. In allen Fällen kann dabei als die zentrale didaktische Herausforderung gelten, dass dafür das geeignete Material vorhanden sein muss, also Quellen beziehungsweise Darstellungen aus kontroversen Perspektiven.

Auf das Thema Jugoslawienkriege sind die Überlegungen von Goldberg und Savenije unmittelbar übertragbar. Auch hier handelt es sich gemäss deren Definition um einen Controversial Historical Issue. In geschichtskulturellen Thematisierungen der Jugoslawienkriege sind Kontroversen zuhauf sichtbar – nicht nur in Manifestationen, die zur Zeit der Kriege entstanden, sondern ebenso in aktuellen Diskussionen, nicht nur in den Ländern des ehemaligen Jugoslawien, sondern auch andernorts. Ein aktuelles Beispiel für die Sprengkraft und starke Identitätsbezogenheit des Themas stellt der Fall der Verleihung des Literaturnobelpreises an Peter Handke dar, ein Autor, der wegen seiner positiven Sicht auf die Rolle Serbiens während der Jugoslawienkriege in der Kritik steht, und die auf die Verleihung folgenden kontroversen Reaktionen (zum Beispiel Lendvai 2019). Die von Goldberg und Savenije festgestellte Verknüpfung von Meinungen in Bezug auf einen historischen Gegenstand mit aktuellen sozialen Dynamiken, etwa (zugeschriebenen) Gruppenidentitäten, lässt sich am Beispiel Jugoslawienkriege vielfach beobachten, nicht nur in den Nachfolgestaaten des ehemaligen Jugoslawien, sondern auch in der Schweiz (vgl. zum Beispiel Artikel von Pavić in diesem Band). Ein möglicher Zugang zum Thema bestünde nun im Sinne Goldbergs und Savenijes darin, diese Kontroversen im Unterricht explizit sichtbar und zum Gegenstand von Diskussionen zu machen.

Dieser Ansatz erscheint ertragreich, um die gesellschaftliche Kontroversität der Auseinandersetzung mit Geschichte für die Lernenden sichtbar zu machen – einsetzbar jedoch nur dann, wenn dabei zugleich die Grenzen möglicher Positionen klar benannt werden. Goldberg und Savenije selbst betonen eine solche Grenze: so solle die Leugnung von Genoziden nicht akzeptiert werden (Goldberg/Savenije 2018, 515). Darüber hinaus gibt es weitere Positionen, die nicht als gleichwertig gelten dürfen. Für grundsätzliche Überlegungen dazu, wie weit Multiperspektivität und Kontroversität gehen dürften, lohnt sich ein Blick in die Politikdidaktik. Dort liegt einerseits mit dem Beutelsbacher Konsens (zum Beispiel Reinhardt 2016, 29f.) ein Bekenntnis zu Kontroversitätsgebot und Überwältigungsverbot vor, also dazu, kontroverse Themen auch im Unterricht als kontrovers darzustellen und Schülerinnen und Schüler das Bilden eines eigenen Urteils zu ermöglichen. Jedoch wird ebenso über Grenzen dieser Gebote reflektiert: Neben der Notwendigkeit einer didaktischen Reduktion, die das Spektrum an abbildbaren Positionen begrenzt, sind es insbesondere inhaltlich problematische Positionen, die nicht als gleichwertig im Diskurs gelten dürfen: nämlich Positionen, die grundlegende demokratische Werte und das Prinzip der Menschenwürde verletzen (Pohl 2015).

Einzelne daran anknüpfende Vorschläge finden sich auch in der Geschichtsdidaktik, etwa in Leitlinien zum Umgang mit rechtsextremen oder rechtspopulistischen Materialien und Äusserungen (Scheller 2019; Schnakenberg 2019). So postuliert Ulrich Schnakenberg: «Spätestens wenn Menschen oder Menschengruppen in ihrer Würde verletzt werden, muss der Lehrer klar deutlich machen: das ist nicht akzeptabel». In einem der Demokratie verpflichteten Geschichtsunterricht dürften trotz Kontroversitätsgebot «nicht alle Sichtweisen gleichberechtigt nebeneinanderstehen (Werterelativismus versus wehrhafte Demokratie)» (Schnakenberg 2019, 30f.). Er plädiert dafür, wenn möglich im ganzen Klassenverband über diese Frage ins Gespräch zu kommen und auf die Bedeutung demokratischer Werte zu verweisen.

Jan Scheller schlägt ein Instrumentarium zur Analyse rechtsextremer oder rechtspopulistischer Texte im Unterricht vor, das genau diese Art der Auseinandersetzung erlaubt. Sein Vorschlag beruht auf Jörn Rüsens Konzept der drei Triftigkeiten und sieht eine Prüfung der narrativen, empirischen und normativen Plausibilität einer Argumentation vor (Rüsen 2013; Scheller 2019). Neben der Frage, ob ein Text sprachlich kohärent aufgebaut, inhaltlich logisch begründet und auf nachprüfbare Fakten bezogen ist, erlaubt die dritte Ebene, die normative Plausibilität, die explizite Auseinandersetzung damit, ob eine Äusserung in Einklang mit demokratischen Prinzipien und Menschenrechten steht (Scheller 2019, 35).

Leitfragen für die künftige geschichtsdidaktische Auseinandersetzung mit den Jugoslawienkriegen

Was folgt aus den dargelegten theoretischen Überlegungen für die Auseinandersetzung mit dem Thema Jugoslawienkriege im Geschichtsunterricht in der Schweiz? Zunächst einmal die Feststellung, dass es einen ganzen Katalog von theoretisch skizzierten Anforderungen und Herausforderung gibt, die im Thema Jugoslawienkriege zusammenkommen, bislang jedoch von der deutschsprachigen Geschichtsdidaktik nicht auf das Thema übertragen wurden, und dass keine didaktisch erprobten und empirisch beforschten Ansätze vorliegen.

Deshalb formuliere ich zum Abschluss einige Leitfragen für eine künftige geschichtsdidaktische Auseinandersetzung mit dem Thema Jugoslawienkriege. Als übergeordnetes Lernziel lässt sich aufgrund bisheriger Diskussion die Förderung eines reflektierten eigenen Standpunkts in Auseinandersetzung mit den Jugoslawienkriegen als historischem Ereigniskomplex sowie der Heterogenität und Kontroversität ihrer möglichen Deutungen und geschichtskulturellen Thematisierungen ableiten. Dafür gilt es eine Reihe von Teilaspekten zu berücksichtigen. Diese ergeben sich aus den in diesem Text zusammengetragenen theoretischen Überlegungen einerseits, aus der Berücksichtigung der in der Einleitung (Thyroff/Ziegler) anskizzierten und von diversen Beiträgen in diesem Band ausgeführten gesellschaftlichen Ausgangslage (Bürgisser, Gautschi, Pavić) andererseits. Ich formuliere die sich ergebenden Herausforderungen nachfolgend als nicht abschliessend gedachtes Set von Leitfragen[8], um deutlich zu machen, dass eine konkrete Übertragung auf das Thema Jugoslawienkriege noch geleistet werden muss:

1. Wie können auf der Ebene des historischen Gegenstands und der dafür eingesetzten Quellen multiperspektivische Betrachtungsweisen realisiert werden, die der Vielzahl der an den Jugoslawienkriegen beteiligten Akteurinnen und Akteure und ihren jeweiligen Standpunkten und Perspektiven Rechnung tragen?

2. Wie kann einer heterogenen Schülerschaft Rechnung getragen werden, in der manche Schülerinnen und Schüler familiäre Bezüge zu Jugoslawien und den Jugoslawienkriegen haben, anderen die Ereignisse medial und geschichtskulturell vermittelt im Bewusstsein sind, wobei einige womöglich ebenfalls kriegsgeprägte Biografien aus anderen Zusammenhängen aufweisen?

3. Wie kann dabei allerdings zugleich vermieden werden, Schülerinnen und Schüler auf ihre Migrationsgeschichte zu reduzieren und die Reproduktion natio-ethno-kultureller Zugehörigkeitsordnungen zu bedienen (Mecheril 2003;

---

8   Ein Teil der Leitfragen wurde bereits im Rahmen des Call for Papers für die Tagung «Die Jugoslawienkriege vermitteln» formuliert und jetzt überarbeitet, erweitert und ergänzt.

Sperisen/Affolter 2019, 2020) und damit in die «Kulturalisierungsfalle» (Alavi 2001) zu treten? Wie kann vielmehr der «‹Heterogenität› und ‹Hybridität› von Identitäten» (Borries 2009, 36), der Vielfalt «kollektiver Zughörigkeiten» (Nohl 2010, 148) der Schülerinnen und Schüler Rechnung getragen werden?

4. Wie kann ein Denken in ausschliesslich nationalen oder ethnischen Kategorien überwunden (Schweiz versus Jugoslawien, Kriegspartei versus Kriegspartei) und der Heterogenität von Gesellschaften Rechnung getragen werden, wie können nationale oder ethnische Kategorien als ein Konstrukt unter vielen sichtbar gemacht werden? Eignet sich hierfür beispielsweise der Einbezug von transnationalen Perspektiven, zum Beispiel Musikgeschichte, Filmgeschichte etc.?[9]

5. Wie lässt sich ein adäquates Nebeneinander aus gemeinsamen Geschichten einerseits und sich unterscheidenden Geschichten andererseits realisieren, in dem im Sinne einer «inklusive[n] Erinnerungskultur» (Lücke 2016, 63) alle Varianten gleichberechtigt Platz haben, ohne jedoch künstlich gestiftet zu werden?

6. Wie lassen sich im Sinn einer Dekonstruktionskompetenz (Schreiber 2007) Geschichten überdies als Konstruktionen mit bestimmten Intentionen in den Blick nehmen und reflektieren?

7. Wie lassen sich historische Orientierungen nicht zum Lernziel, wohl aber zum Gegenstand der Auseinandersetzung machen (Meyer-Hamme 2009)?

8. Wie lässt sich eine grundsätzliche Pluralität der Sichtweisen und historischen Orientierungen ermöglichen, gleichzeitig aber die Beachtung grundlegender Prinzipien wie Menschenrechte und Rechtsstaatlichkeit konsequent sichern und die Verurteilung von Verbrechen gewährleisten?

9. Wie lassen sich neben historischen Ereigniskomplexen auch geschichtskulturelle Umgangsweisen mit ihnen (Denkmäler, Youtubefilme etc.) und die Vielfalt beziehungsweise Kontroversität von Umgangsweisen thematisieren und analysieren?

10. Inwiefern ist es möglich und angezeigt, die Jugoslawienkriege und zugehörige Deutungen zum Gegenstand kontroverser Debatten zu machen (Goldberg/Savenije 2018) und dabei zugleich zentrale unhintergehbare Prinzipien wie demokratische Wertvorstellungen und Menschenrechte zweifelsfrei zu wahren (Pohl 2015; Scheller 2019; Schnakenberg 2019)?

11. Wie lässt sich das in geschichtskulturellen Praxen beobachtbare Denken in starren Opfer-Täter-Dichotomien aufbrechen, ohne dabei zugleich begangene Verbrechen zu relativieren und die oben genannte Prinzipien zu verletzen?

12. Wie lassen sich Stereotype gegenüber Migrantinnen und Migranten aus dem ehemaligen Jugoslawien und die dabei benutzten nationalen, ethnischen, kultu-

---

9 Diese Optionen wurden in der Abschlussdiskussion einer der diesem Tagungsband zugrunde liegenden Tagungen aufgeworfen.

rellen, religiösen Kategorien und Zuschreibungen inkl. Vorstellungen von homogenen Kollektiven thematisieren, reflektieren und dekonstruieren? Und dies, ohne sie dabei versehentlich zu reproduzieren oder verstärken? (zur Gefahr von Bumerangeffekten: Eser Davolio 2000, 211 f.)

13. Wie lassen sich nicht nur die Jugoslawienkriege, sondern die jahrzehntelangen und durchaus positiv wahrgenommenen Austauschbeziehungen zwischen der Schweiz und Jugoslawien ins Blickfeld rücken (vgl. Bürgisser in diesem Band)?

Literatur

Alavi, Bettina (1998). Geschichtsunterricht in der multiethnischen Gesellschaft. Eine fachdidaktische Studie zur Modifikation des Geschichtsunterrichts aufgrund migrationsbedingter Veränderungen. Frankfurt: IKO.

Alavi, Bettina (2001). Von der Theorie zur Praxis interkulturellen Lernens. Problembereiche bei der Planung und Durchführung von Unterricht. In: Andreas Körber (Hg.), Interkulturelles Geschichtslernen. Geschichtsunterricht unter den Bedingungen von Einwanderungsgesellschaft und Globalisierung. Konzeptionelle Überlegungen und praktische Ansätze (S. 97–104). Münster: Waxmann.

Alavi, Bettina (2004). Migration und Fremdverstehen – eine geschichtsdidaktische Einführung. In: Bettina Alavi, Gerhard Henke-Bockschatz (Hg.), Migration und Fremdverstehen. Geschichtsunterricht und Geschichtskultur in einer multiethnischen Gesellschaft (S. 23–35). Idstein: Schulz-Kirchner.

Alavi, Bettina, Gerhard Henke-Bockschatz (Hg.) (2004). Migration und Fremdverstehen. Geschichtsunterricht und Geschichtskultur in der multiethnischen Gesellschaft. Idstein: Schulz-Kirchner.

Alavi, Bettina, Martin Lücke (Hg.) (2016). Geschichtsunterricht ohne Verlierer? Inklusion als Herausforderung für die Geschichtsdidaktik. Schwalbach/Ts.: Wochenschau.

Albers, Anne (2016). «Weisst du eigentlich, wer Atatürk ist?» Eine Rekonstruktion von Lehrer/innenbeliefs über Themen, Unterrichtsprinzipien und Lernpotenziale eines Geschichtsunterrichts für die vielfältige (Migrations-)Gesellschaft. In: Gerhard Henke-Bockschatz (Hg.), Neue geschichtsdidaktische Forschungen: aktuelle Projekte (Beihefte zur Zeitschrift für Geschichtsdidaktik, Bd. 10, S. 51–75). Göttingen: V&R unipress.

Baumgärtner, Ulrich (2015). Wegweiser Geschichtsdidaktik. Historisches Lernen in der Schule. Paderborn: UTB.

Bennewitz, Nadja, Hannes Burkhardt (2016). Gender in Geschichtsdidaktik und Geschichtsunterricht. Neue Beiträge zu Theorie und Praxis. Berlin: LIT.

Bergmann, Klaus (1998). «So viel Geschichte wie heute war nie» – historische Bildung angesichts der Allgegenwart von Geschichte. In: Ulrich Mayer, Hans-Jürgen Pandel, Gerhard Schneider (Hg.), Geschichtsdidaktik. Beiträge zu einer Theorie historischen Lernens (S. 13–31). Schwalbach/Ts.: Wochenschau.

Bergmann, Klaus (2016a). Gegenwarts- und Zukunftsbezug. In: Ulrich Mayer, Hans-

Jürgen Pandel, Gerhard Schneider (Hg.), Handbuch Methoden im Geschichtsunterricht. Klaus Bergmann zum Gedächtnis (5. Auflage, S. 91–112). Schwalbach/Ts.: Wochenschau.

Bergmann, Klaus (2016b). Multiperspektivität. In: Ulrich Mayer, Hans-Jürgen Pandel, Gerhard Schneider (Hg.), Handbuch Methoden im Geschichtsunterricht (5. Auflage, S. 65–77). Schwalbach Ts.: Wochenschau.

Borries, Bodo von (2001). Interkulturalität beim historisch-politischen Lernen – Ja sicher, aber wie? In: Andreas Körber (Hg.), Interkulturelles Geschichtslernen. Geschichtsunterricht unter den Bedingungen von Einwanderungsgesellschaft und Globalisierung. Konzeptionelle Überlegungen und praktische Ansätze (S. 73–96). Münster: Waxmann.

Borries, Bodo von (2009). Fallstricke interkulturellen Geschichtslernens. Opas Schulbuchunterricht ist tot. In: Viola B. Georgi, Rainer Ohliger (Hg.), Crossover Geschichte. Historisches Bewusstsein Jugendlicher in der Einwanderungsgesellschaft (S. 25–45). Hamburg: Edition Körber.

D-EDK (2016). Lehrplan 21. Gesamtausgabe. Luzern: Deutschschweizer Erziehungsdirektoren-Konferenz, https://v-ef.lehrplan.ch/lehrplan_printout.php?e=1&k=1, 21. Januar 2020.

Emer, Wolfgang, Jörg van Norden (2008). Zeiten und Menschen zum Thema Krisenherd Balkan – Zwischen Integration und Konflikt. Hg. von H.-J. Lendzian. Paderborn: Schöningh.

Erel, Umut (2004). Paradigmen kultureller Differenz und Hybridität. In: Bettina Alavi, Gerhard Henke-Bockschatz (Hg.), Migration und Fremdverstehen. Geschichtsunterricht und Geschichtskultur in einer multiethnischen Gesellschaft (S. 56–68). Idstein: Schulz-Kirchner.

Ernst, Andreas (2015). Fremdgänger im Bosnienkrieg, NZZ online, www.nzz.ch/international/europa/fremdgaenger-im-bosnienkrieg-1.18577921, 15. Januar 2020.

Eser Davolio, Miryam (2000). Fremdenfeindlichkeit, Rassismus und Gewalt. Festgefahrenes durch Projektunterricht verändern. Bern: Paul Haupt.

Euroclio und Partnerorganisationen (2018). Website zum Projekt «Learning history that is not yet history», www.devedesete.net, 18. Mai 2020.

Georgi, Viola B., Rainer Ohliger (Hg.) (2009). Crossover Geschichte. Historisches Bewusstsein Jugendlicher in der Einwanderungsgesellschaft. Hamburg: Edition Körber.

Goldberg, Tsafrir, Geerte Savenije (2018). Teaching Controversial Historical Issues. In: Scott Alan Metzger, Lauren McArthur Harris (Hg.), The Wiley International Handbook of History Teaching and Learning (S. 503–526). Hoboken, New Jersey: Wiley Blackwell.

Hasberg, Wolfgang (2006). Erinnerungs- oder Geschichtskultur? Überlegungen zu zwei (un)vereinbaren Konzeptionen zum Umgang mit Gedächtnis und Geschichte. In: Olaf Hartung (Hg.), Museum und Geschichtskultur. Ästhetik – Politik – Wissenschaft (S. 32–59). Bielefeld: Verlag für Regionalgeschichte.

Heuer, Christian (2009). Gegenwartsbezug. In: Ulrich Mayer, Hans-Jürgen Pandel, Gerhard Schneider, Bernd Schönemann (Hg.), Wörterbuch Geschichtsdidaktik (2. Auflage, S. 76f.). Schwalbach/Ts.: Wochenschau.

Körber, Andreas (Hg.) (2001). Interkulturelles Geschichtslernen. Geschichtsunterricht unter den Bedingungen von Einwanderungsgesellschaft und Globalisierung. Konzeptionelle Überlegungen und praktische Ansätze. Münster: Waxmann.

Körber, Andreas, Waltraud Schreiber, Alexander Schöner (Hg.) (2007). Kompetenzen historischen Denkens. Ein Strukturmodell als Beitrag zur Kompetenzorientierung in der Geschichtsdidaktik. Neuried: Ars Una.

Krammer, Reinhard (2008). Kompetenzen durch politische Bildung. Ein Kompetenz-Strukturmodell. Informationen zur politischen Bildung, 29, 5–14.

Lendvai, Paul (2019). Moralische Null. Süddeutsche Zeitung, www.sueddeutsche.de/kultur/peter-handke-und-serbien-moralische-null-1.4715926, 21. Januar 2020.

Lücke, Martin (2016). Auf der Suche nach einer inklusiven Erinnerungskultur. In: Bettina Alavi, Martin Lücke (Hg.), Geschichtsunterricht ohne Verlierer!? Inklusion als Herausforderung für die Geschichtsdidaktik (S. 58–67). Schwalbach/Ts.: Wochenschau.

Lücke, Martin (2017). Diversität und Intersektionalität als Konzepte der Geschichtsdidaktik. In: Michele Barricelli, Martin Lücke (Hg.), Handbuch Praxis des Geschichtsunterrichts (S. 136–146). Schwalbach/Ts.: Wochenschau.

Mecheril, Paul (2003). Prekäre Verhältnisse. Über natio-ethno-kulturelle (Mehrfach-) Zugehörigkeit. Münster: Waxmann.

Mecheril, Paul (2010). Migrationspädagogik. Hinführung zu einer Perspektive. In: Paul Mecheril, María do Mar Castro Varela, İnci Dirim, Annita Kalpaka, Claus Melter, Migrationspädagogik (S. 7–22). Weinheim: Beltz.

Meyer-Hamme, Johannes (2009). Historische Identitäten und Geschichtsunterricht. Fallstudien zum Verhältnis von kultureller Zugehörigkeit, schulischen Anforderungen und individueller Verarbeitung (Schriften zur Geschichtsdidaktik, Bd. 26). Idstein: Schulz-Kirchner.

Meyer-Hamme, Johannes (2017). Historische Identitäten in einer kulturell heterogenen Gesellschaft. In: Michele Barricelli, Martin Lücke (Hg.), Handbuch Praxis des Geschichtsunterrichts (S. 89–97). Schwalbach/Ts.: Wochenschau.

Nohl, Arnd-Michael (2010). Konzepte interkultureller Pädagogik. Eine systematische Einführung (2. Auflage). Bad Heilbrunn: Julius Klinkhardt.

Plessow, Oliver (2015). «Ausserschulisch» – zur Bedeutung eines Begriffs aus geschichtsdidaktischer Sicht. In: Dietrich Karpa, Bernd Overwien, Oliver Plessow (Hg.), Ausserschulische Lernorte in der politischen und historischen Bildung (S. 17–32). Immenhausen bei Kassel: Prolog.

Pohl, Kerstin (2015). Kontroversität: Wie weit geht das Kontroversitätsgebot für die politische Bildung? Bonn: Bundeszentrale für politische Bildung, www.bpb.de/gesellschaft/kultur/politische-bildung/193225/kontroversitaet, 21. Januar 2020.

Prengel, Annedore (2006). Pädagogik der Vielfalt. Verschiedenheit und Gleichberechtigung in interkultureller, feministischer und integrativer Pädagogik (3. Auflage). Wiesbaden: VS Verlag für Sozialwissenschaften.

Reeken, Dietmar von (2014). Interkulturelles Geschichtslernen. In: Hilke Günther-Arndt, Meik Zülsdorf-Kersting (Hg.), Geschichtsdidaktik. Praxishandbuch für die Sekundarstufe I und II (6. Auflage, S. 238–246). Berlin: Cornelsen Scriptor.

Reinhardt, Sibylle (2016). Politik-Didaktik. Praxishandbuch für die Sekundarstufe I und II. Berlin: Cornelsen.

Rüsen, Jörn (1997). Geschichtskultur. In: Klaus Bergmann, Klaus Fröhlich, Annette

Kuhn, Jörn Rüsen, Gerhard Schneider (Hg.), Handbuch der Geschichtsdidaktik (5. Auflage, S. 38–41). Seelze-Velber: Kallmeyer.

Rüsen, Jörn (2013). Historik. Theorie der Geschichtswissenschaft. Köln: Böhlau.

Scheller, Jan (2019). Rechtspopulistische und rechtsextreme Texte im Unterricht. Ein Analyseansatz auf der Grundlage von Jörn Rüsens Triftigkeitsprüfung. VSGS Bulletin 2019, 33–36.

Schnakenberg, Ulrich (2019). Wie umgehen mit extremistischen Schüleräusserungen? Ein methodischer Beitrag aus der deutschen Politikdidaktik. Bulletin 2010, 29–32.

Schönemann, Bernd (2002). Geschichtskultur als Forschungskonzept der Geschichtsdidaktik. In: Bernd Schönemann, Waltraud Schreiber, Hartmut Voit (Hg.), Grundfragen – Forschungsergebnisse – Perspektiven (Zeitschrift für Geschichtsdidaktik, Jahresband, S. 78–86). Schwalbach/Ts.: Wochenschau.

Schreiber, Waltraud (2007). Kompetenzbereich historische Methodenkompetenzen. In: Andreas Körber, Waltraud Schreiber, Alexander Schöner (Hg.), Kompetenzen historischen Denkens. Ein Strukturmodell als Beitrag zur Kompetenzorientierung in der Geschichtsdidaktik (Kompetenzen. Grundlagen – Entwicklung – Förderung, Bd. 2, S. 194–235). Neuried: Ars Una.

Sperisen, Vera, Simon Affolter (2019). Teilhabe ermöglichen statt integrieren. Zeitschrift für Diversitätsforschung und -management, 4 (1–2), 106–111.

Sperisen, Vera, Simon Affolter (2020). «Hier geboren, aber im Urlaub daheim». Vom geteilten Differenzwissen zur natio-ethno-kulturellen Zuschreibung im Unterricht. Didactica Historica, 6, www.alphil.com/index.php/didactica-historica-6-2020.html, 8. Juni 2020.

Thyroff, Julia (in Vorbereitung). Aneignen in einer historischen Ausstellung. Eine Bestandsaufnahme von Elementen historischen Denkens bei Besuchenden der Ausstellung «14/18. Die Schweiz und der Grosse Krieg». Bern: hep.

Die Jugoslawienkriege als Unterrichtsthema in der Schweiz

Der Lehrplan 21 für die Sekundarstufe I und darauf abgestimmte Geschichtslehrmittel

Julia Thyroff

Wie steht es um die Vermittlung der Jugoslawienkriege in der Schweiz? Empirische Studien zur Umsetzung des Themas im Geschichtsunterricht liegen bis anhin nicht vor und ebenso wenig zu den Vorstellungen, die Lehrpersonen in Bezug auf das Thema haben. Eine Bestandsaufnahme ist daher vorerst nur in Form einer Angebotsbeschreibung auf den Ebenen von Lehrplan und Geschichtslehrmitteln möglich. Ich fokussiere im Folgenden auf die Sekundarstufe I und den hierfür in der Einführung befindlichen Lehrplan 21 sowie die speziell hierfür entwickelten neuen Geschichtslehrmittel. Letztere unterziehe ich einer deskriptiven Betrachtung und kritischen Kommentierung, um herauszuarbeiten, inwiefern sie den im vorigen Text (siehe den weiteren Beitrag von Thyroff in diesem Band) formulierten Herausforderungen begegnen oder umgekehrt Fallstricke bergen.

Jugoslawienkriege und der Lehrplan 21

Im neuen Lehrplan 21 (D-EDK 2016), der aktuell in der deutschsprachigen Schweiz für die obligatorische Schulzeit in Einführung befindlich ist, tauchen «Jugoslawien» oder die «Jugoslawienkriege» als Begriffe zwar nicht explizit auf. Im für die Sekundarstufe I neu vorgesehenen Integrationsfach «Räume, Zeiten, Gesellschaften» (RZG) und darin spezifischer den Kompetenzbereichen für Geschichte böte sich jedoch durchaus Raum für die Behandlung der Jugoslawienkriege. Insbesondere der Kompetenzbereich RZG 6.3 sieht vor, dass Schülerinnen und Schüler «ausgewählte Phänomene der Geschichte des 20. und 21. Jahrhunderts analysieren und deren Relevanz für heute erklären» können sollen (ebd., 357). Die Auseinandersetzung mit unterschiedlichen Medien der Geschichtskultur ist zudem ohne thematische Einschränkungen im Kompetenzbereich RZG 7.2 möglich (ebd., 358). Damit besteht die Möglichkeit, sich sowohl vergangenheitsbezogen mit den Jugoslawienkriegen als historischem Ereigniskomplex zu beschäftigen als auch gegenwartsbezogen mit ihren Thematisierungen im Rahmen von geschichtskulturellen Produkten und ihren Bedeutung(en) für die einzelnen Schülerinnen und Schüler sowie die Gesamtgesellschaft in der Schweiz.

Solche Gegenwartsbezüge sind neben dem Fachbereich RZG zudem unter dem Dach des Fachbereichs «Ethik, Religionen, Gemeinschaft» (ERG) denkbar, nämlich dann, wenn sie die Auseinandersetzung mit Perspektivenvielfalt und Diskriminierungen beinhalten. So ist im Kompetenzbereich ERG 2.2 unter anderem vorgesehen, «erzählte Situationen anhand der Perspektiven verschiedener Beteiligter beurteilen zu können» und zugehörige Beurteilungsmassstäbe zu reflektieren, «kontroverse Fragen diskutieren» und im «gesellschaftlichen Umfeld Benachteiligungen und Diskriminierungen erkennen» zu können (ebd., 366).

Jugoslawienkriege in Geschichtslehrmitteln

In den drei neuen Lehrmitteln, die im Zusammenhang mit dem neuen Lehrplan für den Bereich Geschichte auf Sekundarstufe I entwickelt wurden (Durchblick, Gesellschaften im Wandel und Zeitreise), sind die Jugoslawienkriege ein Thema. Die Lehrmittel widmen den Jugoslawienkriegen je eine Doppelseite (Durchblick 2: Aebi, Hugenberg, Oberholzer/Stulz 2016, 100f., nachfolgend DB 2; Gesellschaften im Wandel: Marti et al. 2017, 132f., nachfolgend GiW; Zeitreise 3: Fuchs, Heiter, Leinen, et al. 2018, 56f., nachfolgend ZR 3).[1]
Im Vergleich zwischen allen drei Lehrmitteln lassen sich darin Gemeinsamkeiten in den grösseren Linien, aber auch Unterschiede in den Details ausmachen. Zu den Gemeinsamkeiten zählt, dass die drei Lehrmittel die Jugoslawienkriege schwerpunktmässig in ereignisgeschichtlicher, chronologischer Perspektive behandeln. In klassischer Manier gehen sie nacheinander auf die Ausgangslage, nämlich die Situation Jugoslawiens im 20. Jahrhundert und Kriegsursachen, sowie dann den Kriegsverlauf ein. Welche Aspekte werden dabei behandelt?

Ausgangslage: Vielfalt Jugoslawiens und Zerfallsprozess

Alle drei Lehrmittel gehen zunächst auf die Vielfalt Jugoslawiens ein, entweder bereits ausgehend von dessen Gründung am Ende des Ersten Weltkriegs (ZR 3, GiW), oder ab dem Ende des Zweiten Weltkriegs mit dem Beginn der langjährigen Herrschaft Josip Broz Titos (DB 2). Die Lehrmittel erwähnen – in je unterschiedlicher Konstellation – die Vielfalt von Sprache, Schrift, Religion, Ethnie oder mit der politischen Gliederung in Teilrepubliken und autonome Provinzen.

---

[1] Ebenfalls behandelt werden die Jugoslawienkriege beziehungsweise die juristische Aufarbeitung derselben beispielsweise in den älteren Speziallehrmitteln *Hinschauen und Nachfragen* (Bonhage/Gautschi/Hodel/Spuhler 2006, 138f.) sowie in relativ ausführlicher Weise in *Vergessen oder Erinnern* (Gautschi/Meyer 2002, 82–91). Ich beschränke mich bei meiner Analyse jedoch auf aktuelle Lehrmittel in Abstimmung zu künftigem Lehrplan und Fächerstruktur.

Unterschiedlich stellen die Lehrmittel das Funktionieren beziehungsweise Nichtfunktionieren dieser Vielfalt dar. In *Gesellschaften im Wandel* wird die Vielfalt im «Vielvölkerstaat» zunächst überhaupt nicht in dieser Hinsicht kommentiert, nach Titos Tod sei es dann aber «zu Spannungen zwischen den verschiedenen Volksgruppen» gekommen (GiW, 132f.). In *Zeitreise* wird ebenfalls davon gesprochen, dass nach Titos Tod «der Vielvölkerstaat auseinanderzubrechen» begann. Für die Zeit davor wird die Situation deutlich positiv als «funktionierender Vielvölkerstaat» und als Zusammenhalt skizziert: «Die Menschen hielten auch nach 1945 zusammen, denn der äussere Druck auf das Land war gross» (ZR 3, 56).

Im Kontrast dazu betont das Lehrmittel *Durchblick* Spannungen, und zwar als kontinuierliches Phänomen: «In der Vergangenheit hatte es immer wieder Spannungen und Auseinandersetzungen zwischen den dort lebenden Ethnien gegeben» (DB 2, 100). Und ebenfalls im Kontrast zum Zusammenhaltsmotiv in *Zeitreise 3* steht ein Kapitel im vorausgehenden Band desselben Lehrmittels, *Zeitreise 2*, in dem unter dem Titel «‹Pulverfass› Balkan» die Region um 1900 und vor Ausbruch des Ersten Weltkriegs beschrieben und der Konfliktreichtum der Region betont wird (Fuchs et al. 2017, 54f., nachfolgend ZR 2). Stellenweise, wenn auch nicht durchgängig, wird also in Lehrmitteln das stereotype Motiv eines «Pulverfasses Balkan» (vgl. dazu den Beitrag von Pavić in diesem Band, 179–192) reproduziert.[2]

Unbenommen der unterschiedlichen Deutungen der langjährigen Situation Jugoslawiens ist den drei Lehrmitteln dann gemeinsam, dass sie den entscheidenden Zerfallsprozess Jugoslawiens ab den 1980er-Jahren nach Titos Tod 1980 und mit dem Zusammenbruch der Sowjetunion verorten. Wie begründen die Lehrmittel diesen Zerfallsprozess?

Alle drei Lehrmittel führen (partielle) Unabhängigkeitsbestrebungen an: von «Teilrepubliken» (DB 2, 100) oder «Volksgruppen» (GiW, 133). Teilweise wird in den Lehrmitteldarstellungen dabei auch auf die Differenziertheit der Situation innerhalb von Teilrepubliken eingegangen, insbesondere für den Fall Bosniens (DB 2, 100, ZR 3, 56). In dieser Hinsicht am konkretesten wird *Zeitreise*: «Auch die Bosnier in Bosnien-Herzegowina strebten die Unabhängigkeit an, aber ihre serbischen Mitbürger wollten bei Serbien verbleiben» (ZR 3, 56). Oder *Durchblick*: «Nach zwei kurzen Kriegen in Slowenien und Kroatien verlagerte sich das Geschehen nach Bosnien-Herzegowina, das ebenfalls die Unabhängigkeit anstrebte. Die serbische Minderheit hatte einen Bevölkerungsanteil

---

2 Explizit von «Pulverfass» ist die Rede überdies im Lehrmittel *Vergessen oder Erinnern*, das zwei Abschnitte mit den Überschriften «Pulverfass Bosnien» und «Pulverfass Kosovo» betitelt, ohne die Formulierung zu reflektieren (Gautschi/Meyer 2002, 88f.).

von nahezu einem Drittel. Deshalb wollte Serbien die Abspaltung Bosniens um jeden Preis verhindern» (DB 2, 100). In den Lehrmitteln erfolgt also eine Differenzierung von Interessen, und zwar auf der Ebene von Teilrepubliken oder «Volksgruppen».

Neben einem generellen Konstatieren von Unabhängigkeitsbestrebungen, die in allen Lehrmitteldarstellungen erwähnt werden, geht *Zeitreise 3* im Zusammenhang mit Kriegsursachen speziell auch auf wirtschaftliche Aspekte ein, nämlich den höheren Wohlstand in Slowenien und Kroatien (ZR 3, 56). *Durchblick* betont eine stärkere Orientierung der beiden genannten Teilrepubliken «nach Westen», während Serbien «an der Planwirtschaft festhalten» habe wollen (DB 2, 100).

Alle Lehrmittel bringen hier also zumindest in didaktisch reduzierter Weise Perspektiven unterschiedlicher (teil)staatlicher Akteure und unterschiedliche inhaltliche Dimensionen der Perspektiven ein und realisieren auf diese Weise eine mehrperspektivische Betrachtung der Ausgangslage Jugoslawiens zu Beginn der Kriege. Differenzierungen innerhalb der Ebene von «Volksgruppen» oder transnationale Perspektiven geraten jedoch zu keinem Zeitpunkt in den Blick, beispielsweise mit Bezug auf die Gruppe der Roma, deren Situation und Interessen nicht erwähnt und die auf diese Weise marginalisiert werden.

Darstellungen des Kriegsverlaufs: Überblick

Den Verlauf der Kriege im ehemaligen Jugoslawien schildern alle drei Lehrmittel chronologisch als nach und nach erfolgende Abspaltung von Teilrepubliken mit dabei agierenden Kriegsparteien und stattfindenden Kämpfen sowie Vertreibungen und Ermordungen von Bevölkerungsteilen. Ein Begriff, der in allen drei Lehrmitteln vorkommt und definiert wird, ist der der «ethnischen Säuberung». Alle drei Lehrmittel legen einen Fokus auf den Krieg in Bosnien und dabei auf die Auseinandersetzung mit dem Massaker von Srebrenica (siehe unten), *Durchblick* und *Zeitreise* behandeln überdies knapp den Kosovokrieg.

Schwerpunkt: Massaker von Srebrenica

Alle drei Lehrmittel gehen dezidiert auf das Massaker von Srebrenica ein. In deutlich unterschiedlicher Weise benennen sie jedoch die beteiligten Akteurinnen und Akteure und deren Rollen:

Zeitreise spricht von einem «Massaker von Serben an Bosniern». Letztere hätten sich unter die Obhut von «UNO-Soldaten» geflüchtet – jedoch konnten diese «sie nicht schützen und lieferten sie der serbischen Armee aus. Diese trennte die Männer von Frauen und Kindern und erschoss später 8000 Männer» (ZR 3, 56). In *Gesellschaften im Wandel* sind es «bosnisch-serbische Truppen», die die Stadt Srebrenica belagerten, welche im Verlauf zu einer UNO-Schutzzone erklärt worden sei. «Trotzdem griffen die bosnisch-serbischen Truppen die Stadt an. Nach sechs Tagen Kampf fiel sie ihnen am 11. Juli 1995 in Anwesenheit der UNO-Schutztruppe in die Hände. In den Tagen danach töteten Angehörige der bosnisch-serbischen Truppen mehr als 8000 bosnische Männer und männliche Jugendliche» (GiW, 133).

Im Lehrmittel *Durchblick* kommt das Massaker von Srebrenica explizit nur in einer Textquelle vor, in einer Tagesschaumeldung aus dem Jahr 2016 über die Verurteilung Radovan Karadzics, aus der hervorgeht, dass das UN-Kriegsverbrechertribunal das Massaker als Völkermord und Kriegsverbrechen einstufte (DB 2, 100). Eine weitere Textquelle, ein Bericht einer Überlebenden, erzählt von der Ermordung der Bewohner eines anderen bosnischen Ortes durch «bosnische Serben». Im Autorentext des Lehrmittels ist die Rede davon, dass es im Verlauf des Bosnienkrieges «zu verheerenden Massakern an der Bevölkerung [kam] – sowohl durch serbische als auch durch kroatische und bosnische Truppen», dass es in den von Serben bewohnten Gebieten Bosniens eine «gezielte Verfolgung von Nicht-Serben», also «ethnische Säuberungen» gegeben habe, und dass «[s]elbst der Einsatz von UN-Truppen […] dieses gezielte Töten nicht verhindern» konnte (DB 2, 100f.).

Die Gegenüberstellung der drei Lehrmitteldarstellungen macht deutlich, dass dasselbe Ereignis auf grundlegend unterschiedliche Weise erzählt werden kann und in ganz unterschiedlicher Weise Akteure und deren Rollen benannt werden können. Je nach Darstellung ist die UNO entweder Ankläger und Richter, sind UNO-Soldaten Beschützer, unbeteiligte Zuschauer oder diejenigen, die die belagerten Menschen «auslieferten». Das Massaker wurde je nach Darstellung von «den» Serben, der serbischen Armee oder bosnisch-serbischen Truppen verübt, teilweise kontextualisiert durch den Hinweis, dass es im Kriegsverlauf Massaker durch verschiedene Parteien, nämlich serbische, kroatische und bosnische Truppen gegeben habe (DB 2) oder dass «Volksgruppen […] sich gegenseitig [bekämpft]» hätten (GiW, 132).

Klassifizierungen und Stereotype

Je nach Darstellung werden von den Lehrmitteln ganz unterschiedliche Beurteilungen der Situation transportiert. So macht es einen erheblichen Unterschied, ob Massaker als einzelne Ereignisse singulär dargstellt oder in den grösseren Kontext der Kriege mit wechselseitig verübten Verbrechen eingebettet werden – ohne damit freilich suggerieren zu wollen, dass sich begangene Verbrechen gegenseitig aufrechnen oder relativieren liessen. Weiter macht es einen erheblichen Unterschied, ob Massaker gemäss Darstellung «nur» von Soldatentruppen verübt wurden oder vermeintlich von ganzen «Volksgruppen» – im konkreten Fall droht eine pauschalisierende Klassifizierung «der» Serben als Täter –, oder ob «der Balkan» und die Menschen von dort gar als von jeher und naturwüchsig gewalttätig skizziert werden.

Eine grosse Herausforderung bei der schulischen Auseinandersetzung mit dem Geschehen stellt also die Vermeidung verallgemeinernder Täter-Zuschreibungen sowie Opfer-Täter-Dichotomien dar. Eine solche Dichotomie wird ganz konkret in *Zeitreise* riskiert, mit dem Arbeitsauftrag, die in Srebrenica anwesenden Menschengruppen nach «Tätern» und «Opfern» zu gruppieren sowie die Rollen weiterer Gruppen zu bestimmen (ZR 3, 57). Statt eine Reflexion über die Kategorien «Täter» und «Opfer» im Hinblick auf die Vielschichtigkeit der historischen Situation in Jugoslawien anzudenken, sieht der im zugehörigen Begleitband für Lehrpersonen genannte Erwartungshorizont zunächst schlicht vor, «serbische Truppen» als «Täter» zu klassifizieren, die «UNO-Truppe» als «indirekt mitschuldig am Massaker». Ergänzend findet sich im Begleitband für Lehrpersonen dazu der Hinweis: «Das Massaker von Srebrenica wird als Völkermord im juristischen Sinn eingestuft. [...] Trotzdem darf – gerade im Hinblick auf eine Diskussion in der Klasse – nicht der Eindruck erweckt werden, ausschliesslich die serbischen Soldaten seien Verbrecher gewesen. Sie waren zuvor von bosnischen Kämpfern angegriffen worden, die sich teilweise in der UNO-Sicherheitszone widerrechtlich in Schutz begeben hatten. Sie rächten sich allerdings an Wehrlosen» (Fuchs, Heiter, Gautschi, et al. 2018, 69).

Ohne Berücksichtung der ergänzenden Hinweise erscheint der Arbeitsauftrag problematisch, lädt er doch unter Umständen zur Einteilung ganzer Volksgruppen in ein dichotomes, undifferenziertes Opfer- und Täterschema ein, was nicht zuletzt Auswirkungen auf die Fremdwahrnehmung heute lebender Menschen in der Schweiz haben kann (Pavić 2015).

Abwesenheiten I: Eine differenzierte Betrachtung der Rollen von NATO und UNO sowie der medialen Berichterstattung im Ausland

Problematisch erweist sich in diesem Zusammenhang auch, dass relevante Akteure der Jugoslawienkriege in den Lehrmitteln nur selektiv überhaupt sichtbar werden. So geht keines der drei Lehrmittel auf das Eingreifen und die Rolle der NATO im Bosnienkrieg ein. Überhaupt wird die Rolle der Organisationen NATO und UNO von den Lehrmitteln nur am Rande thematisiert – vor allem auch, ohne die Umstrittenheit von deren Einsätzen sichtbar zu machen.

Die NATO wird in zwei Lehrmitteln erwähnt, und zwar in *Durchblick* und *Zeitreise* im Zusammenhang mit dem Kosovokrieg. Sie wird dort als diejenige Organisation porträtiert, die den Krieg «beendete» (ZR 3, 56) beziehungsweise durch ihren Einsatz entscheidend dafür sorgte, dass «Friedensverhandlungen» möglich wurden (DB 2, 100). Umgekehrt geht keines der Lehrmittel darauf ein, dass der Eingriff der NATO in den Kosovokrieg ohne UNO-Mandat erfolgte und damit gegen geltendes Völkerrecht verstiess, ebenso wenig wie die Lehrmittel die Kontroversen erwähnen, die der Einsatz im Ausland auslöste (Emer/Norden 2008, 30–37, mit einer Sammlung von Quellen; Oeter 2007, 498). Auch erfolgt keine Auseinandersetzung mit der medialen Berichterstattung über die Jugoslawienkriege im Ausland, die nicht zuletzt auch ein Medienkrieg waren (vgl. Beitrag von Boškovska in diesem Band).

In problematisch verengter Weise erscheinen also die Jugoslawienkriege in den Lehrmitteln als vollständig innerjugoslawische Angelegenheit, wobei die NATO beziehungsweise das Ausland nur in Erscheinung treten, um Frieden zu bringen. In *Zeitreise* verknüpft sich diese Darstellungsweise mit dem Deutungsmuster eines «Pulverfass[es] Balkan», der von Haus aus kriegerisch ist und in dem es immer wieder «Grossmächte» sind, die dem Lehrmittel zufolge Frieden stiften müssen. In *Zeitreise 2* werden diese «Grossmächte» bereits in Bezug auf die Beendigung von Kriegen zwischen den Balkanstaaten und dem Osmanischen Reich in den Jahren 1912/13 aktiv: «Wieder gelang es den europäischen Grossmächten nur mit Mühe, die Kämpfe zu beenden» (ZR 2, 54). In anachronistischer Weise tauchen «Grossmächte» dann erneut in Bezug auf die Beendigung des Bosnienkrieges wieder auf, nämlich: «Erst 1995 setzten die Grossmächte einen Frieden durch, indem sie das Land in zwei Gebiete teilten» (ZR 3, 56). In beiden Fällen werden diese «Grossmächte» nicht näher spezifiziert oder gar die Kategorie «Grossmächte» geklärt und hinterfragt. Es entsteht das Bild eines Balkans, der natürlicherweise kriegerisch ist und von aussen befriedet werden muss. Während die beiden Lehrmittel, in welchen die NATO überhaupt vorkommt (*Durchblick* und *Zeitreise*), von dieser ein durchweg positives Bild zeichnen, beleuchten die drei Lehrmittel die Rolle der UNO, wie bereits im Zusammenhang mit dem Massaker von Srebrenica aufgezeigt, je unterschiedlich – jedoch für sich genommen jeweils eindeutig, ohne auf mögliche unterschiedliche Bewertungen von deren Rolle einzugehen.

Abwesenheiten II: Kontroversität des Themas und Möglichkeiten zur eigenständigen Urteilsbildung

Zusammenfassend zeigt sich, dass in den drei Lehrmitteln zu den Jugoslawienkriegen eine je unterschiedliche, «geglättete Geschichte» der Ereignisse erzählt wird, wobei verschiedenen Akteuren klar definierte Rollen zugeschrieben werden. Im Vergleich zwischen den Lehrmitteln erweisen sich diese Zuschreibungen zwar als zumindest teilweise unterschiedlich, jedoch wird die Möglichkeit, Geschichte(n) jeweils auch «anders» zu erzählen, erst im Vergleich der Lehrmittel sichtbar. Keines der Lehrmittel geht kontrovers auf die Jugoslawienkriege ein. Auch die gewählten Materialien sind in keiner Weise multiperspektivisch. Angesichts der äussersten Kontroversität des Themas Jugoslawienkriege in Geschichtskultur und teilweise auch Wissenschaft erscheint dieser Befund aber als schwerwiegendes Defizit.

Wie eine kontroverse Auseinandersetzung mit dem Thema Jugoslawienkriege in einem Lehrmittel aussehen könnte, hierzu finden sich Beispiele in einem deutschen Speziallehrmittel zum Thema *Krisenherd Balkan. Zwischen Integration und Konflikt* (Emer/Norden 2008). Es ist das einzige mir bekannte Lehrmittel im deutschsprachigen Raum speziell zu den Jugoslawienkriegen. Allerdings richtet es sich an die «Oberstufe», womit angesichts der Komplexität der Themenbehandlung wohl die Sekundarstufe II gemeint sein dürfte. Nach einer Überblicksdarstellung über den Verlauf der Kriege und einem historischen Rückblick (ebd., 8–20) folgen im Lehrmittel vertiefte Blicke in einzelne Themenfelder, die jeweils anhand von problemorientierten Leitfragen strukturiert sind und mithilfe einer reichhaltigen und multiperspektivischen beziehungsweise kontroversen Auswahl von Materialien bearbeitet werden können (ebd., 21–62).

Unter dem Kapiteltitel «Kosovo – Völkerrecht versus Menschenrecht?» stellen die Autoren beispielsweise die Leitfrage: «War die Intervention der internationalen Gemeinschaft im Kosovo legitim?» (ebd., 30). Die auf die Frage folgende Quellenauswahl beleuchtet das Phänomen dann aus unterschiedlichen Perspektiven und ermöglicht so eine differenzierte Auseinandersetzung (ebd., 31–37).

Ein anderer Abschnitt im selben Lehrmittel beschäftigt sich mit dem Thema «Srebrenica – Schuld, Verantwortung und Versöhnung». Dort stellen die Autoren, wie das Lehrmittel *Zeitreise* (siehe oben), die Schuldfrage, aber in gänzlich anderem Setting: «Wer trug Schuld bzw. Verantwortung für die Vernichtung Srebrenicas und das Massaker? Gibt es die Möglichkeit einer Versöhnung von Opfern und Tätern? Multiperspektivische publizistische Texte und Zeitzeugenberichte geben Einblick in die Problematik und sollen eine eigene Urteilsbildung ermöglichen» (Emer/Norden 2008, 21). Während in *Zeitreise* die Schuldfrage durch die Lehrmittelautorinnen und -autoren beantwortet wird, soll hier die Quellenauswahl eine selbständige Auseinandersetzung eröffnen.

Eine derartige Möglichkeit zur eigenständigen Urteilsbildung anhand von problemorientierten Leitfragen und multiperspektivischen Materialien eröffnen die drei untersuchten Lehrmittel für die Sekundarstufe I hingegen an keiner Stelle. Stattdessen wartet das Lehrmittel *Zeitreise* mehrfach selbst mit Wertungen auf. Zum Massaker von Srebrenica wird im Lehrmittel konstatiert: «Solche Verbrechen können nicht vergessen werden» (ZR 3, 56). Und weiter: «Bürgerkriege sind besonders schlimm» (ZR 3, 56). Der zugehörige Arbeitsauftrag lautet «Erkläre einer aussenstehenden Person den Satz ‹Bürgerkriege sind schlimmere Kriege als solche zwischen Staaten›» (ZR 3, 57), ohne dass eine diskursive Auseinandersetzung mit der in den Raum gestellten Aussage überhaupt ermöglicht würde. Auch das Lehrmittel *Durchblick* nimmt durch Formulierung eines Arbeitsauftrags das zu fällende Urteil bereits vorweg: «Erkläre, weshalb Entscheidungen des UN-Kriegsverbrechertribunals, wie zum Beispiel die Verurteilung Karadzics als Kriegsverbrecher (M4), wichtige Signalwirkung haben» (DB 2, 101). Die mitunter auch umstrittene (zum Beispiel Melčić 2007, 229f.) Rolle und Funktion des Strafgerichtshofs wird also vom Lehrmittel als eindeutig positiv beurteilt.

Abwesenheiten III: Bezüge zu Gegenwart, Geschichtskulturen, Schülerinnen und Schülern in der Schweiz

Mit der zuletzt zitierten Passage stellt das Lehrmittel *Durchblick* immerhin bedingte Gegenwartsbezüge her, was insgesamt in den drei untersuchten Lehrmitteln im Zusammenhang mit dem Thema Jugoslawienkriege kaum vorkommt. Auch Auseinandersetzung mit geschichtskulturellen Manifestationen zu den Jugoslawienkriegen und Bezüge zur Schweiz und zur Lebenswelt der dort lebenden Schülerinnen und Schüler finden sich im Kontext dieses Themas in keinem der drei Lehrmittel. Dass es solche Bezüge gleichwohl gebe, hierauf weist immerhin der Begleitband für Lehrpersonen zum Lehrmittel *Durchblick* hin, wenn auch in problematischer Weise. Dort heisst es nämlich: «In den meisten Schulklassen gibt es Jugendliche mit Migrationshintergrund, deren Eltern oder Grosseltern urpsrünglich vom Balkan stammen. Aus diesem Grund stösst das Thema Jugoslawienkrieg auf grosses Interesse und sollte aufgrund der persönlichen Bezüge und unterschiedlichen Sichtweisen der Schüler in besonderem Masse wertfrei und objektiv behandelt werden. Die auf dieser Doppelseite [gemeint ist diejenige im Lehrmittel DB 2] geschilderten Ereignisse beschränken sich deshalb auf allgemein anerkannte Fakten» (Hugenberg 2018, 153).

Fazit

Die Beschreibung der Art und Weise, wie die Lehrmittel selbst die Jugoslawienkriege darstellen, dürfte allerdings deutlich gemacht haben, dass ein «wertfreies» und «objektives» Erzählen von Geschichte schlechterdings nicht möglich ist, dass Geschichte per se perspektivisch und standortgebunden ist. Die Problematik bei den drei hier untersuchten Lehrmitteln besteht darin, dass sie solche Objektivität, Eindeutigkeit und Erreichbarkeit von Neutralität jedoch suggerieren, indem sie eine «geglättete» Geschichte präsentieren und dabei weder dem Prinzip der Multiperspektivität auf Quellenebene noch dem Prinzip der Kontroversität auf Darstellungsebene (Bergmann 2016) ausreichend Rechnung tragen. Ohne ergänzenden Beizug von weiteren Materialien erscheint es so unmöglich, dass die Lernenden Einblick in die Multiperspektivität und Kontroversität des Themas erhalten und in die Lage versetzt werden, sich in der Auseinandersetzung mit vorliegenden diversen Quellen und Darstellungen zu den Jugoslawienkriegen einen eigenständigen und begründeten Standpunkt zu bilden.

Überhaupt bleiben die Perspektiven der Lernenden in Bezug auf das Thema Jugoslawienkriege in den Lehrmitteln aussen vor. Dabei würde es der Lehrplan 21 durchaus ermöglichen, sich nicht nur vergangenheitsbezogen mit den Jugoslawienkriegen als historischem Ereigniskomplex zu beschäftigen, sondern ebenso gegenwartsbezogen mit ihren Thematisierungen im Rahmen von geschichtskulturellen Produkten und ihren Bedeutung(en), die sie für einzelne Schülerinnen und Schüler sowie die Gesamtgesellschaft in der Schweiz entfalten. Aktuelle Lehrmittel schöpfen dieses Potenzial im Zusammenhang mit den Jugoslawienkriegen jedoch nicht aus.

Lehrpersonen sind also, möchten sie einen solchen Zugang realisieren, bis anhin auf sich allein gestellt. Einzig im erwähnten Speziallehrmittel werden Fragen der Geschichtskultur und Gegenwart in den Blick genommen, wiederum anhand von problemorientierten Leitfragen. Unter dem Titel «Die Schlacht auf dem Amselfeld – Erinnerungskultur versus Vergangenheitspolitik» lauten die Leitfragen: «Welche Rolle spielt der eigene Standpunkt für die Art und Weise, in der Vergangenes erinnert wird? Gibt es einen richtigen, für Gegenwart und Zukunft hilfreichen Umgang mit Geschichte?» (Emer/Norden 2008, 46). Ein weiterer Abschnitt unter dem Titel «Tragfähige Perspektiven für den Balkan?» steht unter der Leitfrage: «Haben die Maßnahmen der NATO und der Europäischen Union wie auch die innenpolitische Entwicklung der Balkanstaaten den Frieden auf dem Balkan wahrscheinlicher gemacht?» (ebd., 50). Eine Reihe von Materialien ermöglicht jeweils eine differenzierte Auseinandersetzung mit diesen Fragen und das Entwickeln eigener Standpunkte.

Ein solcher Zugang stellt an Lehrpersonen selbstredend erhöhte Anforderungen, gilt es doch bei aller Multiperspektivität und Kontroversität auch, die Gefahr eines Relativismus zu vermeiden und mit den Lernenden zu ergründen, welche Massstäbe für die Einschätzung von Quellen und Darstellungen und die Beurteilung von Sachverhalten herangezogen werden können, und diese auch anzuwenden. Etwa können hier Massstäbe zur Beurteilung der Triftigkeit historischer Argumentationen (Scheller 2019; Schnakenberg 2019) beigezogen werden. Unerlässlich ist auch die Bezugnahme auf Prinzipien wie Menschenwürde, demokratische Werte, Völkerrecht und Menschenrechte, die dem Prinzip der Kontroversität Grenzen setzen (Pohl 2015) und die es im Geschichtsunterricht in einem demokratischen Staat zu wahren gilt.

Literatur

Aebi, René, Reto Hugenberg, Frédéric Oberholzer, Michael Stulz (2016). Durchblick Geschichte. Band 2. Sekundarstufe I. Braunschweig: Westermann [zitiert: DB 2].

Bergmann, Klaus (2016). Multiperspektivität. In: Ulrich Mayer, Hans-Jürgen Pandel, Gerhard Schneider (Hg.), Handbuch Methoden im Geschichtsunterricht (5. Auflage, S. 65–77). Schwalbach Ts.: Wochenschau.

Bonhage, Barbara, Peter Gautschi, Jan Hodel, Gregor Spuhler (2006). Hinschauen und Nachfragen. Die Schweiz und die Zeit des Nationalsozialismus im Licht aktueller Fragen (2. Auflage). Zürich: Lehrmittelverlag des Kantons Zürich.

D-EDK (2016). Lehrplan 21. Gesamtausgabe. Luzern: Deutschschweizer Erziehungsdirektoren-Konferenz, https://v-ef.lehrplan.ch/lehrplan_printout.php?e=1&k=1, 21. Januar 2020.

Emer, Wolfgang, Jörg van Norden (2008). Zeiten und Menschen zum Thema Krisenherd Balkan – Zwischen Integration und Konflikt. Hg. von H.-J. Lendzian. Paderborn: Schöningh.

Fuchs, Karin, Sven Christoffer, Maria Heiter, Hans Utz, Klaus Leinen, Peter Offergeld, Dirk Zorbach (2017). Zeitreise 2. Das Lehrwerk für historisches Lernen und politische Bildung im Fachbereich «Räume, Zeiten, Gesellschaften». Sekundarstufe I. Zug: Klett und Balmer [zitiert: ZR 2].

Fuchs, Karin, Maria Heiter, Peter Gautschi, Klaus Leinen, Hans Utz, Antonius Wollschläger, Dirk Zorbach (2018). Zeitreise 3. Begleitband. Das Lehrwerk für historisches Lernen und politische Bildung im Fachbereich «Räume, Zeiten, Gesellschaften». Sekundarstufe I. Baar: Klett und Balmer.

Fuchs, Karin, Maria Heiter, Klaus Leinen, Hans Utz, Antonius Wollschläger, Dirk Zorbach (2018). Zeitreise 3. Das Lehrwerk für historisches Lernen und politische Bildung im Fachbereich «Räume, Zeiten, Gesellschaften». Sekundarstufe I. Baar: Klett und Balmer [zitiert: ZR 3].

Gautschi, Peter, Helmut Meyer (2002). Vergessen oder erinnern? Völkermord in Geschichte und Gegenwart (2. Auflage). Zürich: Lehrmittelverlag des Kantons Zürich.

Hugenberg, Reto (2018). Durchblick Geografie Geschichte, Bd. 2: Begleitband für die Lehrperson. Sekundarstufe I. Braunschweig: Westermann.

Marti, Philipp, Anna Byland, Jan Hodel, Patrick Krebs, Stefan Schmid, Nicole Wälti, Kathrin Klohs (2017). Gesellschaften im Wandel. Geschichte und Politik, Sekundarstufe I. Themenbuch 2. Zürich: Lehrmittelverlag des Kantons Zürich [zitiert: GiW].

Melčić, Dunja (2007). Der Jugoslawismus und sein Ende. In: Dunja Melčić (Hg.), Der Jugoslawien-Krieg. Handbuch zu Vorgeschichte, Verlauf und Konsequenzen (2. Auflage, S. 210–231). Wiesbaden: VS Verlag für Sozialwissenschaften.

Oeter, Stefan (2007). Völkerrechtliche Rahmenbedingungen und die Staatengemeinschaft. In: Dunja Melčić (Hg.), Der Jugoslawien-Krieg. Handbuch zu Vorgeschichte, Verlauf und Konsequenzen (2. Auflage, S. 485–502). Wiesbaden: VS Verlag für Sozialwissenschaften.

Pavić, Kathrin (2015). «Da habe ich alles, was Serbisch war, verteufelt». Wie gesellschaftliche Diskurse die natio-ethno-kulturellen Zugehörigkeiten von ethnischen Serbinnen und Serben in der Deutschschweiz beeinflussen. Bern etc.: Peter Lang.

Pohl, Kerstin (2015). Kontroversität: Wie weit geht das Kontroversitätsgebot für die politische Bildung? Bonn: Bundeszentrale für politische Bildung, www.bpb.de/gesellschaft/kultur/politische-bildung/193225/kontroversitaet, 13. Dezember 2019.

Scheller, Jan (2019). Rechtspopulistische und rechtsextreme Texte im Unterricht. Ein Analyseansatz auf der Grundlage von Jörn Rüsens Triftigkeitsprüfung. Bulletin 2010, 33–36.

Schnakenberg, Ulrich (2019). Wie umgehen mit extremistischen Schüleräusserungen? Ein methodischer Beitrag aus der deutschen Politikdidaktik. Bulletin 2010, 29–32.

Teil III

Situationsbestimmung in der Schweiz

Vergessener Kontrapunkt

Das schweizerische Jugoslawienbild im Kalten Krieg

Thomas Bürgisser

Im Hochsommer 1995 flog Cornelio Sommaruga nach Bosnien und Herzegowina. Seit 1987 amtierte der Tessiner als Präsident des Internationalen Komitees vom Roten Kreuz (IKRK). Die Jugoslawienkriege beschäftigten ihn schon seit Jahren intensiv. Zunächst versuchte Sommaruga, sich in Banja Luka ein Bild zur Lage der Vertriebenen in Bosnien zu machen. Anfang Juli waren bosnisch-serbische Truppen in die Schutzzone von Srebrenica einmarschiert. Seither wurden Tausende Bosniaken vermisst. Radovan Karadžić, der Führer der bosnischen Serben, versicherte Sommaruga, das IKRK werde demnächst über den Verbleib dieser Leute informiert. «Das war natürlich eine fürchterliche Lüge, denn Karadžić wusste genau, dass all diese Menschen nicht mehr am Leben waren», sagte Sommaruga später in einem Interview. In Pale wurde der IKRK-Präsident vor laufenden Kameras von Karadžićs Ehefrau empfangen, der Präsidentin des Roten Kreuzes der bosnischen Serbenrepublik. Als Sommaruga im Anschluss nach Sarajevo reiste, herrschte dort deswegen «dicke Luft». Wie er es wagen könne hierherzukommen, nachdem er dem Ehepaar Karadžić freundlichst die Hand gedrückt habe, fragten ihn die Journalisten. Sommaruga antwortete so unverblümt wie diplomatisch: «Seit ich beim Roten Kreuz bin, habe ich gelernt, mehrmals am Tag meine Hände zu waschen» (Bischoff 2004, 157).
Das Auseinanderbrechen Jugoslawiens, die Kriege, die sich in Kroatien, Bosnien-Herzegowina und Kosovo während der 1990er-Jahre ereigneten, und die fürchterlichen Verbrechen, die dabei begangen wurden, stellen für die Nachkriegsgesellschaften bis heute eine schwere Hypothek dar. Das Fernsehen transportierte die Gewalt jedoch auch weit über die Grenzen Jugoslawiens hinaus. Bilder und Ereignisse waren für Medienschaffende schwierig zu deuten und zu vermitteln. Der Konflikt irritierte viele Menschen. Auch für Beobachterinnen und Beobachter in der Schweiz war der Umgang mit den Geschehnissen in Jugoslawien schwierig. Die Ursachen des Staatszerfalls und die Antagonismen zwischen den Kriegsparteien erschienen vielen zu komplex. Bezeichnend ist ein Interview, das der schweizerische Verkehrs- und Energieminister, Bundesrat Adolf Ogi, 1992 dem österreichischen Fernsehen gab. Auf ein mangelndes humanitäres Engagement der Schweiz gegenüber Kriegsversehrten und Flücht-

lingen aus Jugoslawien angesprochen, gab Ogi zur Antwort: «Wissen Sie, in der Schweiz fragt man sich schon: Diese Leute, die sich die Köpfe zerschlagen, die das Land kaputtmachen, die wollen kommen, und dann sollen wir finanziell helfen, das Ganze wiederaufzubauen. Das ist etwas, was bei uns auf wenig Verständnis stösst. Dieser Krieg, der sogenannte jugoslawische Krieg, ist in der heutigen Zeit nicht zu verstehen.» (Neue Luzerner Nachrichten 1992)
Die unbeholfene Reaktion des Magistraten schien den Gefühlen vieler Menschen in der Schweiz zu entsprechen. In einer Ausgabe des Magazins *NZZ Folio* von 1992 wurde die schweizerische Haltung gegenüber den Jugoslawienkriegen wohl ziemlich treffend als «distanziertes Unverständnis» beschrieben (Wehrli 1992, 52). Die Zürcher Osteuropahistorikerin Nada Boškovska formulierte das einige Jahre später deutlich schärfer. Bei Kriegsbeginn hätten «die Medien und wie Pilze aus dem Boden schiessende ‹Balkanexperten›» begonnen, «ein altes Klischee zu bedienen», nämlich dasjenige des Balkans als «Hort von besonders blutrünstigen Stämmen, die seit Menschengedenken nichts anderes betreiben, als einander zu hassen und zu massakrieren» (Boškovska 1999, 28). Maria Todorova (1997) nannte dieses Phänomen «Balkanismus». Dessen Ursprünge verortete sie in der zweiten Hälfte des 19. Jahrhunderts im Rahmen der «Orientalischen Frage»; einen ersten Höhepunkt der Stereotypenbildung sah Todorova im Vorfeld des Ersten Weltkriegs. Diese negativen Vorstellungen erlebten nach Ausbruch der Jugoslawienkriege eine Renaissance und schlugen sich direkt in der Politik westlicher Staaten nieder. Die Lektüre von Robert Kaplans Buch «Balkan Ghost», das selbst Hitlers Nationalsozialismus einen balkanischen Ursprung andichtete (Kaplan 2014, li), überzeugte offenbar US-Präsident Bill Clinton 1993 davon, dass eine Intervention in den Konflikt aufgrund der generell irrationalen und gewalttätigen Veranlagung der Region keine Lösung bringen würde (Magaš/Žanić 2013 [2001], 322). Das «distanzierte Unverständnis» basierte auch auf einem bewussten Entscheid, sich mit simplifizierenden Erklärungen und kulturalistischen Klischees zufriedenzugeben.
Der Verweis des IKRK-Präsidenten auf sein wiederholtes Händewaschen im Sommer 1995 lässt sich dagegen kaum als ignorante Haltung interpretieren, wohl eher als begründete Distanznahme. Als exponierte Person grenzte sich Sommaruga ab – wohl gerade, weil er um die Skrupellosigkeit und die Verbrechen seiner Verhandlungspartner wusste. Die Person Sommarugas eignet sich allerdings sehr gut, um vom Massenmord von Srebrenica aus – als einem Kulminationspunkt der Jugoslawienkriege – einen Blick zurückzuwerfen. Einen Blick zurück auf eine Zeit, in der der sozialistische Vielvölkerstaat noch existierte. Zurück auf eine Zeit, als die Menschen in diesem Land noch nicht – beziehungsweise nicht mehr – mit dem balkanistischen Stigma «jahrhundertealten Hasses» behaftet waren. Der Werdegang des Schweizers bietet einen augenfälligen Kon-

trast zu den negativen Wahrnehmungen Jugoslawiens, die in den 1990er-Jahren dominant wurden.

Vor seiner Tätigkeit für das IKRK war Cornelio Sommaruga nämlich einer der bedeutendsten Handelsdiplomaten der Schweizerischen Eidgenossenschaft. Als solcher hatte er in den 1970er- und 1980er-Jahren intensiv mit Jugoslawien zu tun, ja, in dem oben zitierten Interview sagte Sommaruga sogar, das Land sei damals, als er Delegierter des Bundesrats für Handelsverträge war, «mein Lieblingskind unter den osteuropäischen Ländern» gewesen (Bischoff 2004, 60). Kein Wunder: Jugoslawien war im Kalten Krieg – noch vor der Sowjetunion – der mit Abstand bedeutsamste Handelspartner der Schweiz in Osteuropa. Vor allem war es einer der wichtigsten Kunden der Schweizer Exportindustrie überhaupt. 1975 wurden fast 2 Prozent aller schweizerischen Exporte nach Jugoslawien abgesetzt. Als Abnehmer schweizerischer Produkte lag das Land weltweit an 13. Stelle. Die Schweiz verkaufte nicht nur erfolgreich die Erzeugnisse ihrer Maschinen-, Elektro-, chemisch-pharmazeutischen und Lebensmittelindustrie. Zahlreiche Schweizer Unternehmen in diesen Sektoren hatten auch Joint Ventures mit jugoslawischen Partnern gegründet. Sulzer, Ciba-Geigy und Nestlé produzierten hier in Lizenz. In den Lebensmittelgeschäften konnten «urschweizerische» Markenartikel wie «Stocki»-Kartoffelpüree, «Toblerone»-Schokolade und «Rivella»-Erfrischungsgetränke gekauft werden – allesamt *made in Yugoslavia* (Bürgisser 2017, 266–279).

Gleichzeitig war Jugoslawien im Zeitalter des Massentourismus ein wichtiges Ferienziel. Seit Ende der 1960er-Jahre vermittelten allein die Reiseunternehmen jährlich weit über Hunderttausend Schweizerinnen und Schweizern Sommerferien an der jugoslawischen Adriaküste. Die Devisen, die so in das Land flossen, konnten die 8 Milliarden Franken, mit denen sich das sozialistische Jugoslawien durch seine Einkäufe in der Schweiz insgesamt verschuldete, nur teilweise aufwiegen. Dass das Land mit seiner exzessiven Einkaufspolitik weit über seine Verhältnisse lebte, hinderte die Schweizer Grossbanken nicht daran, die jugoslawischen Importe mit grosszügigen Krediten zu alimentieren (Bürgisser 2017, 239–247, 272–285).

Kurz nach seinem Amtsantritt als Delegierter des Bundesrats für Handelsverträge reiste Cornelio Sommaruga im Frühjahr 1976 an der Spitze einer Wirtschaftsmission zum Austausch mit den jugoslawischen Aussenhandelsstellen nach Belgrad. Die Gespräche verliefen gemäss Sommaruga «in ausgezeichneter Atmosphäre» (dodis.ch/48929). Mit seiner Tischrede am Empfang in der schweizerischen Botschaft in Belgrad trug er das seine zu der einträchtigen Stimmung bei: «[It] underlines one of so many points Yugoslavia has in common with Switzerland that beyond the federalist organization of the country – which mirrors the historical evolution – they find each other in the plurality of languages, of cultures, religions, of economic dynamism, in their spirit of openness for international relations and world trade in particular and eventually in the constant search and defence of the independence of their own country.» (CH-BAR#E2200.48#1992/148#73* (331.1 [2]), Begrüssung durch C. Sommaruga, undatiert)

Als versierter Handelsdiplomat wusste Sommaruga selbstredend, wie er den Belgrader Gastgebern schmeicheln konnte, und er tat dies in einer Art und Weise, die den Konventionen des feierlichen Anlasses und der Etikette des Protokolls entsprach. Der überschwängliche Ton ist dennoch bemerkenswert. Immerhin handelte es sich bei der Sozialistischen Föderativen Republik Jugoslawien um eine kommunistische Einparteiendiktatur. Das Regime gab sich zwar liberal, duldete jedoch keinerlei Opposition und reagierte auf jede Infragestellung des absoluten Machtmonopols der Kommunisten mit Repression. Auch Reden anderer schweizerischer Magistratspersonen standen Sommarugas Sonntagsrede in nichts nach. Bundesrat Pierre Aubert, der Schweizer Aussenminister, charakterisierte die Beziehungen zwischen der Schweiz und Jugoslawien 1980, ebenfalls in Belgrad, wie folgt: «Nous sommes en effet assez semblables pour que la compréhension entre nous soit totale, mais assez différents pour que nos contacts soient un enrichissement mutuel.» (CH-BAR#E2850.1#1991/234#204* [09], Toast von P. Aubert, 27. Oktober 1980). Es sind Aussagen wie diese, die mich veranlasst haben, in meiner im Jahr 2017 publizierten Dissertation von einer «Wahlverwandtschaft» zwischen der Schweiz und dem sozialistischen Jugoslawien zu sprechen, von den Affinitäten zweier Staaten, die zwar durchaus über eine sehr unterschiedliche Geschichte verfügen, in struktureller und weltanschaulicher Hinsicht jedoch zahlreiche tatsächliche oder imaginierte Gemeinsamkeiten aufwiesen.

Die Grundvoraussetzung für die gedeihliche Zusammenarbeit mit Jugoslawien war der machtpolitische Bruch zwischen Stalin und Tito im Jahr 1948. Bereits während des Krieges war der jugoslawische Partisanenführer der sowjetischen Führung in Moskau zu mächtig geworden. In der Nachkriegszeit sah Stalin seinen Führungsanspruch durch den eigenmächtigen Akteur und Konkurrenten auf dem Balkan bedroht. Jugoslawien wurde aus der Familie der sozialistischen Volksdemokratien unter sowjetischer Vorherrschaft verstossen. Mit diesem Paukenschlag erlebte die kommunistische Weltbewegung ihr erstes Schisma. Überraschend stand die jugoslawische Partei international völlig isoliert da. Der Autokrat Tito und seine Entourage waren flexibel genug, um sich im aufziehenden Kalten Krieg an den USA zu orientieren. Ihr Trumpf war die strategische Bedeutung ihres Landes. Das Regime verfolgte fortan einen unabhängigen «dritten Weg» zwischen den Ideologien und Machtblöcken in Ost und West. Im Laufe der 1950er-Jahre stellten die jugoslawischen Kommunisten die Weichen für eine gesellschaftspolitische Liberalisierung und eine wirtschaftliche Öffnung zum kapitalistischen Ausland. Unter dem Schlagwort der «sozialistischen Marktwirtschaft» traten die Unternehmen frei von staatlichen Vorlagen in einen Wettbewerb mit der Konkurrenz im Inland und auf den Weltmärkten ein. In Abgrenzung zur Planwirtschaft des sowjetisch dominierten Ostblocks entwickelte sich eine an der Nachfrage orientierte, moderne Industrie- und Konsumgesellschaft. Im jugoslawischen System der Arbeiterselbstverwaltung gehörten die Betriebe zudem zumindest theoretisch den Arbeiterinnen und Arbeitern. Auch aussenpolitisch beging man neue Wege. So wurde das Tito-Regime eines der Gründungsmitglieder und prominenter Akteur der Bewegung blockfreier Staaten, die hauptsächlich die Länder der sogenannten «Dritten Welt» umfasste.

Oberste Maxime des blockfreien Staates war, wie Sommaruga in seiner Rede erwähnte, der Erhalt der staatlichen Unabhängigkeit im Spannungsfeld des Kalten Krieges. Bedroht wurde die jugoslawische Souveränität vornehmlich von der Sowjetunion, die sich 1956 in Ungarn, 1968 in der Tschechoslowakei und 1979 in Afghanistan bereit zeigte, den Machtanspruch in ihren Einflusssphären auch mit militärischen Interventionen zu behaupten. Die neutrale Schweiz und das blockfreie Jugoslawien sahen sich also im Konfliktfall mit demselben Gegner konfrontiert. Schweizer Militärs betrachteten entsprechend das Balkanland schon früh als vorgeschobenes Bollwerk zur Verteidigung des Westens. Zusammen mit der Schweiz und anderen allianzfreien Staaten Europas bildete Jugoslawien eine, so der Jargon, «kompakte Riegelstellung» zwischen NATO und Warschauer Pakt. Die auf den Erfahrungen aus dem Partisanenkampf im Zweiten Weltkrieg aufbauenden jugoslawischen Verteidigungsstrategien und Widerstandskonzeptionen wurden von Schweizer Offizieren bemerkenswert eifrig rezipiert (Bürgisser 2017, 380–400).

Jugoslawien entwickelte sich auch zu einem wichtigen politischen Partner. Erste bilaterale Kontakte auf hoher Ebene ergaben sich Ende der 1960er-Jahre im Vorfeld der blockübergreifenden Konferenz über Sicherheit und Zusammenarbeit in Europa (KSZE). Die Diplomaten beider Länder stellten bald fest, dass auf sicherheitspolitischer Ebene zahlreiche gemeinsame Interessen bestanden – ähnlich wie dies mit den anderen europäischen Neutralen Schweden, Österreich und teilweise Finnland der Fall war. Die Schweiz war im Rahmen der KSZE-Verhandlungen in Helsinki und Genf (1972–1975) sowie der Folgekonferenzen in Belgrad (1977/78), Madrid (1980–1983), Stockholm (1984–1986) und Wien (1986–1989) im KSZE-Prozess massgeblich daran beteiligt, Jugoslawien in die gemeinsamen Aktivitäten der neutralen Staaten einzubeziehen. Innerhalb der so gebildeten Gruppe der *neutral and non-aligned countries* (N+N) kam es folglich zu einer sehr engen Kooperation. Die N+N erarbeiten gemeinsame Vorstösse und konnten mit ihren diskreten Vermittlungsdiensten helfen, Kompromisse zwischen den Blöcken herbeizuführen (Bürgisser 2017, 436–456). Die vertrauensvolle Zusammenarbeit im KSZE-Prozess ermöglichte auch die Zusammenarbeit in anderen Gebieten. So erleichterte Belgrad 1976 den Weg für eine Teilnahme der Schweiz an den Konferenzen der blockfreien Staaten. Auch in Spezialgremien der Vereinten Nationen arbeiteten die schweizerischen und jugoslawischen Delegationen vermehrt zusammen, etwa in Abrüstungsfragen (Bürgisser 2017, 473–481).

Bereits 1961 hielt das Eidgenössische Politische Departement, das schweizerische Aussenministerium, in einer Notiz fest: «Jede Hilfe aus dem Westen, die dazu beiträgt, die Unabhängigkeit Jugoslawiens gegenüber dem Ostblock zu festigen, liegt auch im schweizerischen Interesse» (dodis.ch/15179). Die intensiven Handelskontakte und das partnerschaftliche Zusammenwirken in Bereichen der internationalen Politik steigerten die Bedeutung Jugoslawiens für die Schweiz kontinuierlich. Die Regierung in Bern hatte ein genuines Interesse daran, den Status quo Jugoslawiens zu erhalten, nämlich als stabiles, föderalistisch verfasstes, mehrsprachiges und multikonfessionelles Land, bedacht auf Souveränität und Bündnisfreiheit, als international gut vernetzter und wehrhafter Sonderfall, wo gesunder Pragmatismus offenbar mehr galt als Ideologie, und der manchen Beobachterinnen und Beobachtern gar nicht so weit entfernt schien vom helvetischen Selbstbild (Bürgisser 2017, passim).

Wie stark die Schweiz und Jugoslawien wirtschaftlich und politisch miteinander verflochten waren, zeigte sich, als das Land zu Beginn der 1980er-Jahre wegen seiner Überschuldung in eine tiefe Wirtschafts- und Finanzkrise taumelte. Es war die Schweizer Diplomatie, die damals eine internationale Konferenz der Gläubigerstaaten in Bern einberief, um gemeinsam mit Internationalem Währungsfonds und Weltbank einen Stundungsvertrag auszuarbeiten und ein Finanzhilfepaket für die darbende jugoslawische Volkswirtschaft zu schnüren. Es galt, einen wichtigen Partner gegen sowjetische Dominanz und innere Zerfallserscheinungen zu stützen (Bürgisser 2017, 417–427). Die zuweilen prekäre Menschenrechtslage im Land wurde dabei heruntergespielt. In linken Kreisen wurde zeitgleich das jugoslawische System der Arbeiterselbstverwaltung als interessantes, ja inspirierendes Modell diskutiert (Bürgisser 2017, 316–333). In Medien und Politik entwickelte sich ein nachbarschaftlicher Diskurs über das Balkanland. Businessmänner, Banker und Technokraten, Liberale und Sozialisten, Kalte Krieger und junge Alternative waren sich damals einig in einer generellen Sympathie gegenüber Jugoslawien und dem innovativen Gesellschaftsexperiment des Vielvölkerstaates. Bis kurz vor dem Staatszerfall galt das Land – nicht nur in der Schweiz – als Zukunftsmarkt und Vorreiter für den sich abzeichnenden Transformationsprozess in Osteuropa.

Es bleibt festzuhalten: Für die rigid antikommunistische Schweiz des Kalten Krieges war dies alles andere als eine Selbstverständlichkeit. Mit keinem anderen sozialistischen Staat wäre eine derart enge Zusammenarbeit auf diversen Gebieten auch nur annähernd vorstellbar gewesen. Diese heute weitgehend in Vergessenheit geratene Tatsache bildet einen Kontrapunkt zum negativen Balkanbild, das seit den 1990er-Jahren überwiegt.

Nun ist der Kalte Krieg jedoch schon lange vorbei. Mit der Implosion der kommunistischen Regime Osteuropas, dem Wegfall des Ost-West-Konflikts und dem jugoslawischen Staatszerfall verschwand auch die schweizerisch-jugoslawische Wahlverwandtschaft. Man könnte die Geschichte um die ehemalige Nähe dieser beiden Sonderfälle als kuriose Anekdote abtun, wenn nicht *ein* Faktor der damals beschworenen Geistesverwandtschaft das Ende des Kalten Krieges und das Ende Jugoslawiens überlebt hätte und heute noch wirkungsmächtig ist: die Migration.

«Let me by the way tell you how much Yugoslav citizens working in our country are appreciated because of their good performances, their intelligence and their reliability», hielt Cornelio Sommaruga in seiner bereits zitierten Ansprache 1976 fest, «they contribute substantially to the good relations between our two countries» (CH-BAR#E2200.48#1992/148#73* (331.1 [2]), Begrüssung durch C. Sommaruga, undatiert). Dies waren keine leeren Worte: Die jugoslawischen Gastarbeiter würden «von den schweizerischen Arbeitgebern im Allgemeinen überdurchschnittlich geschätzt», hielt auch der Bundesrat im Mai 1976 in einem Entscheid fest (CH-BAR#E1004.1#1000/9#831*, Bundesratsbeschluss vom 3. Mai 1976). Die guten wirtschaftlichen und politischen Beziehungen zu Jugoslawien und die wachsende jugoslawische Arbeitsmigration in die Schweiz waren auf das Engste miteinander verquickt.

Jugoslawien war der einzige sozialistische Staat Osteuropas, der für seine Bürgerinnen und Bürger ein liberales Ausreiseregime vorsah. In der unmittelbaren Nachkriegszeit zog es eine vergleichsweise kleine Zahl jugoslawischer Flüchtlinge in die Schweiz. Die enge wirtschaftliche Zusammenarbeit zwischen Unternehmen, die bereits in den 1950er-Jahren anlief, brachte dann immer mehr jugoslawische Praktikanten und Fachkräfte, vor allem aus technischen Berufen, in das Land. Viele von ihnen blieben längerfristig in der Schweiz. Die Brown Boveri in Baden engagierte beispielsweise schon früh Dutzende Ingenieure aus Jugoslawien. In den 1970er-Jahren waren es dann bereits mehrere Hundert jugoslawische Techniker und Kaderleute, die für den Elektrokonzern arbeiteten. In dieser Zeit wurde die Schweiz auch im internationalen Vergleich zu einem der bedeutsamsten Ziele jugoslawischer *gastarbajteri* (Bürgisser 2017, 521–523, 536).

Zu Beginn der 1960er-Jahre sorgten verschiedene Faktoren für eine Intensivierung der Arbeitsmigration von Jugoslawien in die Schweiz:

1. Es wurden in Jugoslawien damals radikale Wirtschaftsreformen forciert, die eine weitere Annäherung des Landes an die Welthandelsstrukturen ermög-

lichen sollten. Als Konsequenz wurde in Kauf genommen, dass Hunderttausende Arbeitsplätze vernichtet wurden. Jugoslawien erwuchs ein ernsthaftes Beschäftigungsproblem.

2. Es zeigten sich zu dieser Zeit auch die Auswirkungen der in der Nachkriegszeit eingeläuteten «Bildungsrevolution». Das Land verfügte nun über einen Überschuss an Hochschulabgängerinnen und Spezialisten. Das Regime sah in der sogenannten «temporären Beschäftigung» seiner Staatsbürgerinnen und Staatsbürger im Ausland eine Möglichkeit, die Arbeitslosigkeit zu reduzieren. Gleichzeitig waren die Rimessen der «Gastarbeiter» eine wichtige Devisenquelle.

3. Die Schweiz befand sich damals weiterhin im konjunkturellen Aufschwung. Der Bedarf nach Arbeitskräften in der Industrie und im Bauwesen war sehr hoch. Gleichzeitig begannen sich in diesen Sektoren im bisher wichtigsten Herkunftsland von Gastarbeiterinnen und Gastarbeitern – Italien – Rekrutierungsschwierigkeiten abzuzeichnen. Durch den Ausbau des Gesundheitswesens bestand auch ein grosser Mangel an Pflegepersonal und Ärzten.

4. Man sah sich in der Schweiz mit dem Problem einer wachsenden Fremdenfeindlichkeit konfrontiert. Diese richtete sich jedoch fast ausschliesslich gegen die Zuwanderung aus Italien, die in der Nachkriegszeit beachtliche Ausmasse angenommen hatte. Zielscheibe der nationalkonservativen Opposition war vornehmlich diese italienische Dominanz.

Der Bundesrat engagierte sich, die Zuwanderung zu drosseln. Da jedoch die Nachfrage nach fremden Arbeitskräften weiterhin bestand, bemühte sich die Regierung vor allem um eine Diversifizierung der Immigration. Alle diese Faktoren spielten zusammen und führten dazu, dass – paradoxerweise gerade im Zeitalter der von James Schwarzenbach lancierten «Überfremdungsdebatte» – die Zahl der Jugoslawinnen und Jugoslawen in die Schweiz signifikant anstieg (Bürgisser 2017, 518–521).

Diese Zuwanderung aus Jugoslawien war äusserst heterogen: Der Bauernverband und vor allem der Baumeisterverband rekrutierten Zehntausende unqualifizierte Arbeitskräfte aus den ländlichen Gebieten Südserbiens, Kosovos und Mazedoniens, zumeist als sogenannte Saisonniers. Ein weiterer wichtiger Arbeitgeber war der Hotelierverein, der saisonale Arbeitskräfte für die Tourismusregionen benötigte. Ebenfalls früh begann der Verband Schweizerischer Krankenanstalten in Aarau mit der Anwerbung von Pflege-, Haus- und Küchenpersonal für die Spitäler. Aus den akademischen Berufen kamen nun neben Ingenieuren und Chemikerinnen mehrheitlich Ärztinnen und Zahnärzte aus Jugoslawien in die Schweiz. Sie stammten vorwiegend aus städtischen Agglomerationen in Kroatien, Slowenien und dem Norden Serbiens. Es ergaben sich durchaus auch Konflikte mit den Zuwanderinnen und Zuwanderern. In den amtlichen Quellen werden insbesondere Probleme im Umgang mit unqualifizierten Arbeiterinnen und Arbeitern aus den sehr ländlichen, traditionellen, oft muslimisch geprägten Regionen genannt. Kommunikationsschwierigkeiten und kulturelle Missverständnisse stellten wohl die meisten Akteure vor gewisse Herausforderungen. Die Beziehungen der Migrantinnen und Migranten zur Mehrheitsgesellschaft gestalteten sich durchaus ambivalent. Im Allgemeinen waren aber die Urteile von Behörden und Arbeitgebern durchwegs positiv. Die Jugoslawen seien in der Regel bereit und fähig, «rasch eine unserer Sprachen zu lernen», sie würden «wertvolle Arbeit» leisten und «weniger Sorgen» verursachen «als z. B. die viel zahlreicheren und uns fremderen Angehörigen einiger Mittelmeerländer», schrieb 1970 etwa der schweizerische Botschafter in Belgrad nach Bern (BAR#E2001E#1980/83#4561* [B.41.11.1], Schreiben von H. Keller an E. Brugger, 10. April 1970). Mehr als zwei Drittel von ihnen waren Erwerbstätige; in der Mehrheit wohnten ihre Familien weiterhin in Jugoslawien. Insgesamt wurde die jugoslawische Migration in die Schweiz während Jahrzehnten als Erfolgsgeschichte gedeutet.

Diese Erfolgsgeschichte hielt an, bis die innerjugoslawischen Konflikte eskalierten. Das «distanzierte Unverständnis» für die Jugoslawienkriege schlug sich direkt in einer Stigmatisierung der jugoslawischen Migrationsbevölkerung nieder. In der Wahrnehmung der Jugoslawinnen und Jugoslawen in der Schweiz vollzog sich ab 1990 ein tiefgreifender Imageverlust. In ihrem Selbstbild waren sie von «einst gern gesehenen «Bilderbuch-» und 'Traumausländern' zur «unbeliebtesten Bevölkerungsgruppe der Schweiz», zum «Feindbild Jugo» geworden (Boškovska 1999 und Boškovska 2000).

Besonders eindrücklich lässt sich das mit dem Modell der Dreiteilung der Herkunftsländer illustrieren, wie es der Bundesrat im Mai 1991 in seinem Bericht über eine Reform der Ausländer- und Flüchtlingspolitik formulierte. Zum «inneren Kreis» zählte die Regierung Staaten der Europäischen Gemeinschaft (EG) und der Europäischen Freihandelsassoziation (EFTA), deren Bürgerinnen und Bürger künftig in den Genuss einer vollständigen Personenfreizügigkeit kommen würden. Der «mittlere Kreis» umfasste Länder wie Kanada oder die USA, aus denen auf bestehender Basis weiterhin Arbeitskräfte rekrutiert werden sollten. Der «äussere Kreis» schliesslich umfasste die übrigen Staaten der Welt, aus denen prinzipiell keine Immigration vorgesehen war. Damals zählte man Jugoslawien noch eindeutig zum «mittleren Kreis». Das Land erfüllte alle die Kriterien, die da lauteten: Respektierung der Menschenrechte, die «Zugehörigkeit [...] zum gleichen (im weiteren Sinne europäisch geprägten) Kulturkreis mit Lebensverhältnissen, die den unsrigen ähnlich sind» und wo «kulturelle, religiöse und gesellschaftliche Wertvorstellungen gelten, die den unsrigen entsprechen», bewährte Handels- und Wirtschaftsbeziehungen mit der Schweiz sowie traditionell gute Beziehungen im Hinblick auf die Rekrutierung von Arbeitskräften (Schweizerisches Bundesblatt 1991, 303, 295). Im Mai 1991 stand sozusagen die Wahlverwandtschaft zwischen der Schweiz und Jugoslawien noch in voller Blüte. Bereits im September 1991, noch bevor das neue Ausländergesetz in Kraft trat, vollzog die Regierung jedoch eine radikale Kehrtwende: Jugoslawien wurde vom «zweiten» in den «dritten Kreis» herabgestuft (Maillard/Leuenberger 1999, 23 f. und 39 f.). Aus dem eben noch geschätzten Nachbarn und langjährigen Partner wurde ein «kulturfremdes» Land, von dem eine «erhebliche Migrationsgefahr» ausging (von Aarburg/Gretler 2011, 28). Was danach geschah, ist bekannt: Wer von den jugoslawischen «Fremdarbeitern» die Möglichkeit hatte, versuchte seine Familie nachzuholen. Über bestehende Migrationsnetzwerke kamen nun auch zahlreiche Flüchtlinge in die Schweiz. Die «Jugos» gerieten zur Zielscheibe eines zunehmend fremdenfeindlichen Diskurses in Politik und Öffentlichkeit.

Gerade weil sie in augenfälligem Kontrast zu den negativen Diskursen der 1990er- und 2000er-Jahre stehen, ist es wichtig, die heute weitgehend in Vergessenheit geratenen historischen Hintergründe der jugoslawischen Zuwanderung zu beleuchten, zumal die jugoslawische Migrationsbevölkerung für die Schweiz äusserst bedeutsam ist. Die über 300 000 Bosnier, Kosovarinnen, Kroaten, Mazedonierinnen, Montenegriner, Serbinnen und Slowenen in der Schweiz stellen mit fast 20 Prozent die grösste Gruppe der ausländischen Bevölkerung (Bundesamt für Statistik 2018). Dazu kommen Zehntausende ehemalige Migrantinnen und Migranten, die im Laufe der Jahre das Schweizer Bürgerrecht erworben haben. Schätzungsweise eine halbe Million Menschen in der Schweiz hat familiäre Wurzeln im ehemaligen Jugoslawien. Sie oder ihre Eltern und Grosseltern wurden seit den Sechzigerjahren von der Privatwirtschaft und öffentlichen Betrieben in Scharen angeworben, um den Ausbau und Erhalt der Infrastruktur des Landes voranzutreiben und zu sichern. Sie betrieben und betreiben Spitäler, Gastronomie- und Ingenieurunternehmen, Kultur-, Wirtschafts- und Wissenschaftsinstitute, bauen Häuser und Strassen, entwickeln und warten Maschinen, ernten Obst und Gemüse, reinigen Büros und räumen den Müll weg. In Tram, Bus und Zug, auf der Strasse und im Park, im Café, in der Bar und im Einkaufszentrum hört man ihre Sprachen. Sie zahlen Steuern, sind im Verein, leisten Militär- und Zivildienst, stimmen ab und werden in politische Ämter gewählt, sind Freundinnen und Nachbarn. In absoluten Zahlen gibt es nur in Deutschland und Österreich eine postjugoslawische Diaspora von vergleichbarer Grösse. Prozentual gesehen liegt ihr Anteil an der Bevölkerung massiv höher als in anderen Migrationszielen in Europa und Übersee. Für die Schweiz einzigartig ist zudem die soziale, kulturelle, konfessionelle und sprachliche Heterogenität dieser Gruppe, die dergestalt die Gesellschaft des untergegangenen Vielvölkerstaats Jugoslawien spiegelt.

Menschen mit «jugoslawischen Wurzeln» sind die Kinder einer heute fast vergessenen Wahlverwandtschaft zweier Sonderfälle im Kalten Krieg. Nicht nur die jugoslawischen Nachfolgestaaten in der Region müssen sich mit ihrem gemeinsamen Erbe auseinandersetzen. Auch die Schweiz ist über die Zuwanderung sehr stark von divergierenden Erinnerungen an Jugoslawien und die Kriege der 1990er-Jahre geprägt. Über die Migration ist eben auch die Schweiz eine zutiefst postjugoslawisch geprägte Gesellschaft. Ein «distanziertes Unverständnis» ist weder gegenüber der Migrationsbevölkerung noch gegenüber ihrem ehemals gemeinsamen Herkunftsland angebracht.

Quellen

Bundesamt für Statistik (2018): Ständige ausländische Wohnbevölkerung nach Staatsangehörigkeit, 1980–2017, www.bfs.admin.ch/bfs/de/home/statistiken/bevoelkerung/migration-integration/auslaendische-bevoelkerung.assetdetail.5866926.html, 30. Juni 2019.

Diplomatische Dokumente der Schweiz, Online-Datenbank Dodis: Bericht von C. Sommaruga vom 31. Mai 1976, http://dodis.ch/48929.

Diplomatische Dokumente der Schweiz, Online-Datenbank Dodis: Notiz von A. Janner an H. Keller vom 1. Juni 1961, http://dodis.ch/15179.

Kaplan, Robert D. (2014 [1993]): Balkan Ghosts. A Journey Through History. New York: Picador [St. Martin's Press].

Luzerner Neuste Nachrichten (1992): Umstrittene Äusserungen von Bundesrat Adolf Ogi vom 25. Juni.

Schweizerisches Bundesarchiv: Bundesrat, Beschlussprotokolle, Bundesratsbeschluss vom 3. Mai 1976, CH-BAR#E1004.1#1000/9#831*.

Schweizerisches Bundesarchiv: Abteilung für politische Angelegenheiten: Zentrale Ablage, Schreiben von H. Keller an E. Brugger vom 10. April 1970, CH-BAR#E2001E#1980/83#4561* (B.41.11.1).

Schweizerisches Bundesarchiv: Schweizerische Vertretung, Belgrad, Begrüssung durch C. Sommaruga, undatiert, CH-BAR#E2200.48#1992/148#73* (331.1 [2]).

Schweizerisches Bundesarchiv: Eidgenössisches Departement für auswärtige Angelegenheiten, Handakten Pierre Aubert, Bundesrat/Toast von P. Aubert, 27. Oktober 1980, CH-BAR#BAR#E2850.1#1991/234#204* (09).

Schweizerische Bundesblatt (1991): Bericht des Bundesrates zur Ausländer- und Flüchtlingspolitik vom 15. Mai, 291–323.

Wehrli, Christoph (1992): Schweiz: Zwischen Unverständnis und Anteilnahme. NZZ Folio, 9, 52.

Literatur

Aarburg, Hans-Peter von, Sarah Barbara Gretler (2011). Kosova-Schweiz. Die albanische Arbeits- und Asylmigration zwischen Kosovo und der Schweiz (1964–2000). Zürich: Lit.

Bischoff, Jürg, im Gespräch mit Cornelio Sommaruga (2004): Diplomatie im Dienste der Menschlichkeit. Zürich: Neue Zürcher Zeitung.

Boškovska, Nada (1999). Feindbild Jugo. Das Magazin, 15. Mai, 22–29.

Boškovska, Nada (2000). «Jugoslawen» in der Schweiz. Soziale, kulturelle und ethnische Herkunft, Integrationsprobleme. Schweizerische Ärztezeitung, 81 (47), 2647–2651.

Bürgisser, Thomas (2017). Wahlverwandtschaft zweier Sonderfälle im Kalten Krieg. Schweizerische Perspektiven auf das sozialistische Jugoslawien 1943–1991. Bern: Quaderni di Dodis, www.dodis.ch/q8, 3. April 2020.

Magaš, Branka, Ivo Žanić (Hg.) (2013 [2001]). The War in Croatia and Bosnia-Herzegovina 1991–1995. London, New York: Frank Cass.

Maillard, Alain, Ueli Leuenberger (1999). Les damnés du troisième cercle. Les Albanais de la Kosove en Suisse 1965–1999. Genève: Metropolis.

Todorova, Maria (1997). Imagining the Balkans. New York: Oxford University Press.

Das «Serbenbild» während der Jugoslawienkriege in der Schweiz

Kathrin Pavić

Im August 2000 veröffentlichte die Konsumentenzeitschrift *Beobachter* einen Leitartikel mit dem Titel «Ex-Jugoslawen: das neue Feindbild» (Rauber/Stauber 2000). Das Nachrichtenmagazin «Facts» sprach im Juni 2004 in einem Bericht zu einem von einem eingebürgerten Serben begangenen Raubüberfall vom «Jugo-Problem». Der Täter, auch «Maskenmörder» genannt, tötete in Dulliken zwei Menschen und verletzte drei weitere schwer (Facts 2004).
Diese beiden Schlagzeilen sind symptomatisch für die Art und Weise, wie Personen aus dem postjugoslawischen Raum im Allgemeinen und Serbinnen und Serben im Speziellen um die Jahrtausendwende in der Schweizer Öffentlichkeit wahrgenommen und dargestellt wurden. Sie standen in erster Linie im Mittelpunkt von negativen Diskursen, so zum Beispiel über Kriminelle, Invalidenversicherungs- und Sozialversicherungsbetrüger, Autoraser etc., und wurden als soziale Problemgruppe präsentiert (vgl. Pavić 2015, 130f.).
Trotz dieser grossen (mehrheitlich negativen) Aufmerksamkeit herrschte aber zugleich eine erstaunlich grosse Unwissenheit über die verschiedenen Ethnien, die im Vielvölkerstaat Jugoslawien vereint gewesen waren, wie das folgende Beispiel über die serbische Bevölkerung in der Schweiz zeigt. Es stammt aus einer Broschüre über Serbinnen und Serben in der Schweiz, die von Erika Sommer und Dejan Mikić 2001 im Auftrag der Fachstelle für interkulturelle Fragen der Stadt Zürich (Mikić/Sommer 2001, 1) herausgegeben wurde. An einer Weiterbildungsveranstaltung zum Thema Migration haben die Herausgebenden Zürcher Lehrerinnen und Lehrer gefragt, welche Stichworte sie mit Serbien verbinden. Die vier meistgenannten Begriffe waren: Blutrache, Islam, Kopftuch und Moschee. Dieses Beispiel offenbart nicht nur mangelndes Wissen betreffend die Kultur der serbischen Bevölkerung in der Schweiz, sondern auch dass kaum zwischen den verschiedenen Ethnien und Religionen des ehemaligen Jugoslawien differenziert wurde.
Im Zentrum dieses Artikels stehen zwei Fragen. Einerseits liegt der Fokus auf jenen Zuschreibungen, mit welchen «die Serben» als Kollektiv während der postjugoslawischen Kriege in der Schweiz versehen wurden, und auf den dabei angestellten historischen Vergleichen. Andererseits soll es um den Einfluss

gehen, den diese Zuschreibungen und Vergleiche auf in der Schweiz lebende Personen mit serbischem Migrationshintergrund bis heute ausüben.

Es eröffnen sich hier folglich zwei Perspektiven: Erstens die Selbst- und zweitens die Fremdwahrnehmung einer bestimmten Bevölkerungsgruppe. Eng verbunden mit diesen beiden Perspektiven ist die Frage nach der Zugehörigkeit, die im Rahmen dieses Artikels auch angeschnitten werden wird.

Methodischer Zugang

Bei der Wahl des methodischen Zuganges war es mir wichtig, dass sowohl die Aussen- als auch die Innenperspektive, die in der Fragestellung vorgegeben sind, methodisch reflektiert werden. Aus diesem Grund habe ich mich für zwei verschiedene methodische Herangehensweisen entschieden: einerseits für einen diskursanalytischen, anderseits für einen biografischen Zugang.
Beim diskursanalytischen Zugang handelt es sich um eine qualitative Inhaltsanalyse von Leserbriefen, die vom 1. Juni bis 31. August 1995 zum Thema Jugoslawien und Serbien in drei verschiedenen Schweizer Zeitungen erschienen sind, nämlich in der *Neuen Zürcher Zeitung* (NZZ), in der *Basler Zeitung* (BaZ) und in der *Weltwoche*. Die beiden Tages- (BaZ, NZZ) und die eine Wochenzeitung (Weltwoche) habe ich ausgewählt, weil sie lückenlos im Zeitungsarchiv der Universitätsbibliothek Basel zur Verfügung stehen. Für den gewählten Zeitraum habe ich mich entschieden, weil sich im Sommer 1995 neben dem Massaker von Srebrenica auch die Operation *Oluja* (dt. Sturm)[1] ereignete.
Bei der von Philipp Mayring (2002) entwickelten qualitativen Inhaltsanalyse werden Texte basierend auf einem Kategoriensystem durchforstet und untersucht. Die Kategorien habe ich induktiv beim Durchforsten des Materials entwickelt. In mehreren Arbeitsschritten habe ich ein Set von verschiedenen Unterthemen herausgearbeitet, die ich später in Hauptthemen sortiert und gebündelt habe (vgl. Ramsenthaler 2013, 23; siehe Tabelle 1).
Zweck der Inhaltsanalyse von Leserbriefen ist erstens, spezifische Einblicke in die öffentliche Meinung über die postjugoslawischen Kriege und die darin involvierten Akteurinnen und Akteure zu erhalten – immer mit dem Wissen, dass es

---

1 Das Massaker von *Srebrenica*, bei dem laut offiziellen Berichten über 7000 männliche bosnische Muslime von der Armee der Republik Srpska unter der Führung von General Ratko Mladić ermordet worden sind, ist als Erinnerungsort für den Bosnienkrieg in das kollektive Gedächtnis eingegangen. Es gilt als das schwerste Kriegsverbrechen seit dem Zweiten Weltkrieg auf europäischem Boden (vgl. Markusen/Mennecke 2005, 16) und wurde 2007 vom Internationalen Gerichtshof als Völkermord eingestuft (vgl. International Court of Justice 2007, 127).

Tab. 1: *Übersicht Zeitungsanalyse*

Anzahl Leserbriefe	Übergeordnetes Thema
9	Versagen der internationalen Gemeinschaft
7	(Bosnische) Flüchtlinge
6	Handlungsbedarf angesichts der Lage in Bosnien
3	Entsetzen über die Lage in Bosnien
3	Serbische Propaganda / Rassismus
2	Ratko Mladić (Brief von Peter Arbenz an Mladić)
2	Radovan Karadžić (geplanter Besuch an Verhandlungen in Genf)
1	Frauen im Krieg als Opfer

Quelle: Eigene Auswertung von BaZ, NZZ und *Weltwoche* im Zeitraum 1. Juni bis 31. August 1995.

sich um eine nichtrepräsentative Annäherung handelt.[2] Zweitens sollen die historischen Vergleiche herausgearbeitet werden, die in den veröffentlichten Leserbriefen gezogen werden.

In drei Fallbeispielen kommen Personen mit serbischem Migrationshintergrund direkt zu Wort. Die Fallbeispiele basieren auf narrativen Interviews, die im Rahmen meiner Dissertation zum Thema Selbst- und Fremdwahrnehmung der serbischen Bevölkerung in der Schweiz im Zeitraum von 2011 bis 2013 durchgeführt worden sind.

Beim narrativen Interview handelt es sich um eine von Fritz Schütze (1983) Ende der 1970er-Jahre entwickelte Interviewtechnik. Ich habe mich für diesen methodischen Zugang entschieden, «weil sich diese Form der qualitativen Befragung besonders für das Erforschen der individuellen Erfahrungen von befragten Personen bezüglich eines bestimmten für ihre Lebensgeschichte relevanten Themas anbietet» (Pavić 2015, 18). Die nichtstandardisierte und offene Form der Befragung ermöglicht den Zugang zur subjektiven Sichtweise der Befragten (vgl. Flick 2009, 115; Glinka 2009, 9).

[2] Bei der Operation *Oluja* handelt es sich um eine militärische Grossoffensive der kroatischen Armee gegen die selbsternannte Serbische Republik *Krajina*. Die Operation dauerte vom 4. bis 7. August 1995. In deren Zuge wurden schätzungsweise 170 000 Serbinnen und Serben vertrieben (vgl. Hösch 2008, 415). Zurückgebliebenen Zivilistinnen und Zivilisten – zumeist ältere Menschen – wurden ermordet (vgl. Thompson 2005, 1175).

Bei der Analyse der Interviews folge ich Gabriele Lucius-Hoenes und Arnulf Deppermanns Konzept der Rekonstruktion narrativer Identität. Lucius-Hoene und Deppermann verstehen narrative Identität als eine sprachlich-symbolische Struktur, «die durch eine autobiographische Erzählung hergestellt und in ihr dargestellt wird» (Lucius-Hoene/Deppermann 2002, 55) und dadurch situations- und kontextabhängig ist. Das Verfahren ist sequenziell und wechselt zwischen einer grob- und einer feinstrukturellen Analyse.

Räume und Kollektive

Um das vorherrschende «Serbenbild» in der Schweiz zu verstehen, ist es wichtig, zunächst diejenigen Raumbilder und Kollektive eingehend zu betrachten, als deren Teil das heutige Serbien wahrgenommen wird und wurde. Dies sind zum einen Jugoslawien und zum anderen der Balkan. Auch hier liegt der Fokus wieder auf dem Wechsel zwischen einer Innen- und einer Aussenperspektive. In Hinblick auf die Innenperspektive konzentriere ich mich auf die allmähliche Ablösung Jugoslawiens als dominierenden Wir-Kontext. Der Fokus liegt dabei auf der Frage, wie die betroffenen Menschen ihre nationale und ethnische Zugehörigkeit neu ausgehandelt haben. Darauffolgend wird die metaphorische Rückkehr zu einem negativ konnotierten Balkanbild im Sinne einer Aussenperspektive thematisiert. Hier geht es darum, wie das zerfallene Jugoslawien von aussen wahrgenommen wurde.

Wir-Kontext Jugoslawien

Als sich der Zusammenbruch des Vielvölkerstaates Ende der 1980er-Jahre abzuzeichnen begann, fand in allen Teilstaaten eine allmähliche Ablösung des Wir-Kontextes «Jugoslawien» durch ethnisch definierte und nationalistisch aufgeladene Wir-Kontexte statt. Laut dem Südosteuropahistoriker Holm Sundhaussen (2007a, 342 f.) stand «die jugoslawische Zugehörigkeit [aber noch lange, zum Teil bis in die 1990er-Jahre] bei der Mehrheit der Bürgerinnen und Bürger des Landes an erster Stelle (bei Albanern, Slowenen und Kroaten weniger ausgeprägt als beim Rest der Bevölkerung)».

Der Zerfall des Landes entlang der ethnischen Zugehörigkeiten führte dazu, dass das Volk gezwungen war, die eigene Zugehörigkeit wie jene der anderen neu auszuhandeln und zu bewerten (vgl. Procter 2000, 54). Mehr oder weniger ausgeprägt fand in allen Teilrepubliken eine diskursive Verlagerung von jugoslawischer Bruderschaft und Einheit zu einer nationalistisch geprägten Blut-und-Boden-Rhetorik statt.

Im Fall von Serbien sind der politische Aufstieg Slobodan Miloševićs sowie später die Unabhängigkeitserklärung Sloweniens und Kroatiens bedeutsam. Milošević knüpfte an verschiedene historische Ereignisse und nationale Mythen an. So wurde die Erinnerung an die Ermordung von Serbinnen und Serben durch die faschistische kroatische *Ustaša* während des Zweiten Weltkriegs, die unter dem Tito-Regime ein Tabu war, mit der verlorenen Schlacht auf dem Amselfeld (*Kosovo polje*) im Jahr 1389 verknüpft.[3]

Der (drohende) Zusammenbruch Jugoslawiens wirkte sich auch auf die «jugoslawische Bevölkerung» in der Diaspora aus. Sie verloren ihr Heimatland, so wie sie es kannten: «Die emotionale Nähe zum Heimatland hat im Migrationskontext oft eine stabilisierende Wirkung. Fast über Nacht verloren sie identitätsstiftende Symbole wie Nation, Sprache, Religion, Staatszugehörigkeit.» (Besić 2005, 59) Die Folge war, dass die serbischen Zuwanderinnen und Zuwanderer nun den Fokus auch auf die «eigene» ethnische und kulturelle Herkunft legten. Die Spaltung Jugoslawiens in feindliche ethnisch und national definierte Lager beeinflusste auch die familiären und freundschaftlichen Beziehungen der Jugoslawinnen und Jugoslawen im In- und Ausland: «Der Homogenisierungsdruck entlang der ethnischen Linie war enorm stark. Langjährige freundschaftliche Beziehungen – sogar Ehen – konnten dem sozialen Druck nicht standhalten» (ebd., 59).

Als Jugoslawien in Einzelstaaten zerfiel und Krieg ausbrach, wurden aus einer in der Aussenwahrnehmung zuvor homogenen Gruppe («Jugoslawen») verschiedene ethnisch definierte Einzelgruppen («Serben», «Kroaten», «Bosniaken», «Slowenen» etc.). Die im Vielvölkerstaat lebenden Menschen wurden ausserhalb Jugoslawiens in erster Linie als Jugoslawen wahrgenommen. Ihre ethnischen und religiösen Unterschiede wurden kaum thematisiert – und wenn doch, dann höchstens auf eine folkloristische Weise (vgl. Beham 1996. 157). In der Kriegsberichterstattung wurde hingegen deutlich zwischen den einzelnen Kriegsparteien unterschieden. «Die Serben» zum Beispiel wurden hierbei hauptsächlich als Aggressoren und Täter dargestellt, was das Fremdbild der serbischen Diaspora im Westen grundlegend prägte. Mit dem Zerfall Jugoslawiens veränderte sich auch die westliche Wahrnehmung der Region als Gesamtes. Es fand eine metaphorische Rückkehr zu einem historisch begründeten negativen «Balkanbild» statt.

---

3 Zusätzlich muss beachtet werden, dass Leserbriefe von der Redaktion selektiert und bearbeitet werden.

Metaphorische Rückkehr zu einem negativen Balkanbild

In den medialen Diskursen wurden stereotype Bilder wiederbelebt, die auf das ausklingende 19. und beginnende 20. Jahrhundert zurückgehen, als vom Balkan als Pulverfass gesprochen wurde. Die bulgarische Historikerin Maria Todorova (1997/2009) hat hierzu in Anlehnung an Edward Saids (1978/1994) «Orientalismus» das Konzept des «Balkanismus» entwickelt. Darunter versteht sie jene negativen Stereotypisierungen, die in westlichen Diskursen über den «Balkan» angewandt werden. Auf zwei Beispiele wird in der Folge exemplarisch eingegangen.

Beim ersten Beispiel handelt es sich um das deutsche Vorwort zu Mary Edith Durhams Reisebericht *Slawische Gefahr*, der 1920 unter dem Originaltitel *Twenty Years of Balkan Tangles* erschienen ist. Der deutsche Herausgeber Hermann Lutz stellt Durhams Buch so vor: «Der Leser betritt fast unbekanntes Neuland, das oft wie ein Überbleibsel aus dem Mittelalter anmutet, von leidenschaftsblinden und gewalttätigen Menschen bewohnt, wie man sie sich etwa zur Zeit der italienischen Renaissance vorzustellen pflegt: Verschwörungen, Fanatismus, machtlüsterne Ränke, und vor allem Blut.» (Lutz 1923, xi)

Ein ähnliches Bild, in diesem Fall spezifisch auf Serbien bezogen, wird in der Spezialausgabe zum «Balkan» der deutschen Satirezeitschrift «Simplicissimus» aus dem Jahr 1908 geschildert. In der Bildgeschichte «Sitten und Gebräuche der Serben» werden diese als ein ungewaschenes, schmutziges (von Läusen befallenes) Volk von Dieben, unzivilisierten Schweinezüchtern und Königsmördern dargestellt (Heine 1908, 524f.).[4]

Während der postjugoslawischen Kriege wurde dieses historisch negative Balkan- und Serbenbild laut Mira Beham (1996, 175) «um die Dimension des nazigleichen Völkermords» erweitert. Hierbei spielten PR-Agenturen eine Rolle, die von den verschiedenen Kriegsparteien zu Propagandazwecken engagiert wurden. Die westlichen Medien verbreiteten Vergleiche mit den Verbrechen des Dritten Reiches an eine geschockte Weltöffentlichkeit weiter, wie zum Beispiel der Titel unter dem weltbekannten Bild des auf die Knochen abgemagerten Bosniaken Fikret Alić aus dem serbischen Zwangslager Trnopolje zeigt: Der Titel lautet «Belsen 92».[5]

Fortan wurden sprachliche und metaphorische Verknüpfungen mit den Massenvernichtungslagern der Nationalsozialisten angestellt: Die serbischen Ge-

---

4 Auf dem Amselfeld unterlag ein christliches Koalitionsheer unter der Führung des serbischen Fürsten Lazar den Osmanen. Diese Niederlage wurde später zu einem moralischen Sieg verklärt. Fürst Lazar habe sich geopfert, um die osmanischen Truppen aufzuhalten und den christlichen Glauben zu bewahren.

5 1908 gab es grosse Spannungen zwischen Serbien und Österreich-Ungarn. Im Zentrum dieser Spannungen stand die Annexion Bosniens durch Österreich-Ungarn.

fangenenlager wurden mit den Konzentrationslagern der Nationalsozialisten verglichen und es wurden Befürchtungen über einen «neuen» Holocaust auf dem Balkan laut.

Diskurse in der Schweiz

Auch in der Schweiz fanden ähnliche Vergleiche statt, wie die qualitative Inhaltsanalyse von Leserbriefen zeigt, die vom 1. Juni bis 31. August 1995 in der BaZ, in der NZZ und in der Weltwoche publiziert wurden. Die Untersuchung ist nicht repräsentativ, aber eine Annäherung an die öffentliche Meinung.
Von den insgesamt 36 Leserbriefen, die zum Thema Jugoslawien/Serbien in der BaZ (13), NZZ (18) und Weltwoche (2) veröffentlicht wurden, behandelten 33 die postjugoslawischen Kriege als Thema. In den Leserbriefen wurden folgende übergeordnete Themen angesprochen:
Bei der Analyse des in den Leserbriefen vorherrschenden Serbenbildes fiel auf, dass entweder von einzelnen Akteuren (zum Beispiel Ratko Mladić, Radovan Karadžić, Slobodan Milošević), allgemeiner von den Serbenführern oder schlicht von «den Serben» die Rede ist: Eine Sicht also, bei der männliche Akteure im Zentrum stehen, im Gegensatz zu Bosnien, wo eher auf das bosnische Volk als Gesamtes als auf einzelne Akteure fokussiert wird und wo auch Bezug auf Frauen und Kinder (vor allem in der Flüchtlingsdiskussion) genommen wurde.
In den von mir analysierten Leserbriefen werden wiederholt Vergleiche zu den Verbrechen des Dritten Reiches, aber auch der Stalinisten, angestellt. So schreibt ein Leser von einem «Holocaust nach dem anderen» (BaZ 1995a, 49). Ein anderer empört sich: «Wer schweigt, macht sich so schuldig, wie jene Bevölkerungskreise, die zu den Nazigreueltaten geschwiegen hätten» (NZZ 1995a, 15). Wieder ein anderer stellt Erinnerungen an die «Lager der Nazis» und des «Archipel Gulag» an (BaZ 1995b, 55). Es gab aber auch kritische Stimmen, die solche Vergleiche als Verharmlosung des Zweiten Weltkriegs und des Holocausts wahrnehmen (NZZ 1995b, 79).
Diese historischen Vergleiche und im Balkanismus verwurzelten Bilder vermischten sich in der Schweiz mit der Aussenwahrnehmung der Immigrantinnen und Immigranten aus dem postjugoslawischen Raum als Gruppe mit sozioökonomischen Problemen und Integrationsschwierigkeiten.
Klischeebilder wie «Balkanraser», «Kriminelle und Machos vom Balkan» oder «aggressive Jugos» waren um 2000 weitverbreitet und fanden Einzug in die politischen Debatten. «Das Thema brennt den Schweizerinnen und Schweizern unter den Nägeln», verlautete der *Beobachter* im September 2000 in einem Artikel mit dem Titel «Ex-Jugoslawen: das neue Feindbild». Der mangelnde Inte-

grationswille und die hohe Kriminalitätsrate der Bevölkerungsgruppe aus dem Balkan seien verantwortlich dafür, dass die «Akzeptanz gegenüber Menschen aus Ex-Jugoslawien drastisch gesunken» sei (Rauber/Stauber 2000, 17). Dabei handelt es sich um ein selektives Bild: «Es wird nur das Verhalten einer kleinen Minderheit [...] wahrgenommen und auf die [Gesamtheit zum Beispiel der serbischen Bevölkerung in der Schweiz] projiziert» (Toprak 2007, 133).

Im Gegensatz zu der Kriegsberichterstattung wurde in diesen Diskursen kaum zwischen den verschiedenen Ethnien unterschieden. Lediglich in Berichterstattungen über Verbrechen wird die Nationalität des Täters oder der Täterin genannt (vgl. Pavić 2015, 150).

Fallbeispiele

Über die Zuwanderinnen und Zuwanderer aus den Nachfolgestaaten Jugoslawiens wurde also in den letzten Jahren viel gesprochen. Sie kamen aber nur selten selbst zu Wort (vgl. Mikić/Sommer 2003). In meiner 2015 publizierten Dissertation habe ich versucht, diesem Umstand entgegenzuwirken. Anhand von narrativen Interviews habe ich untersucht, welche Auswirkungen die vorgängig erwähnten Bilder und Diskurse auf die Personen haben, über die gesprochen wird.

Dragica N.: Bruch mit dem Herkunftsland

Dragica N., die zum Zeitpunkt des Interviews im Sommer 2011 Mitte 60 war, ist bereits Ende der 1950er-Jahre als Teenager zusammen mit ihrer Familie in die Schweiz eingewandert. Sie kam somit noch vor den ersten Gastarbeiterinnen und -arbeitern in die Schweiz. Als Schülerin sei sie zwar ein «regelrechter Exot» gewesen, Ressentiments gegen Jugoslawinnen und Jugoslawen hätte es aber noch keine gegeben.

Als Jugendliche hatte sich Dragica N. stark mit ihrem Herkunftsland identifiziert. Sie hatte sich als Jugoslawin und als Belgraderin definiert. Durch den Zerfall Jugoslawiens in verschiedene Einzelstaaten kam es zu einem Bruch in Dragica N.s nationaler und kultureller Identität. «Und dann plötzlich irgendwie ist mir wie klar geworden, du kommst von nirgendwo, das gibt es gar nicht mehr. Und dann ist bei mir auch so unterbewusst der Entscheid gefallen, dorthin gehst du nie mehr, dort hast du nichts verloren.» (Pavić 2015, 237)

Mit keinem der Nachfolgestaaten konnte sie sich identifizieren, was in einer engeren Hinwendung zur Schweiz resultierte. Heute bezeichnet sie die Schweiz als ihre Heimat. Mit dem ehemaligen Jugoslawien verbindet sie hingegen nur noch Wehmut und Melancholie (ebd., 241). Fragt man sie, woher sie ursprünglich komme, antwortet sie: «Aus dem Land, das es nicht mehr gibt» (ebd., 243).

Branko R.: Schwanken zwischen Ab- und Hinwendung
Auch bei dem zur Zeit des Interviews 38-jährigen Branko R. führten die postjugoslawischen Kriege und die westliche Berichterstattung darüber zu einem Bruch mit seiner nationalen und kulturellen Identität. Branko R. gehört der zweiten Generation an. Sein Vater stammt aus der serbischen Entität Bosniens (Republika Srpska), seine Mutter ist Schweizerin. Als die Kriege ausbrachen, war er knapp 18 Jahre alt. Durch die Kriegsberichterstattung über die Rolle Serbiens wollte er mit der Herkunftskultur seines Vaters nichts mehr zu tun haben, obwohl er bis anhin stolz auf seine jugoslawische Herkunft war. Es seien ja alle «plötzlich nur noch gewalttätig» gewesen (ebd., 312).
Erst über ein Jahrzehnt später hat er die Herkunftskultur seines Vaters wiederentdeckt. Heute identifiziert er sich wieder stark damit. Er kann sich sogar vorstellen, eines Tages nach Bosnien zu «flüchten»: «Ich habe den grossen Vorteil gegenüber allen Schweizern, dass ich zwei Möglichkeiten habe. Wenn es hier dann ganz schief kommt, kann ich immer noch – kann ich zurück flüchten» (ebd., 308).
Branko R. verweist hierbei auf die Masseneinwanderungsinitiative der Schweizerischen Volkspartei (SVP), die kurz vor dem Interview im August 2011 lanciert wurde. Überhaupt zeigt sich Branko R. stark durch die Ausländerpolitik der SVP beunruhigt und distanziert sich deswegen sogar von der Schweiz. «Das macht es jetzt mir wie auch meinem Bruder (2) immer wie schwieriger noch eigentlich noch – was ich früher gewesen bin, sehr ein stolzer, sag ich mal Basler – Schweizer, bin ich heute nicht mehr so. (1) Und damit treibt die Schweiz eigentlich Leute weg, […] die früher stolz auf dieses Land waren, gerade wegen der Toleranz und so weiter.» (Ebd., 305)
Die Abwendung von der Schweiz erfolgt vor allem mental. Branko R. verfügt nämlich über ein engmaschiges soziales Netz in Basel.

Dunja T.: Dazwischen – Doppelte Ausländerin
Im Gegensatz zu Dragica N. und Branko R. thematisiert Dunja T., eine zum Zeitpunkt des Interviews im Juli 2011 fünfzigjährige Akademikerin, die postjugoslawischen Kriege und die sich wandelnden Fremdbilder kaum. Im Zentrum von Dunja T.s Erzählung steht die eigene geglückte Integration im Aufnahmeland. Zusammen mit ihrem Ehemann und dem ersten Kind kam sie Anfang 1991 in die Schweiz – wobei sie betont, dass sie nicht als Kriegsflüchtlinge hierherkamen, sondern aufgrund der ökonomischen Situation das damalige Jugoslawien verlassen wollten. «Wir sind als Jugoslawen gekommen und in der Zwischenzeit sind wir Serben geworden.» (Ebd., 280)
Dunja T. nimmt eine deutliche Abgrenzung von Zuwanderinnen und Zuwanderern aus dem postjugoslawischen Raum vor, die über ein niedrigeres Bildungs-

niveau und einen tieferen sozioökonomischen Status verfügten. Sie präsentiert sich als Ausnahme. Damit schützt sich Dunja T. vor negativen Ressentiments, mit welchen diese als «Problemgruppe» stigmatisierten Menschen konfrontiert sind. Die Positionierung als Ausnahme erfolgt zum einen darüber, dass sich Dunja T. und ihre Familie in der Schweiz niedergelassen und ein Haus gekauft haben: «Das ist auch Ausnahme für Ausländer, weil wir haben entschieden, die Brücken hinter uns zu – in die Luft zu sprengen. […] Wir waren zehn Jahre in der Schweiz als wir Haus gekauft haben. Das ist auch Ausnahme gewesen.» (Ebd., 285 f.)

Zum anderen grenzt sich Dunja T. auch über ihre Bildung und das damit einhergehende Interesse an Kultur von anderen ab: «[F]ür mich war fast ein Fest, als ich zum ersten Mal ins Theater gegangen bin, weil ich – ich hab dann als ich das verstehen konnte. Und Prozent unserer Leute, die ins Theater geht ist gering, die sind auch diese Arme diese Bauern oder diese jetzt Baustellenarbeiter. Sie sind auch dort, woher sie gekommen sind, nicht ins Theater gegangen.» (Ebd., 294)

All ihren Bemühungen zum Trotz bezeichnet sich Dunja T. als doppelte Ausländerin, die weder im Aufnahme- noch im Herkunftsland als vollkommen zugehörig gilt, weil sie in der Schweiz aufgrund ihres Akzentes sofort als Ausländerin erkennbar sei, in Serbien hingegen den Anschluss ans Alltagsleben verloren habe: «Wir sind doppelte Ausländer, wir sind hier Ausländer, weil wir sind Ausländer, also sobald ich drei Wörter sage, das merkt man, dass ich nicht hier aufgewachsen bin. Und dort sind wir in der Zwischenzeit auch Ausländer geworden.» (Ebd., 280)

Zusammenfassung

Die Bewältigungsstrategien der hier porträtierten Personen reichen von einem vollständigen Bruch mit dem Herkunftsland (Dragica N.) über das Mäandrieren zwischen Hin- und Abwendung von den beiden Herkunftskulturen (Branko R.) bis hin zur Verortung in einem «Zwischenstatus» und einer daraus resultierenden Überintegration im Aufnahmeland (Dunja T.).

Die drei Beispiele zeigen, dass die Art, wie über eine bestimmte Bevölkerungsgruppe gesprochen wird, die Einstellungen derjenigen beeinflussen, über die gesprochen wird (vgl. Pavić 2018, 143). Die mit den Diskursen einhergehenden Stereotypisierungen und Vorurteile haben nicht nur Auswirkungen auf deren Zugehörigkeitsgefühl zum Aufnahme- und Herkunftskontext, sondern auch darauf, wie die «Gruppenmitglieder» sich selbst und die «Anderen» verorten.

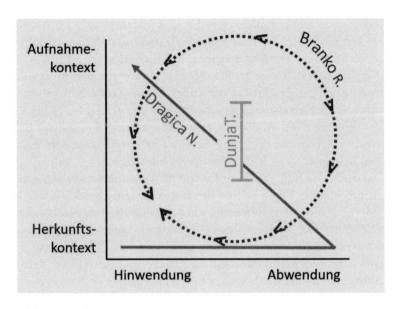

Abb. 1: *Bewältigungsstrategien*.

Fazit

Ethnizistische und kulturalistische Diskurse und Bilder führen dazu, dass postjugoslawische und insbesondere serbische Zuwanderinnen und Zuwanderer im Kollektiv als abweichend von den Werten und Normen der Schweizer Mehrheitsgesellschaft wahrgenommen und in der Folge als nicht zugehörig erachtet werden. Menschen mit serbischem Migrationshintergrund in der Schweiz waren in den letzten zwei Jahrzehnten von einer zweifachen Zuschreibung von Fremdheit und Differenz betroffen. Diese beruhte einerseits auf den kriegerischen Ereignissen in den 1990er-Jahren und der symbolischen Rückkehr des postjugoslawischen Raums zum «Balkan». Eine besonders wichtige Bedeutung kommt hierbei der westlichen Wahrnehmung der Rolle Serbiens während der postjugoslawischen Kriege zu. Der zweite Punkt ist mit dem ersten verknüpft: Es handelt sich um die vorher genannte weitverbreitete Wahrnehmung der Immigrantinnen und Immigranten aus dem postjugoslawischen Raum als «Problemgruppe» (vgl. Pavić 2015, 152).
Dies kann gesellschaftliche Folgen für Personen mit Wurzeln aus dem postjugoslawischen Raum haben. Als Folge der Medienpräsenz der «Balkanraser» haben Versicherungsgesellschaften zum Beispiel spezielle Tarife für Personen aus dem

Balkanraum erhoben, die weit höher lagen als diejenigen für Angehörige anderer Nationalitäten, oder sie haben sich sogar vorbehalten, sie als Neukunden abzulehnen (vgl. Jey Aratnam 2012, 88; Bischoff 2010, 54). Auch bei der Wohnungssuche (vgl. Kämpf 2008, 13) beklagen sich viele Betroffene über Diskriminierungen. In einem Artikel von «Blick online» (2013, o. A.) werden Vermieter auf diese Problematik angesprochen: «Einer gab dann offen zu, dass er Wohnungen lieber an einen ‹Müller› als einen ‹-ić› vermiete. Ein anderer behauptet, mit ‹solchen Mietern bereits genug Ärger zu haben›. Und manche verlangen neben dem Betreibungs- auch einen Strafregisterauszug.»

Das pejorative Bild über Personen aus dem postjugoslawischen Raum im Allgemeinen und die serbische Bevölkerung im Spezifischen kann folglich konkrete Folgen für Menschen haben, die von der Aussenwelt als Serbin oder Serbe identifiziert werden: Es kann ihren Zugang zu bestimmten Handlungsräumen erschweren und somit verminderte gesellschaftliche Chancen zur Folge haben. Dies wiederum hat Einfluss auf das Zugehörigkeitsgefühl der Betroffenen zum Aufnahme- und letztlich auch zum Herkunftsland.

Literatur

Basler Zeitung (1995a). Der Unterschied, BaZ-Forum, 19. Juli, 49.
Basler Zeitung (1995b). Bosnien-Krieg zwischen Zorn und Hilflosigkeit, BaZ-Forum, 18. August, 55.
Baumberger, Beno (2005). Zwischen Vergangenheit und Zukunft. Die Bildung der serbischen Community in den 1990er Jahren. In: Peter Niederhäuser, Anita Ulrich (Hg.), Fremd in Zürich – fremdes Zürich? Migration, Kultur und Identität im 19. und 20. Jahrhundert (S. 123–133). Zürich: Chronos.
Beham, Mira (1996). Kriegstrommeln. Medien, Krieg und Politik. München: Deutscher Taschenbuch Verlag.
Bešić, Osman (2005). Die «Jugos» in der Schweiz. Imageverlust einer imaginären Nation. Terra cognita, 6 (Frühling), 58–60.
Bischoff, Christine (2006). Die Raser vom Balkan. Bemerkungen zur Inszenierung eines Medienspektakels. Kuckuck, 2 (6), 10–14.
Bischoff, Christine (2010). The Making of Illegality. Strategies of Illegalizing Social Outsiders. In: Christine Bischoff, Francesca Falk, Sylvia Kafehsy (Hg.), Images of Illegalized Immigration. Towards a Critical Iconology of Politics (S. 47–56). Bielefeld: Transcript.
Blick online (2013). Ich fand keine Wohnung, weil ich Jovanović heisse!, 27. Mai 2013, www.blick.ch/news/schweiz/ich-fand-keine-wohnung-weil-ich-jovanovic-heisse-id2316705.html, 8. April 2020.
Facts (2004). Das Jugo-Problem. 10. Juni 2004, www.archiv1864.ch/wp-content/uploads/2016/09/FACTS_10_6_-2004_Das_Jugo_Problem.pdf, 8. April 2020.

Flick, Uwe (2009). Sozialforschung. Methoden und Anwendungen. Ein Überblick für die BA-Studiengänge. Reinbek bei Hamburg: Rowohlt.

Glinka, Hans-Jürgen (2009). Das narrative Interview. Eine Einführung für Sozialpädagogen (3. Auflage). Weinheim: Juventa.

Heine, Thomas Theodor (1908). Die Sitten und Gebräuche der Serben. Simplicissimus, 13 (32) (Spezial-Nummer Balkan), S. 524 f., www.simplicissimus.info, 8. April 2020.

Hösch, Edgar (2008). Geschichte der Balkanländer. Von der Frühzeit bis zur Gegenwart (5., aktualisierte und erweiterte Auflage). München: C. H. Beck.

International Court of Justice (2007). Application of the Convention on the Prevention and Punishment of the Crime of Genocide (Bosnia and Herzegovina v. Serbia and Montenegro). Judgment, I. C. J. Reports. Den Haag, 26. Februar, www.icj-cij.org/files/case-related/91/091-20070226-JUD-01-00-EN.pdf, 14. November 2018.

Jey Aratnam, Ganga (2012). Hochqualifizierte mit Migrationshintergrund. Studie zu möglichen Diskriminierungen auf dem Schweizer Arbeitsmarkt. Basel: Edition gesowip.

Kämpf, Philipp (2008). Die Jugo-Schweiz. Klischees, Provokationen, Visionen. Zürich, Chur: Rüegger.

Lucius-Hoene, Gabriele, Arnulf Deppermann (2002). Rekonstruktion narrativer Identität. Ein Arbeitsbuch zur Analyse narrativer Interviews. Opladen: Leske + Budrich.

Lutz, Hermann (1923). Vorwort. In: Mary Edith Durham, Die Slawische Gefahr. Zwanzig Jahre Balkan-Erinnerungen (S. v–xiiii). Stuttgart: Robert Lutz.

Markusen, Eric, Martin Mennecke (2005). Genocide in Bosnia and Herzegovina. In: Samuel Totten (Hg.), Genocide at the Millennium. A Critical Bibliographic Review (S. 11–29), Genocide, Bd. 5. New Brunswick, London: Transaction.

Mayring, Philipp (2002). Einführung in die qualitative Sozialforschung. Eine Anleitung zum qualitativen Denken. Weinheim, Basel: Beltz.

Mecheril, Paul (2003). Prekäre Verhältnisse. Über natio-ethno-kulturelle (Mehrfach-)Zugehörigkeiten. Münster, New York, München, Berlin: Waxmann.

Mikić, Dejan, Erika Sommer (Hg.) (2003). Als Serbe warst Du plötzlich nichts mehr wert. Serben und Serbinnen in der Schweiz. Zürich: Orell Füssli.

Mikić, Dejan, Erika Sommer (Hg.) (2001). Einblicke. Serbinnen und Serben in der Migration. Zürich: Präsidialdepartement der Stadt Zürich.

Neue Zürcher Zeitung (1995a). Doppelte Moral im Balkankonflikt, Briefe an die NZZ, 28. Juli, S. 15.

Neue Zürcher Zeitung (1995b). Hervorragend inszenierte serbische Propaganda, Briefe an die NZZ, 2. Juni, S. 79.

Pavić, Kathrin (2015). «Da habe ich alles, was Serbisch war, verteufelt». Wie gesellschaftliche Diskurse die natio-ethno-kulturellen Zugehörigkeiten von ethnischen Serbinnen und Serben in der Deutschschweiz beeinflussen. Bern etc.: Peter Lang.

Pavić, Kathrin (2018). Schnittstelle Diskurs und Biographie. Wie gesellschaftliche Diskurse die Lebensgeschichte von serbischen Immigrantinnen und Immigranten beeinflussen. Österreichische Zeitschrift für Geschichtswissenschaften, 29 (3), S. 120–147.

Procter, Nicolas (2000). Serbian Australians in the Shadow of the Balkan War. Aldershot, Burlington, Singapore, Sidney: Ashgate.
Ramsenthaler, Christina (2013). Was ist Qualitative Inhaltsanalyse? In: Martin W. Schnell, Christian Schulz, Harald Kolbe, Christine Dunger (Hg.), Der Patient am Lebensende. Palliative Care und Forschung (S. 23–42). Wiesbaden: Springer Fachmedien.
Rauber, Urs, Rahel Stauber (2000). Ex-Jugoslawen. Das neue Feindbild. Beobachter, 9, 17–29.
Said, Edward (1994). Orientalism. New York: Random House. (Original erschienen 1978)
Schütze, Fritz (1983). Biographieforschung und narratives Interview. Neue Praxis, 13 (3), S. 283–293.
Sundhaussen, Holm (2007). Geschichte Serbiens. 19.–21. Jahrhundert. Wien: Böhlau.
Thompson, Mark (2005). Yugoslavia. In: Dinah L. Shelton (Hg.), Encyclopedia of Genocide and Crimes Against Humanity, Bd. 3 (S. 1169–1177). Detroit: Thomson Gale.
Todorova, Maria (2009). Imagining the Balkans (2. Auflage). Oxford: Oxford University Press. (Original erschienen 1997)
Toprak, Ahmet (2007). Migration und Männlichkeit. Das Selbst- und Fremdbild der türkischen Männer in Deutschland. In: Chantal Munsch, Marion Gemende, Steffi Weber-Unger Rotino (Hg.), Eva ist emanzipiert, Mehmet ist ein Macho (S. 122–135). Weinheim: Juventa.

Zwischen Stigmatisierung und Emanzipation

Bildungserfahrungen von Schweizer Romnija mit exjugoslawischer Herkunft bezüglich ihrer Roma-Zugehörigkeit[1]

Nadine Gautschi

Der vorliegende Beitrag untersucht Bildungserfahrungen junger erwachsener Romnija (weibliche Roma) mit exjugoslawischer Herkunft aus der Schweiz bezüglich ihrer Roma-Zugehörigkeit. Die Ergebnisse aus fünf leitfadengestützten narrativen Interviews zeigen, dass Bildungsinstitutionen von den Romnija überwiegend nicht als sicheres Umfeld erlebt werden und insbesondere nachobligatorische Bildungswege 1. als Emanzipationsprozesse aus genderspezifischen Rollenbildern gelesen werden können, durch die 2. auch das Selbstbild in Bezug auf die Roma-Zugehörigkeit gestärkt wird. Die Ergebnisse deuten auf einen Handlungsbedarf vonseiten der Bildungsinstitutionen hin, der sich auf a) die aktive Unterbindung von Antiziganismus, b) eine Auseinandersetzung mit Rassismus und c) die umsichtige Thematisierung der Geschichte der Roma im Unterricht bezieht.

Einleitung

Die Studie untersucht Bildungserfahrungen von fünf jungen erwachsenen Schweizer Romnija mit exjugoslawischer Herkunft bezüglich ihrer Zugehörigkeit zu den Roma.[2] Der Begriff «Bildungserfahrungen» umfasst nachfolgend Erfahrungen, die im Zusammenhang mit und im Kontext von institutioneller Bildung in der Schweiz gemacht wurden.

---

1 Der Beitrag bezieht sich auf Ergebnisse, die im Rahmen der Masterarbeit der Autorin gewonnen wurden (Gautschi 2019).
2 Wenn hier von Roma die Rede ist, bezieht sich dies auf das Konzept, welches 1971 anlässlich des ersten Welt-Roma-Kongresses in London als gruppenübergreifende Selbstbezeichnung von jenen Gruppen ausgerufen wurde, die bis dahin als «Zigeuner» fremdbezeichnet wurden (Schär/Ziegler 2014). Die Verwendung erfolgt in Abgrenzung zu jenen Gruppen, die sich als «Sinti» und «Jenische» bezeichnen. Innerhalb der Roma besteht eine Vielzahl von Gruppen, die hier im Sinn einer gebräuchlichen sprachlichen Konvention übergreifend als Roma bezeichnet werden. Für diese Untersuchung ist die Selbstbezeichnung der Interviewees als Roma ein entscheidendes Auswahlkriterium.

Ablehnende Haltungen und Vorurteile gegenüber Roma sind in der Gesellschaft nach wie vor weit verbreitet (Scherr 2017a). 24 Prozent der EU-Bürgerinnen und -Bürger geben an, dass sie sich unwohl fühlen würden, wenn sie einen Roma oder Sinti zum Nachbarn hätten (Europäische Kommission 2008), und 34 Prozent geben an, dass es ihnen unangenehm wäre, wenn ihr Kind mit Roma-Kindern zur Schule ginge (European Commission 2012). Europaweit sind Roma die gefährdetste Gruppe bezüglich rassistischer Diskriminierung (EUMC 2006). Die Zugehörigkeit zu den Roma aus Angst vor negativen Konsequenzen und Diskriminierung zu verdecken, scheint eine verbreitete Strategie zu sein (Scherr/Sachs 2017; Hornberg/Brüggemann 2013; Strauss 2011).

Die vorliegende Studie kann einen wichtigen Beitrag dazu leisten zu verstehen, wie Schweizer Roma mit ihrer Zugehörigkeit im öffentlichen Raum umgehen und welche Erfahrungen sie bezüglich Akzeptanz oder Diskriminierung aufgrund ihrer Minderheitenzugehörigkeit[3] oder bezüglich der Unterstützung ihrer Bildungswege machen. Vor dem Hintergrund der historischen und gegenwärtigen Diskriminierung und Ausgrenzung der Roma ist es bedeutsam, mehr darüber zu erfahren, welche Bildungserfahrungen diese Bevölkerungsgruppe im Zusammenhang mit ihrer Zugehörigkeit macht, damit etwa geklärt werden kann, ob Handlungsbedarf vonseiten der Bildungsinstitutionen und entsprechenden Behörden besteht, etwa bezüglich der Überwindung von Diskriminierung und Stereotypen.[4]

Für die Schweiz existieren gegenwärtig keine Studien zu Bildungserfahrungen von Roma. Die vorliegende Studie untersucht diese erstmals. Sie nimmt Romnija und ihre Bildungserfahrungen im Zusammenhang mit ihrer Zugehörigkeit zur Minderheit in den Blick und ist die erste Studie, die sich für Perspektiven und Lebenswirklichkeiten von Roma aus der Schweiz interessisert.

Für den europäischen Kontext existiert gegenwärtig keine verlässliche Datenlage zu Bildungsprozessen bei Roma und Sinti (Scherr/Sachs 2017, 22;

---

3 Wenn hier von den Roma als Minderheit und im Gegenzug von der Mehrheitsgesellschaft im Sinn der Nichtromabevölkerung die Rede ist, soll dies nicht implizieren, dass es sich um jeweils in sich geschlossene, homogene Gruppen handelt. Die beiden Begriffe bezeichnen lediglich die historischen und gegenwärtigen Beziehungen zueinander, die auf der wechselseitigen Selbst- und Fremdwahrnehmung der jeweiligen Angehörigen der Minderheit beziehungsweise Mehrheitsgesellschaft gründen (vgl. Scherr/Sachs 2017, 14).

4 In der Medienmitteilung zur Nichtanerkennung der Roma als nationale Minderheit vom 1. Juni 2018 bekräftigt der Bundesrat sein Engagement und die Verpflichtung der Schweizer Behörden gegenüber den Roma, «Rassismus und negative Stereotype zu bekämpfen und die Roma vor Diskriminierung zu schützen». Nachzulesen unter www.eda.admin.ch/eda/de/home/aktuell/informationen-deseda.html/con tent/eda/de/meta/news/2018/6/1/70977, Juni 2018. Damit ein allfälliger Handlungsbedarf vonseiten der Bildungsinstitutionen und entsprechender Behörden zwingend eingefordert werden könnte, wären mehr Falldaten erforderlich. Die vorliegende Studie kann aufgrund der eingeschränkten Fallzahl erste Indizien liefern.

EUMC 2006).⁵ Für einen Überblick sei hier auf den Sammelband «Die Bildungssituation von Roma in Europa» (Hornberg/Brüggemann 2013) verwiesen, welcher verfügbare empirische Daten zur Bildungssituation von Roma aus europäischen Staaten erörtert und diskutiert. Insgesamt deuten die Daten darauf hin, dass Roma europaweit, wenn auch je nach Staat in unterschiedlichem Mass, stark von Bildungsbenachteiligungen betroffen sind (Hornberg/Brüggemann 2013). Verfügbare Daten aus Deutschland etwa weisen darauf hin, dass der Anteil der Roma ohne Schulabschluss stark erhöht ist im Vergleich zum bundesweiten Durchschnitt und dass eine überproportionale Beschulung von Roma-Kindern in Förderschulen vorliegt (Brüggemann/Hornberg/Jonuz 2013).⁶ Scherr/Sachs (2017) haben Bildungsaufstiege von Sinti und Roma in Deutschland untersucht und erschwerende Bedingungen aufgrund der Minderheitenzugehörigkeit festgestellt. Reimer (2016) rekonstruiert in ihrer Studie Bildungsbiografien von Sinti- und Roma-Frauen aus Deutschland und zeigt, dass die Befragten Diskriminierung durch die Mehrheitsgesellschaft erfahren und darüber hinaus mit familialen Erwartungen bezüglich weiblicher Rollenbilder konfrontiert werden.

Theoretische Rahmung

Einerseits wird die theoretische Konzeption von Agency von Emirbayer und Mische (1998) aufgegriffen. Als Theorie beschäftigt sich Agency damit, wie soziales Handeln zustande kommt, und ermöglicht eine theoretische Perspektive, die Möglichkeiten und Begrenzungen des kreativen und eigensinnigen Umgangs des Subjekts mit sozialen Umständen auslotet (vgl. Scherr 2013; Emirbayer/Mische 1998). Diese Fähigkeit des kreativen und eigensinnigen Handelns trotz widriger Umstände zeichnet die Bildungserfahrungen der hier Befragten unter anderem aus.
Andererseits stellt Diskriminierung für das Verständnis ihrer Bildungserfahrungen eine unhintergehbare Thematik dar. Diskriminierung als Herstellung, Begründung und Rechtfertigung von Ungleichheiten bezüglich Gruppen- und Personenkategorien kann aus unterschiedlichen Ebenen und Perspektiven betrachtet werden und verschiedenste Ausprägungen zeigen (Scherr 2017a, v).

---

5 Dies einerseits, da die ethnische Zugehörigkeit im Rahmen von staatlichen Befragungen in der EU in der Regel nicht erhoben wird (Hornberg/Brüggemann 2013). Andererseits geben sich Roma häufig nicht als solche zu erkennen, was die Datengewinnung erschwert (Hornberg/Brüggemann 2013, S. 7).
6 Inwiefern für die Förderschulung von Roma kulturbezogene Attribuierungen als Legitimationsgründe angewandt werden, ist empirisch nicht untersucht (Brüggemann et. al 2013, 102).

Entsprechend werden verschiedene Analyseebenen berücksichtigt, um die diskriminierungsbezogenen Bildungserfahrungen zu fassen: a) die gesellschaftsstrukturelle Ebene anhand des Etablierten-Aussenseiter-Konzepts nach Elias (1994); darauf aufbauend werden Konzepte von Rassismus beziehungsweise Antiziganismus herangezogen (Arndt 2012; Scherr/El-Mafaalani/Yüksel 2017; Scherr 2017a; 2017b; Koch 2010). b) Vor dem Hintergrund von Goffmans (1963) Stigmatheorie wird die soziale Interaktion zwischen sogenannt Stigmatisierten und Nichtstigmatisierten analysiert, und c) anhand von Konzepten zu institutioneller Diskriminierung wird die Strukturierung diskriminierender Handlungen sichtbar gemacht (Gomolla/Radtke 2009; Gomolla 2017; Hummrich 2017).

Methodisches Vorgehen

Die untersuchte Zielgruppe sind 20- bis 34-jährige Romnija, die ihre Schul- und Ausbildungszeit vollständig oder zum überwiegenden Teil in der Schweiz absolviert haben. Es wurden insgesamt fünf leitfadengestützte narrative Interviews mit Romnija geführt (Emina, Sara, Gabriela, Jasmin, Susanna[7]).
Die Fragen des Leitfadens wurden gestützt auf Hinweise von bereits vorliegenden empirischen Befunden und theoretischen Konzepten zu Diskriminierung entwickelt. Bezeichnend für die Erhebung ist der Umstand, dass es sich um Cross-Cultural-Interviews handelt. Das heisst, dass die Interviewerin und die Interviewees unterschiedliche kulturelle Zugehörigkeiten aufweisen, die hier nebst der Roma-Zugehörigkeit und damit verknüpfter unterschiedlicher sozialer Machtpositionen auch Merkmale wie Migrationshintergrund (Nationalität), teilweise auch *race* (hier im Sinn von Hautfarbe), Religion und den sozioökonomischen Status mit einschliessen, wodurch die Interviews komplexer und anspruchsvoller sind (vgl. dazu Sands/Bourjolly/Roer-Strier 2007). Anzumerken ist, dass das Verhältnis zwischen Roma und Forschenden historisch durch die rassistische «Zigeunerforschung» belastet und vonseiten der Roma teilweise bis heute durch Misstrauen geprägt ist (vgl. Huonker 2001; Scherr/Sachs 2017). Die Kontakte zu den fünf Interviewees wurden mir durch drei sogenannte Gatekeeper (Wolff 2000) vermittelt, wobei sich der Feldzugang teilweise als erheblich erschwert gestaltete.
Das der Studie zugrunde liegende Paradigma beruht auf der Grounded Theory (Strübing 2014). Dazu gehört das Konzept des theoretischen Samplings, wonach die Auswahl der zu erhebenden Daten fortlaufend definiert wird und Daten ausgewählt werden bis zu dem Punkt, an dem zusätzliches Datenmaterial und

---

7 Die Namen der Interviewees sind Pseudonyme.

weitere Analysen zu keiner relevanten Verfeinerung des Wissens mehr beitragen (Strübing 2014, 29, 32). Dass hier eine limitierte Anzahl Interviews geführt wurde, die sich in Abhängigkeit von den persönlichen Kontakten meiner Gatekeeper (vgl. Wolff 2000) ergaben, entspricht nicht dem idealtypischen Prozess des theoretischen Samplings der Grounded Theory. Obwohl im vorliegenden Fall kein theoretisches Sampling im strengen Sinn durchgeführt werden konnte, weisen die Fallanalysen ein weites Spektrum an Bildungserfahrungen auf: Insbesondere die Fälle von Emina und Sara zeichnen sich in zentralen Punkten durch maximale Kontraste aus.

Ergebnisse

Alle fünf Romnija weisen eine exjugoslawische Herkunft auf. Die Ergebnisse zeigen, dass die Bildungserfahrungen sowohl a) im schulischen Kontext und b) in der Familie stattgefunden haben. Zuerst werden hier die zentralen Ergebnisse für das schulische Umfeld dargestellt, anschliessend diejenigen für das familiale Umfeld.

Bildungserfahrungen im schulischen Kontext

Die Möglichkeit, aufgrund der Minderheitenzugehörigkeit in der Öffentlichkeit beziehungsweise durch Dritte diskriminiert und/oder stigmatisiert zu werden, ist bei den Romnija stets präsent (siehe dazu auch Goffman 1963). Die Erfahrungen im schulischen Kontext sind entscheidend davon geprägt, ob die jungen erwachsenen Romnija aus der Schweiz hinsichtlich ihrer Minderheitenzugehörigkeit Akzeptanz oder Diskriminierung erwarteten und erlebten. Deutlich wird, dass die jungen Frauen den Kontext institutioneller Bildung überwiegend nicht als ein sicheres Umfeld für Roma erleben und interpretieren.

Umgang mit der Zugehörigkeit
Die Frage nach dem Umgang mit der Zugehörigkeit im schulischen Umfeld stellt sich für die Befragten unhintergehbar. Grundsätzlich kann Verdeckung der Zugehörigkeit von der offenen Mitteilung unterschieden werden. Das heisst, entweder wird die Roma-Zugehörigkeit (wenn möglich) in der Regel verdeckt (Emina, Gabriela, Jasmin, Susanna), oder offen mitgeteilt (Sara). Emina hätte ihre Zugehörigkeit in der Schule verdecken wollen, sie wurde jedoch gegen ihren Willen bekannt. Verdeckung und offene Mitteilung können als Strategien des Umgangs mit einem Stigma gefasst werden (vgl. dazu auch Goffman 1963). Bei Nachfragen nach der Herkunft verweisen verdeckende Romnija auf ihren Migrationshintergrund, und zwar konkret auf ihre Nationalität. Sie nutzen die-

sen Verweis gezielt als Mittel, um ihre Zugehörigkeit zu den Roma zu verbergen (vgl. dazu auch Scherr/Sachs 2017, S. 73–75).

Antiziganismus
Von erfahrener antiziganistischer Diskriminierung berichten die Befragten in sehr unterschiedlichem Ausmass. Sie umfasst physische Gewalt, soziale Ausgrenzung, Beschimpfung, Konfrontation mit Stereotypen, Distanzierung als Reaktion auf die Zugehörigkeit, Ausweitung der Diskriminierung auf nahestehende Nichtroma, bis hin zur kommunikativen Präsenz antiziganistischer Diskriminierung (Benutzung des Zigeunerbegriffs als Schimpfwort) (Emina, Sara, Gabriela, Jasmin).
In den folgenden zwei Zitaten werden der Gebrauch des Zigeunerbegriffs sowie physische Gewalt thematisiert: «[…] einfach sonst man hört halt jeweils so Kollegen […] zum Beispiel so Hör auf rum zu zigeunern, und so Zeug zum Beispiel […] ja Hör auf rum zu zigeunern scheiss[8] Zigeuner, was läuft mit dir, und da denk ich mir jeweils so *wow* […]» (Gabriela, Abschnitt 47); «Gruppen, zum Beispiel Frauengruppen, eh die auf mich gewartet haben nach der Schule die mich, die mich einfach gemobbt und geschlagen haben und, und mich proviziert haben und mir Zigeuner gesagt haben, einfach immer in diesem Zusammenhang» (Emina, Abschnitt 112).

Spannungen zwischen Roma und Nichtroma aus Exjugoslawien
Die Befragten berichten, dass antiziganistische Diskriminierung vielfach von Peers aus Exjugoslawien ausgeht und befürchtet wird. Die Spannungen zwischen Roma und Nichtroma aus Exjugoslawien in der Schweiz können als eine Form der Konfliktverschleppung zwischen diesen beiden Gruppen gefasst werden und stellen eine bedeutsame Problematik für die befragten Schweizer Romnija exjugoslawischer Herkunft dar.[9]
Nichtroma aus Exjugoslawien werden als «Wissende» dargestellt, die Kenntnis von den Roma als sozialer Gruppe und deren Lebensbedingungen in den Staaten Exjugoslawiens haben, während die Schweizer Mehrheitsgesellschaft als «unwissend» präsentiert wird, die keinerlei Kenntnis über Roma aus Exjugoslawien hat.[10]

---

8 «huere» im Originaltranskript in Schweizer Mundart.
9 Für Hintergründe zur angespannten Situation der Roma im Westlichen Balkan, siehe Milcher (2013); http://zentralrat.sintiundroma.de/roma-in-den-laendern-des-westlichen-balkan, Juli 2019.
10 Davon darf keinesfalls abgeleitet werden, dass eine Selbstoffenbarung gegenüber Nichtexjugoslawinnen und -jugoslawen unproblematisch wäre oder Verdeckung sich erübrigen würde.

Eine dunkle Hautfarbe wird von den Befragten als Indiz für die Roma-Zugehörigkeit beschrieben. Befürchtet und teilweise erlebt wird, dass Verweise auf die Nationalität bei Nachfragen nach der Herkunft aufgrund der dunklen Hautfarbe infrage gestellt und die Roma-Zugehörigkeit bemerkt wird von Peers aus Exjugoslawien. Entsprechend werden diese Nachfragen nach der Herkunft von Romnija mit dunkler Hautfarbe als hochproblematisch erlebt (Emina, Gabriela). Aus Angst vor Aufdeckung wird der Kontakt zu Peers aus Exjugoslawien deshalb teilweise vermieden (Gabriela, Susanna) (vgl. dazu auch Goffman 1963). Eine dunkle Hautfarbe wird in diesem Zusammenhang als zentraler Risikofaktor für Aufdeckung durch Peers aus Exjugoslawien und damit einhergehender befürchteter Diskriminierung präsentiert (Emina, Gabriela, Jasmin, Susanna), während sich eine helle Hautfarbe als Schutzfaktor vor möglicher Identifizierung erweist (Sara).

Indirekte institutionelle Diskriminierung durch die Schule
In den hier untersuchten Fällen haben die Schulen weitgehend nicht (handlungswirksam) zur Überwindung konkreter antiziganistischer Diskriminierung beigetragen: Gespräche, die Eminas Lehrperson aufgrund der massiven verbalen und physischen Diskriminierung mit ihr und den beteiligten Peers führte, verbesserten die Situation nicht; das Thematisieren der Geschichte der Roma im schulischen Unterricht durch die Lehrperson hingegen schätzt Emina als akzeptanzförderlich ein. In den anderen Fällen wurden von den Interviewten keine Massnahmen seitens der Schule angesichts konkreter Diskriminierung genannt und es bleibt unklar, inwiefern diese Diskriminierungen den Schulen überhaupt bekannt waren (Gabriela, Jasmin). Die Unterlassung wirksamer Unterstützung seitens der Schulen zur Überwindung antiziganistischer Diskriminierung kann als Form indirekter institutioneller Diskriminierung gefasst werden (vgl. dazu auch Gomolla/Radtke 2009).

Diskriminierungsbewältigung als Emanzipationsprozesse
Bedeutsam ist vor diesem Hintergrund die Frage, wie die Frauen erfahrene Diskriminierung bewältigen. Die Interviews verweisen sowohl auf persönliche Ressourcen (sich wehren, kognitive Auseinandersetzung mit Antiziganismus, Selbstbehauptung durch Bildungserfolg) als auch auf die Unterstützung signifikanter Anderer (vgl. dazu auch Reimer 2016). Diese Formen der Diskriminierungsbewältigung können als Emanzipationsprozesse aus der sozial zugewiesenen Rolle des Aussenseiters (Elias 1994) begriffen werden, indem sich die Frauen als Akteurinnen wahrnehmen, die sich durch ihre Handlungsfähigkeiten den unterdrückenden Strukturen der Mehrheitsgesellschaft entgegensetzen (vgl. dazu auch Elias 1994; Emirbayer/Mische 1998).

Bildungserfahrungen im familialen Umfeld

In unterschiedlichem Ausmass erleben alle Befragten in ihrer Kernfamilie und/ oder Verwandtschaft und/oder unter Roma ausserhalb ihrer eigenen Familie patriarchale Frauenbilder, welche Frauen auf ihre Rolle als Hausfrau und Mutter beschränken und nachobligatorische Bildung verwehren (vgl. dazu auch Reimer 2016; vgl. dazu auch Scherr/Sachs 2017).[11] In der Analyse zeigt sich ein Zusammenhang zwischen der elterlichen Einstellung zu Bildung und ob bezüglich genderspezifischer Rollenerwartungen Aufweichungen zugunsten nachobligatorischer Bildung toleriert werden oder nicht: Eltern, denen eine nachobligatorische Bildung für ihre Töchter wichtig war und die diese unterstützten, beharrten weniger oder nicht auf diesen Rollenbildern (Sara, Gabriela, Jasmin, Susanna), während Eltern, die keinen Wert auf Bildung legten und sich bezüglich der Bildungsprozesse ihrer Kinder nicht unterstützend zeigten, dieses Rollenverhalten vehement einforderten (Emina).

Bildung als Emanzipation aus Rollenbildern und Stärkung des Selbstbilds
In vier Fällen haben die Befragten im Vergleich zu ihren Müttern höhere Ausbildungsabschlüsse erreicht. Vor diesem Hintergrund können insbesondere die nachobligatorischen Bildungswege der Akteurinnen als Emanzipationsprozesse 1. aus diesen genderspezifischen Rollenbildern gelesen werden, durch die 2. auch das Selbstbild in Bezug auf die Roma-Zugehörigkeit gestärkt wird. In diesen Fällen erleben die Romnija sich als (finanziell) unabhängig (von [zukünftigen] Ehepartnern) (Emina, Sara, Gabriela, Susanna) und können antiziganististische Stereotype bezüglich niederer Bildungserwartungen sich selbst und/oder der Gesellschaft gegenüber als falsch entlarven (Emina, Sara).

Schlussfolgerungen

Es zeigt sich, dass die Überlagerung und Wechselwirkungen von Diskriminierung aufgrund verschiedener Merkmale (Minderheitenzugehörigkeit, Gender) wesentlich sind für das Verständnis der Bildungserfahrungen der Befragten. Deshalb können sie nicht losgelöst voneinander betrachtet werden. Die individuellen Bildungserfahrungen der Frauen vor dem Hintergrund dieser sozialen Machtverhältnisse zu begreifen, erweist sich als unerlässlich (vgl. dazu auch

---

11 Diese Vorstellungen bzgl. weiblicher Rollenbilder müssen vor dem Hintergrund der spezifischen Erfahrungen als Roma aus Exjugoslawien und unter anderem mit der damit zusammenhängenden Ausgrenzung von Bildung eingeordnet werden (vgl. Milcher 2013). Zur Bedeutung der Bildung für Frauen im Hinblick auf die Aufweichung traditioneller weiblicher Rollenbilder, siehe auch Beck und Beck-Gernsheim (1991).

Reimer 2016; vgl. dazu auch aus intersektionaler Perspektive Hill Collins/Bilge 2016).

Zusammenfassend kann festgehalten werden, dass sich die Romnija in zweifacher Hinsicht als Aussenseiterinnen (vgl. Elias 1994) erleben: Das Zusammenspiel der Aspekte Minderheitenzugehörigkeit und Gender prägen die Bildungserfahrungen der hier befragten Romnija entscheidend. Es konnte gezeigt werden, dass diese im schulischen Kontext wesentlich durch Erfahrungen und Erwartungen von Akzeptanz und Diskriminierung strukturiert werden, während sie bezüglich Gender und des damit verknüpften familialen Kontexts von der Einstellung der Eltern bezüglich Bildungsunterstützung geprägt sind. Dennoch führten die hier dokumentierten Diskriminierungserfahrungen nicht zu Entmutigung oder dem Abbruch von Bildungsbemühungen. Entscheidend war, wie die Einzelnen sich mit (persönlicher) Diskriminierung auseinandersetzten und ob und wie es gelingt, Bildungsanstrengungen auch dann aufrechtzuerhalten, wenn dem Antiziganismus begegnet und/oder er befürchtet wird und restriktive weibliche Rollenerwartungen bestehen (vgl. dazu auch Scherr/Sachs 2017). Hier konnte gezeigt werden, dass Emanzipationsprozessen aus diesen Aussenseiterpositionen eine wichtige Bedeutung zukommt: Diese zeigten sich einerseits in den Strategien der Diskriminierungsbewältigung, andererseits erwies sich insbesondere die nachobligatorische Bildung als zentral, da diese mit Loslösungen aus geschlechtsspezifischen Verhältnissen und einer Stärkung des Selbstbildes als Romnija verschränkt sind.

Diese Erkenntnisse sind neu für den schweizerischen Kontext, wo bisher keine Studien zu Bildungserfahrungen von Schweizer Roma vorliegen.

Für zukünftige Studien wären der Migrationshintergrund sowie eine dunkle Hautfarbe (race) als Ausgrenzungsfaktoren (vgl. Hill Collins/Bilge 2016) vertiefter mitzudenken. Inwiefern diese in Wechselwirkungen zu den Faktoren Minderheitenzugehörigkeit und Gender stehen, konnte in dieser Studie nur ansatzweise herausgearbeitet werden.

Auch wenn der Umfang dieser Studie es nicht zulässt, weitreichende, zwingende Folgerungen für die Schule abzuleiten, ergeben sich doch deutliche Indizien für das Bildungssystem, die geprüft werden sollten. Der Umstand, dass die Schulen hier weitgehend nicht (handlungswirksam) zur Überwindung antiziganistischer Diskriminierung beigetragen haben, verweist darauf, dass in Bildungsinstitutionen eine erhöhte Sensibilisierung für die Problematik und ein daran geknüpftes entschlossenes Intervenieren beim Auftreten von antiziganistischer Diskriminierung erfolgen sollten. Kritisch angemerkt werden muss, dass gegenwärtige Lehrpläne und Ausbildungsgänge der Lehrerbildung der Schweiz eine Auseinandersetzung mit Rassismus nicht erzwingen (vgl. Scherrer/Ziegler 2016). Schulze (2016) erachtet die Verankerung der Auseinandersetzung mit

Antiziganismus in der Ausbildung von Lehrpersonen als notwendig, damit diese ihn im schulischen Kontext erkennen und unterbinden können. Eine verschiedentlich geäusserte Forderung für den Bildungsbereich, so etwa vonseiten der Gesellschaft für bedrohte Völker (GfbV), besteht in der Thematisierung der Geschichte der Roma im schulischen Unterricht. Im gegenwärtigen schweizerischen Lehrplan 21 wird die Thematisierung der Geschichte der Roma nicht verlangt. Indizien aus dieser Studie bestätigen, dass eine schulische Thematisierung erwünscht und bedeutsam ist/gewesen wäre für die Betroffenen (Gabriela, Jasmin) beziehungsweise in zwei Fällen als akzeptanzförderlich erlebt wurde (Emina, Sara). In einem Fall (Susanna) wurde umgekehrt ein durch die Thematisierung erhöhtes Risiko für Aufdeckung befürchtet. Im Zusammenhang mit der hier festgestellten Problematik der Konfliktverschleppung zwischen Nichtroma und Roma aus Exjugoslawien in die Schweiz kann gefolgert werden, dass eine sehr umsichtige Thematisierung der Geschichte der Roma im schulischen Unterricht wichtig wäre, um Roma-Schülerinnen und -Schüler vor Blossstellung zu schützen.

Literatur

Arndt, Susan (2012). 101 wichtigste Fragen: Rassismus. München: C. H. Beck.
Beck Ulrich, Elisabeth Beck-Gernsheim (1991). Das ganz normale Chaos der Liebe. Frankfurt am Main: Suhrkamp.
Brüggemann, Christian, Sabine Hornberg, Elizabeta Jonuz (2013). Heterogenität und Benachteiligung – die Bildungssituation von Sinti und Roma in Deutschland. In: Susanne Hornberg, Christian Brüggemann (Hg.), Die Bildungssituation von Roma in Europa (S. 91–120). Münster: Waxmann Verlag.
Elias, Norbert (1994). Introduction: A Theoretical Essay on Established and Outsider Relations. In: Norbert Elias, John L. Scotson, The Established and the Outsiders (S. xv–lii). London: SAGE Publications Ltd.
Emirbayer, Mustafa, Ann Mische (1998). What is Agency? American Journal of Sociology, 103 (4), 962–1023.
EUMC (2006). Roma and Travellers in Public Education. An Overview of the Situation in the EU Member States. Vienna: EUMC.
Europäische Kommission (2008). Diskriminierung in der Europäischen Union. Wahrnehmungen, Erfahrungen und Haltungen. Eurobarometer Spezial 296.
European Commission (2012). Discrimination in the EU in 2012: Report. Special Eurobarometer 393.
Gautschi, Nadine (2019). Zwischen Stigmatisierung und Emanzipation. Bildungserfahrungen junger erwachsener Romnija aus der Schweiz bezüglich ihrer Zugehörigkeit zur sozialen Gruppe der Roma. Eine qualitative Studie. Bern: Soziothek, www.soziothek.ch/zwischen-stigmatisierung-und-emanzipation, 20. Mai 2020.

Goffman, Erving (1963). Stigma. Notes on the Management of Spoiled Identity. Englewood Cliffs: Prentice Hall Inc.
Gomolla, Mechthild (2017). Direkte und indirekte, strukturelle und institutionelle Diskriminierung. In: Albert Scherr, Aladin El-Mafaalani, Gökçen Yüksel (Hg.), Handbuch Diskriminierung (S. 133–156). Wiesbaden: Springer Fachmedien VS.
Gomolla, Mechthild, Frank-Olaf Radtke (2009). Institutionelle Diskriminierung. Die Herstellung ethnischer Differenz in der Schule. Opladen: Leske und Budrich.
Hill Collins, Patricia, Sirma Bilge (2016). Intersectionality. Cambridge: Polity Press.
Hornberg, Sabine, Christian Brüggemann (Hg.) (2013). Die Bildungssituation von Roma in Europa. Münster: Waxmann Verlag.
Hummrich, Merle (2017). Diskriminierung im Erziehungssystem. In: Albert Scherr, Aladin El-Mafaalani, Gökçen Yüksel (Hg.), Handbuch Diskriminierung (S. 337–352). Wiesbaden: Springer Fachmedien VS.
Huonker, Thomas (2001). Roma, Sinti, Jenische. Strukturen, Haltungen, Entwicklungen in der Schweiz vor, während und nach dem 2. Weltkrieg, http://thata.ch/roma_sinti_jenische_strukturen_haltungen_entwicklungen_thomas-huonker_forschungsmandat_schweiz_zweiten_weltkrieg_1998_vollst.pdf, 2. April 2020.
Koch, Ute (2010). Soziale Konstruktion und Diskriminierung von Sinti und Roma. In: Ute Hormel, Albert Scherr (Hg.), Diskriminierung. Grundlagen und Forschungsergebnisse (S. 255–278). Wiesbaden: VS Verlag für Sozialwissenschaften.
Milcher, Susanne (2013). Die soziale Exklusion von Roma in Ost- und Südeuropa. Bildung – Arbeit – Diskriminierung. In: Susanne Hornberg, Christian Brüggemann (Hg.), Die Bildungssituation von Roma in Europa (S. 13–34). Münster: Waxmann Verlag.
Reimer, Julia (2016). Education, Ethnicity and Gender. Educational Biographies of «Roma and Sinti» Women in Germany. European Journal of Social Work, 19 (3–4), 556–569.
Sands, Roberta G., Joretha N. Bourjolly, Dorit Roer-Strier (2007). Crossing Cultural Barriers in Research Interviewing. Qualitative Social Work, 6 (3), 353–372.
Scherr, Albert (2017a). Diskriminierung von Roma und Sinti. In: Albert Scherr, Aladin El-Mafaalani, Gökçen Yüksel (Hg.), Handbuch Diskriminierung (S. 529–543). Wiesbaden: Springer Fachmedien VS.
Scherr, Albert (2017b). Anti-Roma Rassismus. In: Karim Fereidooni, Meral El (Hg.), Rassismuskritik und Widerstandsformen (S. 307–318). Wiesbaden: Springer VS.
Scherr, Albert (2013). Agency – ein Theorie- und Forschungsprogramm für die Soziale Arbeit? In Gunther Grasshoff (Hg.), Adressaten, Nutzer, Agency (S. 229–242). Wiesbaden: Springer VS.
Scherr, Albert, Aladin El-Mafaalani, Gökçen Yüksel (Hg.) (2017). Handbuch Diskriminierung. Wiesbaden: Springer Fachmedien VS.
Scherr, Albert, Lena Sachs (2017). Bildungsbiografien von Sinti und Roma. Erfolgreiche Bildungsverläufe unter schwierigen Bedingungen. Weinheim Basel: Beltz Juventa Verlagsgruppe.
Scherrer, Madeleine, Béatrice Ziegler (2016). Das Wort «Rassismus» fehlt in den Lehrplänen. Interkulturelles Lernen und antirassistische Bildung unter der Lupe. TANGRAM Bulletin der Eidgenössischen Kommission gegen Rassismus EKR, 37, 51–53.

Schulze, Erika (2016). «... und dann heisst es, eure Kinder machen die Inklusion kaputt». Antiziganismus in pädagogischen Handlungsfeldern. In: Wolfram Stender (Hg.), Konstellationen des Antiziganismus. Theoretische Grundlagen, empirische Forschung und Vorschläge für die Praxis (S. 283–300). Wiesbaden: Springer Fachmedien.

Strauss, Daniel (Hg.) (2011). Studie zur aktuellen Bildungssituation deutscher Sinti und Roma. Marburg: I-Verb.de

Strübing, Jörg (2014). Grounded Theory. Zur sozialtheoretischen und epistemologischen Fundierung eines pragmatischen Forschungsstils. Wiesbaden: Springer VS.

Wolff, Stephan (2000). Wege ins Feld und ihre Varianten. In: Uwe Flick, Ernst von Kardorff, Ines Steinke (Hg.), Qualitative Forschung. Ein Handbuch (S. 334–349). Reinbek bei Hamburg: Rowohlt Taschenbuch Verlag.

Teil IV

Geschichtskulturelle Phänomene

Vergeben, aber nicht vergessen

Serbisches Gedenken an die NATO-Bombardierung 1999

Elisa Satjukow

Das ehemalige Verteidigungsministerium der jugoslawischen Armee im Zentrum der serbischen Hauptstadt Belgrad ist ein ungewöhnlicher Tourismusmagnet. 1999 zerstörten Bomben der NATO das Gebäude fast vollständig. Schon bald danach wurden die Überreste des im Volksmund nur *Generalštab* genannten Architekturdenkmals zu einer Ikone der Bombardierung (Davenport 2015; Srđan Milošević 2015). Auch heute noch, 20 Jahre später, steht die Ruine als Symbol für Versehrtheit und Überleben der serbischen Bevölkerung an prominenter Stelle in der Prinz-Miloš-Strasse, unweit vom Bahnhof entfernt. Dass der damalige Minister- und heutige serbische Präsident Aleksandar Vučić die zentrale Gedenkveranstaltung zum 16. Jahrestag der NATO-Bombardierung am 24. März 2015 vor den beleuchteten Trümmern des Generalstabgebäudes abhielt, kann also als ein sehr bewusst gesetztes Zeichen betrachtet werden. Zum ersten Mal seit Ende der Milošević-Ära fand die Erinnerung an die Opfer der NATO-Luftangriffe 1999 derartige öffentliche Aufmerksamkeit. «Wir sind bereit zu vergeben, aber wir werden nie vergessen»[1] (*Obeležavanje 16 godina od početka NATO bombardovanja Srbije*, 2015), verkündete Vučić vor den Augen der Nation. Unter dem Hashtag #24mart verbreitete sich seine Botschaft auch über die sozialen Medien.

Der politische Richtungswechsel in den vergangenen Jahren bedeutete auch einen Paradigmenwechsel im Gedenken an die NATO-Bombardierung. Nach den revolutionären Umbrüchen im Oktober 2000 wurde das Land mehr als zehn Jahre demokratisch regiert und stand für eine Abkehr von der nationalistischen Politik Miloševićs. Mit Aleksandar Vučić und seiner Serbischen Fortschrittspartei kehrte nicht nur eine prominente Figur der Neunzigerjahre auf die politische Bühne zurück, sondern auch die Sprache und gedenkpolitische Praxis jener Zeit. Der 24. März als Jahrestag der Bombardierung stellt nicht zuletzt deshalb einen zentralen *lieu de mémoire* der jüngeren serbischen Vergangenheit dar (Fridman/Rácz 2016), weil die Bombenangriffe die einzige militärische Aus-

---

[1] Wenn nicht anders gekennzeichnet, handelt es sich um eigene Übersetzungen aus dem serbischen Original.

einandersetzung auf (heutigem) serbischem Territorium im Verlauf der Jugoslawienkriege waren. Das Bedürfnis, über diese Erfahrungen zu sprechen, ist Jelena Obradović-Wochnik zufolge nach wie vor stark, wenngleich oft nur ein diffuses Wissen über die Gründe für die Bombardierung und deren Zusammenhang mit dem Krieg in Kosovo besteht (Obradović-Wochnik 2013, 174). Doch nicht nur für diejenigen, die sich selbst den Luftanschlägen ausgesetzt sahen, stellt die Bombardierung einen wichtigen Bezugspunkt dar: Auch für die serbische Diaspora war, wie Birgit Bock-Luna betont, die NATO-Intervention «das zentrale Ereignis der 90er Jahre» (Bock-Luna 2007, 196; vgl. auch Rácz 2016). Bis heute begleiten ambivalente Gefühle die Erinnerung an die Bombardierung: Furcht und Wut kommen darin genauso vor wie Nostalgie und Humor (Orli Fridman 2016; Satjukow 2016). Dieser emotionalen Gemengelage gegenüber stand das staatliche Bemühen, ein kollektives politisches Gedächtnis der NATO-Bombardierung zu etablieren. Die offiziellen Gedenkfeiern und -rituale stehen geradezu sinnbildlich für dieses Spannungsverhältnis.

Der vorliegende Artikel zeichnet nach, welche gedenkpolitischen Zäsuren der offizielle Umgang mit der NATO-Bombardierung in den vergangenen 20 Jahren erfahren hat. Dafür untersuche ich Manifestationen der Erinnerung an die NATO-Bombardierung in Form staatlicher Gedenkfeiern und anderer wirkmächtiger Erinnerungsinitiativen.[2] Folgende Fragen stehen im Zentrum: Welche Kontinuitäten lassen sich in Bezug auf die (performative) Praxis und Rhetorik der Gedenkveranstaltungen aufzeigen? Wo finden sich Brüche? Welche alternativen Gedenkpraktiken haben sich herausgebildet und in welchem Spannungsfeld stehen diese zu den staatlichen, «hegemonialen Erinnerungsdiskursen» (Fridman 2015, 213)?

Hierbei knüpfe ich an die Überlegungen von Orli Fridman an, die in ihren Forschungen zum Antikriegsaktivismus in Serbien seit den Neunzigerjahren zwischen nationalen und alternativen Erinnerungspraktiken unterscheidet (Fridman 2015). Ausgehend von Eviatar Zerubavels Analyse von Kalendern als Orten der

---

2 Der vorliegende Artikel beruht auf den Forschungen meiner Dissertation unter dem Titel «Die andere Seite der Intervention. Eine serbische Erfahrungsgeschichte der NATO-Bombardierung 1999» an der Universität Leipzig. Eine veränderte und gekürzte Version zum selben Thema wurde 2018 als *ZOiS-Spotlight* veröffentlicht (vgl. Satjukow 2018). Im Zentrum meiner Untersuchung standen die folgenden serbische Print- und Onlinemedien im Zeitraum von 1999 bis 2019: *Politika*, *Večernje Novosti*, *Blic*, *Danas* und *NIN*. Mein Augenmerk lag dabei auf den Berichten zum Gedenktag am 24. März. Bis auf das wöchentlich erscheinende Nachrichtenmagazin *NIN* handelt es sich bei allen anderen Medien um Tageszeitungen, wobei *Politika*, *NIN* und *Večernje Novosti* eher konservativ einzuschätzen sind, *Danas* sich als kritisches, linkes Blatt versteht und *Blic* zur Boulevardpresse zu zählen ist. Die ausgewählten Medien konnten über den Untersuchungszeitraum unter sehr unterschiedlichen Bedingungen erscheinen, weshalb eine medienkritische Reflexion den Rahmen überschreiten würde.

sozialen Organisation des nationalen Gedächtnisses (Zerubavel 2003), konstatiert Fridman parallel zur Entstehung eines neuen nationalen Kalenders in Serbien nach dem Zusammenbruch Jugoslawiens auch die Entwicklung dessen, was sie den «alternativen Kalender» beziehungsweise alternative Gedenkrituale nennt. Während staatliche Gedenkfeiern und Kranzniederlegungen von politischen Vertreterinnen und Vertretern als Markierungen symbolträchtiger Jahrestage im nationalen Kalender verstanden werden können, wird das alternative Gedenken in erster Linie von NGOs und anderen zivilgesellschaftlichen Initiativen praktiziert. Diese rücken oftmals gerade jene Ereignisse ins Blickfeld, die von staatlicher Seite bewusst «vergessen» oder ignoriert werden.

Überblicksartig zeichne ich zur Beantwortung der oben genannten Fragen zunächst die Entstehung des zentralen gedenkpolitischen Narrativs eines «serbischen Verteidigungskampfes gegen die NATO-Aggression» unter Milošević nach. In einem nächsten Schritt skizziere ich die drei Phasen erinnerungskultureller Aufarbeitung der NATO-Bombardierung: Der Fokus liegt zunächst auf dem ersten Jahrestag der Bombardierung am 24. März 2000 als «Erfindung» des serbischen Erinnerungsortes der NATO-Intervention. Daran anschliessend war die lange Periode der demokratischen Regierung nach dem politischen Wechsel 2000 nicht zuletzt durch eine Erinnerungsaporie bestimmt, die zwar zu keiner eigenen konsensfähigen Form fand, jedoch das Gedenken an die Bombardierung stark in den Hintergrund treten liess. 2014 markiert schliesslich eine weitere Zäsur, die nicht nur gekennzeichnet war durch die Rückkehr nationalistischer Kräfte unter Aleksandar Vučić, sondern damit einhergehend auch durch eine Renaissance der Erinnerung an die NATO-Intervention als moderner Kosovomythos.

Die Entstehung des gedenkpolitischen Narrativs der «Verteidigung gegen die NATO-Aggression» unter Milošević

Die am 24. März 1999 beginnende militärische *Operation Allied Force* gegen die damalige Bundesrepublik Jugoslawien war als kurze Intervention geplant mit dem Ziel, die Bevölkerung gegen den Machthaber Slobodan Milošević zu mobilisieren und somit den Rückzug serbischer Truppen aus Kosovo zu erzwingen. Aufgrund eines Vetos Russlands im Weltsicherheitsrat führte die NATO den Einsatz ohne ein UN-Mandat durch. Dieser entwickelte sich zu einem 78-tägigen Luftkrieg mit ambivalentem Ausgang. Statt einen Waffenstillstand zu schliessen, mobilisierte Milošević zunächst alle vorhandenen militärischen Kräfte zum «Verteidigungskampf» gegen NATO und UÇK. In der Folge vertrieben serbische Streitkräfte und Paramilitärs Hunderttausende kosovo-albanische

Zivilistinnen und Zivilisten, Tausende wurden ermordet (Bieber/Daskalovski 2003; Independent International Commission on Kosovo 2000; Judah 2002; Petritsch/Kaser/Pichler 1999).
Die nichtkombattante Bevölkerung in Serbien war, anders als die Menschen in Kosovo, keinem Bodenkrieg ausgesetzt. Dennoch gab es auch auf serbischer Seite zahlreiche zivile Opfer durch die NATO-Angriffe.[3] Zudem waren Hausdurchsuchungen, Inhaftierungen, Mobilisierungen und Repressionen, Zensur und Propaganda im ausgerufenen Kriegszustand an der Tagesordnung (Blagojević 2003; Knightley 2004, 507–513). Davon betroffen waren insbesondere die unabhängigen Medien und das sogenannte «Andere Serbien»[4] (Mehler 2015; Russell-Omaljev 2016; Satjukow 2017), dessen Vertreterinnen und Vertreter sich seit Oktober 1998 durch eine Reihe neuer Gesetzgebungen und Erlasse gleich zwei machtvollen Instanzen ausgesetzt sahen: «NATO planes in the sky, Milošević on the ground!» (Jakžić 1999). Der Kriegszustand stärkte in jeder Hinsicht Miloševićs schwindende Machtposition (Kazimir 2001). Die Regierung wusste die Situation für ihre propagandistischen Zwecke zu nutzen: Während die ethnischen Säuberungen gegen die kosovo-albanische Zivilbevölkerung allenfalls als «westliche Propagandalüge» in den nationalen Medien Erwähnung fanden, knüpfte das Deutungsnarrativ des serbischen Opfervolkes an ein Jahrzehnt der Kriegspropaganda unter Milošević an, in dem der Kosovomythos zum Ausgangspunkt für eine nationalistische Expansionspolitik wurde (Bieber 2005; Polonyi 2010). Deutlich zeigte sich dieses Opferbild im Symbol der stilisierten Zielscheibe mit dem Aufdruck «TARGET» als Metapher für die serbische Gesellschaft als «Kollateralschaden»[5] der Bombardierung (Milisavljević 1999).
Das Regime schuf zahlreiche Angebote, bei denen die Propagierung der serbischen Nation als Opfergemeinschaft im Vordergrund stand. Von besonderer medialer Wirkung waren die täglichen sogenannten Antikriegskonzerte. Hier trafen sich unter dem Motto «Das Lied hat uns aufrecht gehalten» serbische Turbo-

---

3 Statistiken des Humanitarian Law Center zufolge kamen, wie ich an späterer Stelle noch diskutieren werde, 758 jugoslawische Staatsangehörige durch NATO-Bomben zu Tode. Die NATO flog insgesamt über 40 000 Einsätze, bombardierte dabei mehr als 900 Ziele, viele davon mehrfach. Diese sogenannten *military objectives* stellten hauptsächlich Militär- und Transportinfrastruktur dar, mit dem Andauern des Einsatzes wurden jedoch auch verstärkt Versorgungs- und Kommunikationsinfrastruktur beschossen (Amnesty International 2000).

4 Der Begriff des «Anderen Serbien» wird meist synonym für Intellektuelle und politische Aktivistinnen und Aktivisten verwendet, die sich – vor allem in den Neunzigerjahren – für ein demokratisches und pluralistisches Serbien einsetzten (Russell-Omaljev 2016, 2).

5 «Kollateralschaden» («collateral damage») bezeichnet einen militärischen Fachbegriff, worunter in der räumlichen Umgebung eines Ziels entstehende, an sich unbeabsichtigte oder eventuell «in Kauf genommene» Schäden aller Art verstanden werden. Der Begriff wurde 1999 seitens der NATO für die durch die Angriffe verursachten zivilen Opfer verwendet und rief insbesondere bei Menschenrechtsorganisationen starke Kritik hervor (Amnesty International 2000).

folkstars wie Ceca und Lepa Brena auf der Bühne (Atanasovski 2016), während die Regierung für die Abende zur «Verteidigung der Brücken» (M. L. 1999, 22; Tanjug 1999, 21) aufrief. Im Belgrader Fernsehsehstudio wiederholte der serbische Kriegsverbrecher Arkan[6] derweil offen, was auch das Regime der Bevölkerung Tag für Tag einbläute: Für die Heimat zu kämpfen, sei das grösste Recht, die grösste Verpflichtung und das grösste Interesse des Volkes (Flottau 1999). Heldinnen und Helden, so wurden die Zeitungen nicht müde zu betonen, waren nicht nur diejenigen, die in Kosovo den «heroischen Kampf für die Verteidigung der Freiheit, Unabhängigkeit und Integrität der Bundesrepublik Jugoslawien führten» (O. V. 1999a, 1), sondern auch all diejenigen, die tagsüber die Plätze und nachts die Brücken des Landes mit ihren Körpern schützten und damit «Mut, Patriotismus und ihre Liebe fürs Vaterland» (O. V. 1999b, 13) unter Beweis stellten. Dass grosse Teile der Bevölkerung nicht bereit waren, ihr oder das Leben ihrer Nächsten für die serbische Sache zu opfern, zeigen die hohen Zahlen an Kriegsdienstverweigerern[7] (Bilić 2012, 161–178; Orli Fridman 2006, 206–253) sowie die Proteste von Eltern und Verwandten der in Kosovo stationierten Soldaten, die mit dem Andauern der Bombardierung zahlreicher wurden (Bieber 2009, 468).

Am 9. Juni 1999 besiegelte schliesslich das Waffenstillstandsabkommen von Kumanovo das Ende der Kämpfe zwischen serbischen Streitkräften und kosovoalbanischen Paramilitärs. Es beendete auch die NATO-Luftangriffe auf die Bundesrepublik Jugoslawien. Slobodan Milošević dankte in seiner Rede zum Kriegsende dem serbischen Volk, das – «vom Kleinkind bis zum Soldaten» – 78 Tage lang die «Freiheit und Würde seines Vaterlandes» verteidigt habe: Als Heldinnen und Helden würden sie aus diesem Krieg hervorgehen, gemeinsam ihr Land wiederaufbauen und mit vereinter Kraft in eine neue Zukunft schreiten (Slobodan Milošević 1999). Doch was war der Preis dafür? Der Krieg hatte das Land politisch isoliert und wirtschaftlich ruiniert. Zahlreiche Menschen wurden arbeitslos, weil Fabriken und Unternehmen zerstört oder bankrott waren. Durch die Sanktionen konnten seit Monaten die Renten und Gehälter nicht oder nur unregelmässig gezahlt werden. Hinzu kam eine enorme Flüchtlingswelle von Serbinnen und Serben aus Kosovo, die vor den Racheakten der UÇK flohen. Dennoch verkündete Milošević in der Pose des Siegers: «Wir haben Kosovo nicht hergegeben.» (Ebd.)

6 Arkan, der mit bürgerlichem Namen Željko Ražnatović hiess, war mit kriminellen Machenschaften im In- und Ausland reich geworden und als paramilitärischer Anführer im Bosnienkrieg wegen Völkermord und Vertreibung vor dem Internationalen Gerichtshof in Den Haag angeklagt. Bevor es jedoch zu einer Verurteilung kommen konnte, wurde er am 15. Januar 2000 in Belgrad erschossen. Arkan war mit der bekannten serbischen Turbofolksängerin Ceca verheiratet.

7 Die Mobilisierung galt allen wehrpflichtigen männlichen Bürgern der Bundesrepublik Jugoslawien zwischen 18 und 60 Jahren.

Die Erfindung der «NATO-Aggression» als serbischer Erinnerungsort

Der erste Jahrestag der Bombardierung, und gleichzeitig der letzte unter Milošević's politischer Weisung, stellte in jeder Hinsicht eine Fortführung der im Jahr zuvor begründeten gedenkpolitischen Narrative dar: Erneut gingen Heroismus und Opferschaft Hand in Hand mit der Dämonisierung des Westens und dem Verschweigen eigener Verbrechen.
Die zentrale Gedenkveranstaltung fand jedoch nicht in Belgrad statt, da das staatlich errichtete Denkmal für die Opfer der NATO-Bombardierung am Ufer der Save nicht pünktlich fertiggestellt werden konnte (vgl. Bădescu 2016, 505–507; Lavrence 2007), sondern am «Denkmal des unbekannten Soldaten» auf dem Berg Avala südlich der Hauptstadt. Nicht nur das von dem berühmten jugoslawischen Bildhauer Ivan Meštrovic umgesetzte Ehrenmal für die Gefallenen des Ersten Weltkriegs war ein zentraler Gedenkort Jugoslawiens von immenser symbolischer Bedeutung (Ignjatović 2010), sondern auch der Berg Avala selbst. Dort wurde am 29. April 1999 der markante Fernsehturm durch einen Luftangriff zerstört und erst zehn Jahre später wieder aufgebaut. Am Vortag des Jahrestags der Bombardierung legte Milošević am «Denkmal des unbekannten Helden» einen Kranz sowie ein Gedenkbuch nieder, in dem er «den Helden des Vaterlandes» dankte, die «gefallen sind für die Verteidigung der Freiheit und der Würde des Volkes und Landes vorm neuen Faschismus» (O. V. 2000). Deutlich stellte Milošević hier eine Kontinuität zu vergangenen Kriegen her: Verteidigte sich das Land im Zweiten Weltkrieg gegen den Hitler-Faschismus, so war die NATO-Bombardierung, so wurden die serbischen Medien nicht müde zu betonen, nichts anderes als der von den USA angeführte Faschismus der «Neuen Weltordnung» (Bieber 2005; Obradović-Wochnik 2013). Erneut führte Jugoslawien «nur» einen Verteidigungskampf als Reaktion auf die «NATO-Aggression», deren Gründe und Folgen in der Berichterstattung zumeist unerwähnt blieben.
Diesem Narrativ folgten auch die meisten anderen Erinnerungsinitiativen des ersten Jahrestages: Angefangen von einer zentralen Stunde des Gedenkens in allen serbischen Schulen an die «verbrecherische Bombardierung Jugoslawiens und die heldenhafte Verteidigung des Landes vor den NATO-Aggressoren» über Konzerte auf zentralen Plätzen überall im Land in Erinnerung an die «Antikriegskonzerte» und gefolgt von einer Reihe kultureller Veranstaltungen wie Filmvorführungen, Ausstellungseröffnungen oder Buchvorstellungen zum Thema. Zahlreiche Kranzniederlegungen an Orten der Zerstörung und an den Gräbern der Verstorbenen sowie Gedenkgottesdienste stellten zudem die Erinnerung an die Opfer der Bombardierung ins Zentrum.
Erstmals nach Ende des Krieges war auch ein öffentliches Gedenken abseits staatlicher Narrative wieder möglich (Satjukow 2017). Das zeigte nicht zuletzt

die öffentliche Präsenz der Widerstandsbewegung Otpor, die unter der Losung «Gotov je!» («Er ist fertig!») Miloševićs Sturz im Oktober 2000 wenige Monate später entscheidend antreiben sollte (Bieber 2009; Bujošević/Radovanović 2003). Mit einer landesweiten Kampagne und zahlreichen lokalen Protestaktionen persiflierte das Bündnis die Staatspropaganda zum 24. März 2000. Unter dem Slogan «Und wir leben» rief Milošević in der zentralserbischen Kleinstadt Kragujevac zu einem Gedenkkonzert auf. Otpor plakatierte daraufhin: «10 000 sind tot, aber er lebt» und «4 000 000 hungern, aber er lebt». Auch die Gewerkschaften schlossen sich dem Protest an. In Belgrad gelang es, Tausende unter dem Motto «Gegen die NATO, gegen die Sanktionen» zu mobilisieren, um für ein Ende der Sanktionen und eine regelmässige Zahlung von Renten und Gehältern zu demonstrieren (S. L. 2000). Anders als 1999 wurde über diese und viele andere Protestaktionen auch in den zentralen Medien berichtet. Der Staat ging dennoch gegen die Demonstrantinnen und Demonstranten mit gewohnter Härte vor und so kam es vor allem unter den Widerständigen der Otpor-Bewegung zu zahlreichen Verhaftungen (E. B. 2000).

Die Erinnerung an die «NATO-Bombardierung» unter demokratischen Vorzeichen

Der 5. Oktober 2000 markierte das Ende der Ära Milošević. Seine Überstellung an den Internationalen Gerichtshof für das ehemalige Jugoslawien nach Den Haag ein Jahr später steht für den Beginn einer bis heute ambivalenten gesellschaftlichen Auseinandersetzung mit serbischen Kriegsverbrechen der Neunzigerjahre (Gordy 2013, 30–45). Während die Aussicht, Milošević abzusetzen, noch integrierende Wirkung hatte, zerfiel das Land im Anschluss in Richtungsstreitigkeiten. Wo lag Serbiens Zukunft? Während der Premierminister und Vorsitzende der Demokratischen Partei (DS) Zoran Đinđić, der am 12. März 2003 einem Attentat durch vormalige Milošević-Kader zum Opfer fiel, für radikale Reformen und einen Europäisierungskurs des Landes stand, beschrieb der serbische Präsident und Anführer des Koalitionspartners DSS (Demokratische Partei Serbiens, Splitterpartei der DS) Vojislav Koštunica sich selbst als Nationalisten. Die Frage danach, wie das Land sich unter Đinđić hätte entwickeln können, beschäftigt noch heute viele liberale Kräfte im Land, weshalb die Erinnerung an den «serbischen Kennedy» (Greenberg 2006) in den vergangenen Jahren eine starke Renaissance erlebte. Während Koštunica, der von 2001 bis 2004 Präsident und von 2005 bis 2008 Premierminister war, einen ambivalenten Kurs in der Erinnerungspolitik verfolgte, «changing his stance […] from one that was anti-Milošević and moderately pro-Western to one of a nationalist and

Abb. 1: *Denkmal «Warum?»*, Archiv: Elisa Satjukow (2012).

extreme anti-NATO orientation» (Mandić 2016, 469), setzte sich der ebenfalls demokratische Politiker Boris Tadić, der 2004 die Präsidentschaft übernahm, für die Strafverfolgung serbischer Kriegsverbrechen, eine Politik der nachbarschaftlichen Versöhnung im ehemaligen Jugoslawien und Annäherung an die EU ein. Dies zeigte sich auch im gedenkpolitischen Umgang mit der NATO-Bombardierung. So verschwand beispielsweise der Begriff der «Aggression» in dieser Zeit weitestgehend aus der politischen Sprache und wurde durch den neutraleren Begriff «NATO bombardovanje», NATO-Bombardierung, ersetzt. Auch die Berichterstattung in den Medien war stark reduziert: So umfasste der 5. und 10. Jahrestag der Bombardierung noch ausführliche Reportagen, in anderen Jahren jedoch verschwand das Ereignis von den Titelseiten und die Berichte beinhalteten oft nur wenige Zeilen. Der 24. März war weiterhin der zentrale Gedenktag, an dem Gedenkgottesdienste und Kranzniederlegungen stattfanden, je-

Abb. 2: *Denkmal «Wir waren nur Kinder»*, Archiv: Elisa Satjukow (2012).

doch blieb er in der Reichweite und Öffentlichkeitswirksamkeit weit zurück im Vergleich zur Milošević-Zeit. Die zentrale Gedenkveranstaltung wurde in jenen Jahren von der serbisch-orthodoxen Kirche in der St.-Marko-Kirche in Belgrad organisiert, wo Koštunica – anders als Đinđić, der laut Marija Mandic niemals eine offizielle Erklärung zum 24. März abgegeben hatte (Mandić 2016, 468) – regelmässig teilnahm und seine politischen Botschaften teilte. Der Tašmajdan-Park in Belgrad diente während der gesamten Zeit der demokratischen Regierung als Hauptschauplatz des offiziellen Gedenkens an die NATO-Bombardierung. Hier lagen drei zentrale Erinnerungsorte nur einen Steinwurf auseinander: die Ruine des bombardierten serbischen Fernsehsenders RTS, das davorliegende Denkmal mit der Inschrift «Warum?» für die getöteten Mitarbeiterinnen und Mitarbeiter des Senders (Abb. 1) sowie das Denkmal für die in den Luftangriffen ums Leben gekommenen Kinder (Abb. 2).

Während der Regimewechsel von 2000 zu einer Politik der Annäherung an den Westen und damit zu einer eher zurückhaltenden Erinnerungspolitik in Hinblick auf die Verurteilung der NATO-Angriffe führte, setzten die ehemals herrschenden nationalistischen Kräfte ihren Erinnerungskurs von da an aus den Reihen der Opposition fort. Im ersten Jahr der neuen Regierung rief der heutige serbische Aussenminister und einstige Sprecher der Milošević-Regierung Ivica Dačić unter dem Motto «Damit es nicht vergessen wird, damit es sich nicht wiederholt» zu einer nationalistischen Demonstration auf dem Belgrader Platz der Republik auf (O. V. 2001, 12). Nationalistische und rechte Gruppierungen nahmen auch in der Folge den 24. März immer wieder als Anlass, um antieuropäische und NATO-kritische Botschaften unter die Bevölkerung zu bringen. So beispielsweise auch zum 10. Jahrestag der Bombardierung 2009, als rechtsradikale Parteien zu einer Grossdemonstration auf dem Belgrader Platz der Republik aufriefen, oder am 24. März 2012, an dem die rechte Jugendbewegung «1389» zu einer Gedenkveranstaltung am Denkmal für die Opfer der NATO-Bombardierung in Belgrad mobilisierte: Zu diesen Anlässen wurden zumeist öffentlich EU-Flaggen verbrannt und «Kosovo je Srbija» («Kosovo ist Serbien») skandiert.

Die Kosovofrage bestimmte insbesondere in den 2000er-Jahren die offiziellen Gedenkpraktiken. Als es 2004 zu gewaltsamen Ausschreitungen in Kosovo kam,[8] rückte auch die politische Dimension des Gedenkens an die NATO-Bombardierung wieder stärker in den Fokus: So nutzte Boris Tadić den 5. Jahrestag am 24. März 2004, um ein Friedenszeichen zu setzen. Bei der Kranzniederlegung in der Umgebung von Preševo, wo 1999 zahlreiche Angehörige der jugoslawischen Armee ums Leben kamen, betonte er, dass die Regierung sich für eine friedliche Lösung für die Konflikte zwischen Serbinnen und Serben, Albanerinnen und Albanern in Kosovo einsetzen werde und sich 1999 auf keinen Fall wiederholen dürfe (Stevanović 2004). Auch nach der Unabhängigkeitserklärung Kosovos 2008, die in Serbien zu schweren Unruhen führte, hielt die Regierung an dieser Marschrichtung fest, wenngleich Tadić betonte, dass Serbien Kosovo niemals als eigenständiges Land anerkennen werde (O. V. 2009, 1). Hier drückte sich bereits eine mitunter stark ambivalente Erinnerungsstrategie aus, die einerseits auf Anteilnahme und Annäherung setzte, andererseits auch nicht abrückte von zentralen politischen Prämissen, wozu die Zugehörigkeit Kosovos zu Serbien bis heute zählt.

---

8 Die Kosovo-Ausschreitungen begannen am 17. März 2004. Über eine Dauer von zwei bis drei Tagen kam es zu pogromartigen Übergriffen vornehmlich gegenüber Gemeinschaften und Enklaven der kosovoserbischen Minderheit. Bei diesen ethnisch motivierten Angriffen und den resultierenden Flüchtlingsbewegungen handelte es sich um die schwersten ihrer Art nach Ende des Kosovokrieges.

Die Wiederentdeckung der «NATO-Aggression» als moderner Kosovomythos

Bei den Parlamentswahlen in Serbien von 2014 erhielt die Serbische Fortschrittspartei unter Aleksandar Vučić die absolute Mehrheit. Erstmals seit 1992 wurde das Land von einer Partei allein regiert und die seit 2000 regierende Demokratische Partei sass nicht mehr im Parlament. Der politische Richtungswechsel machte sich auch gedenkpolitisch bemerkbar. Der 16. Jahrestag der NATO-Bombardierung am 24. März 2015 rückte die Erinnerung an die Bombardierung mit einer zentralen Gedenkveranstaltung vor der ausgeleuchteten Ruine des zerstörten ehemaligen Verteidigungsministeriums erneut ins Zentrum der öffentlichen Aufmerksamkeit: «Wir haben der Welt 78 Tage lang gezeigt, wie dickköpfig unser kleines Land sein kann und wie tapfer» (*Obeležavanje 16 godina od početka NATO bombardovanja Srbije*, 2015), erklärte Vučić den anwesenden Gästen – darunter die gesamte Parteispitze sowie der Präsident der Republika Srpska Milorad Dodik. Seine Rede wurde gerahmt von einem multimedialen Gedenkakt, der exakt um 19.58 Uhr begann – also um jene Uhrzeit, zu der 1999 die Luftangriffe starteten. Die Zuschauerinnen und Zuschauer vor Ort und vor den Fernsehern sahen zunächst Bilder der Bombardierung, untermalt vom Klang der Sirenen. Schliesslich stimmte eine Mädchenstimme die serbische Nationalhymne an, ein Kinderchor schloss sich ihr wenig später an. Ein historisches Theaterstück folgte, in dem die Opfer der Bombardierung als durch Schauspielerinnen und Schauspieler verkörperte «Geister» wieder auflebten und erzählten, was aus ihrem Leben geworden wäre, wenn sie 1999 nicht durch Bomben getötet worden wären. Zu ihnen gehörte auch Milica Rakić. Das dreijährige Mädchen, das am Abend des 17. April 1999 im Belgrader Stadtteil Batajnica durch einen Granatsplitter getötet wurde, galt als Inbegriff des «Kollateralschadens». Die serbischen Medien stilisierten das Kind 1999 zum «Symbol für alle unschuldigen Opfer der NATO-Aggression» (B. B. 1999, 23). Es war auch Milica, die als Büste am Denkmal für die in der NATO-Bombardierung gestorbenen Kinder im Belgrader Tašmajdan-Park zu sehen war.[9]

Die Rückkehr Milicas auf die Bühne der politischen Erinnerung ist nur ein Indiz dafür, wie Emotionen in der Inszenierung des Gedenkens gezielt eingesetzt wurden, um die Bombardierung erneut mit allen Sinnen «erfahrbar» zu machen: die Dunkelheit, die Sirenen, die schemenhaften Umrisse des zerbombten Generalstabsgebäudes, das Wiederauflebenlassen der Toten – dies alles diente der Reaktivierung einer bereits bekannten Gefühlsordnung aus Trauer, Angst und Wut.

---

9 Wenngleich die Büste bereits kurz nach der Eröffnung des Denkmals entwendet und erst 2015 wieder erneuert wurde.

Aleksandar Vučićs Rede machte deutlich, welchen gedenkpolitischen Kurs die neue Regierung vertrat: Wie ein Phönix habe sich Serbien aus der Asche der NATO-Trümmer erhoben und würde nun unter seiner Führung zu alter Stärke zurückfinden. 2016 anlässlich der Gedenkfeier in Varvarin[10] schlug Vučić einen ähnlichen Ton an: «17 Jahre später wollen wir stolz zu allen sagen – mit trauriger Stimme, aber klar und deutlich – ihr habt uns getötet, ihr habt unsere Kinder getötet, aber Serbien habt ihr nicht getötet, weil Serbien kann niemand töten» (Nikolić 2016). Die Grdelica-Brücke (Gedenkfeier 2017) und Aleksinac (Gedenkfeier 2018) stellten ebenso wie Vavarin nicht nur Orte der Zerstörung und zahlreicher ziviler Opfer der NATO-Bombardierung dar, sondern waren und sind wichtige Zentren des Vučić-Wahlvolks.

Zum 20. Jahrestag der Bombardierung schliesslich kehrte das Gedenken gewissermassen in das Zentrum der damaligen Angriffe zurück: in die südserbische Stadt Niš, die durch ihre Nähe zu Kosovo und ihre militärischen Infrastrukturen eines der am stärksten bombardierten Ziele der NATO-Angriffe 1999 wurde. Die Inszenierung des staatlichen Gedenkens erinnerte auch dort in vielerlei Hinsicht an den «Auftakt» des neuen, von Vučić initiierten Erinnerungsdiktums von 2016 in Belgrad: Erneut sammelte sich die Staatselite – wie auch zuvor unterstützt durch Dodik – im Abendgrauen.

Doch nicht nur die Kulissen der Gedenkzeremonien von 2015 und 2019 ähnelten sich: Die Feierlichkeiten wurden zur besten Sendezeit im Fernsehen übertragen und wiesen in ihrem dramaturgischen Aufbau starke Parallelen auf. Beginnend mit einem Kinderchor und der serbischen Nationalhymne begleitete auch die Veranstaltung 2019 ein Geschichtstheater. Wieder stand ein kleines Mädchen – dieses Mal mit einer Puppe im Arm – auf der Bühne, während ihre Mutter von den Leiden der Bombennächte berichtete. Auch Vučićs Rede ähnelte in Wortwahl und Botschaft stark den vorangegangenen: Die Betonung lag erneut auf der Stärke Serbiens und der Bereitschaft zu vergeben, aber nie zu vergessen. Wieder wurde Kosovo mit keinem Wort erwähnt (Tanjug 2019).

Es wird also deutlich, dass der Begriff der «Aggression» mit Vučić genauso in die gedenkpolitische Sprache zurückkehrte wie der des «serbischen Heldenvolkes», das sich «stolz» gegen den Rest der Welt verteidigt habe. Die semantischen Brücken zur Milošević-Zeit kommen nicht von ungefähr, war doch Vučić selbst zwischen 1998 und 2000 Informationsminister und hatte damit die serbische Berichterstattung zur NATO-Bombardierung mitzuverantworten. Auch seine Selbstinszenierung als «Retter» des serbischen Volkes sowie seine Omnipräsenz in sämtlichen nationalen Medien knüpften in vielerlei Hinsicht an die

---

10 In Varvarin kamen bei einem Anschlag auf die Brücke über die Morava am 30. Mai 1999 zehn Menschen ums Leben, 14 wurden verletzt.

autoritäre Herrschaft Miloševićs an. Nicht zuletzt finden sich in seinen Reden zahlreiche religiöse Verweise, die das christlich-orthodoxe Selbstverständnis Serbiens betonten. Zu diesem Selbstverständnis gehört auch die Nähe zu Russland, die sich in den vergangenen Jahren erheblich intensivierte. In der Gedenkrede zum Jahrestag der Bombardierung im Jahr 2016 wurde Vučić nicht müde zu betonen, dass «Serbien heute starke Freunde im Osten und ernste Partner im Westen» (Tanjug 2017) habe, und verdeutlichte damit, dass er gleichermassen auf eine Zukunft in der Europäischen Union wie auf starke Beziehungen zu Russland setzt.

Doch was ist mit den liberalen Stimmen, die sich nun erneut in der Opposition befinden? Seit dem politischen Wechsel sind es nun wieder vermehrt die zivilgesellschaftlichen Organisationen, die das Thema der Aufarbeitung in den Fokus der Öffentlichkeit rücken. Eine wichtige Rolle in diesem Prozess spielt nicht zuletzt das Humanitarian Law Center (HLC) in Belgrad, dessen Vorsitzende Nataša Kandić seit 20 Jahren eine der prominentesten Stimmen des serbisch-kosovarischen Dialogs darstellt. Insbesondere in Bezug auf die Opferzahlen, die bis heute von politischer Seite stark instrumentalisiert werden, leistete das HLC einen bedeutenden Beitrag: Mit dem am 25. März 2015 veröffentlichten *Kosovo Memory Book* wurden erstmals alle Opfer des Kosovokrieges namentlich aufgelistet. Während in den offiziellen Gedenkveranstaltungen sowie in einem Grossteil der serbischen Medien zumeist von 1200 bis 2500 zivilen Opfern der NATO-Intervention auf serbischer Seite berichtet wird, sind in der Datenbank des HLC 758 Opfer der Bombardierung vermerkt, darunter 453 Zivilistinnen und Zivilisten – also ein Fünftel weniger als von offizieller serbischer Seite proklamiert (Humanitarian Law Center 2015). Diese Angaben stimmen auch mit den Zahlen von Human Rights Watch überein, die bereits kurz nach Ende des Krieges im Jahr 2000 veröffentlicht wurden (Human Rights Watch 2000). Wenngleich die Fakten also seit langem bekannt sind, verkündete Aleksandar Vučić in seiner Rede zu den Gedenkfeierlichkeiten am 24. März 2019 in Niš nichtsdestotrotz, dass «der Tod von 2500 Zivilistinnen und Zivilisten und 79 Kindern, die Verwüstung eines Landes, die Schäden in der Höhe mehrerer Milliarden Dollar hinterlassen hat, dass dies für uns immer ein Verbrechen, ein tragischer Fehler, sein wird» («Srbija ne da je slome, Srbiju ne mogu da pobede» 2019).

Schauen wir also zurück auf 20 Jahre Gedenken an die NATO-Bombardierung in Serbien, dann sehen wir, dass in den vergangenen fünf Jahren eine erinnerungskulturelle Renaissance der NATO-Bombardierung stattgefunden hat. Es zeigt sich, dass Vučić nicht nur das «Erbe» der Neunzigerjahre fortführt, indem er rhetorisch und performativ an die initialen Gedenkriten der Milošević-Zeit anknüpft, sondern dass er diesen auch eine neue Akzentuierung verleiht: die «NATO-Aggression» ist nicht mehr nur die Narration eines heldenhaften Widerstands, sondern kehrt als kollektiver Traumadiskurs im Gewand eines modernen Kosovomythos zurück in die serbische Gesellschaft.

Literatur

Amnesty International (2000). NATO/Federal Republic of Yugoslavia «Collateral Damage» or Unlawful Killings? Violations of the Laws of War by NATO during Operation Allied Force (S. 1–63), www.amnesty.org/download/Documents/140000/eur700182000en.pdf, 8. Juni 2020.

Atanasovski, Srđan (2016). «The Song Has Kept Us». Soundscape of Belgrade during the NATO Bombing. Südosteuropa, 64 (4), 482–499.

B. B. (20. April 1999). Milica – sinonim za sve nevine žrtve NATO agresije. Politika.

Bădescu, Gruia (2016). «Achieved without Ambiguity?» Memorializing Victimhood in Belgrade after the 1999 NATO Bombing. Südosteuropa, 64 (4), 500–519.

Bieber, Florian (2005). Nationalismus in Serbien vom Tode Titos bis zum Ende der Ära Milošević. Berlin: Lit.

Bieber, Florian (2009). Der Kosovo-Krieg als Mobilisierung für politischen Wandel? Erklärungsansätze für den Demokratisierungsdruck in Serbien im Sommer 1999. Südost-Forschungen (68), 456–478.

Bieber, Florian, Židas Daskalovski (Hg.) (2003). Understanding the War in Kosovo. London; Portland, OR: Frank Cass.

Bilić, Bojan (2012). We Were Gasping for Air. (Post-)Yugoslav Anti-War Activism and Its Legacy. Baden-Baden: Nomos.

Blagojević, Marina (2003). War on Kosovo: a Victory for the Media? In Florian Bieber, Židas Daskalovski (Hg.), Understanding the War in Kosovo (S. 166–183). London; Portland, OR: Frank Cass.

Bock-Luna, Birgit (2007). The Past in Exile. Serbian Long-Distance Nationalism and Identity in the Wake of the Third Balkan War. Berlin: Lit.

Bujošević, Dragan, Ivan Radovanović (2003). The Fall of Milosevic: the October 5th Revolution. New York: Palgrave Macmillan.

Davenport, Ben (2015). «A Heritage of Resistance» – The Changing Meanings of Belgrade's Generalštab. In: Marie Louise Stig Sørensen, Dacia Viejo-Rose (Hg.), War and Cultural Heritage. Biographies of Place (S. 156–182). Cambridge: Cambridge University Press.

E. B. (25. März 2000). Otpor agresiji. Blic.

Flottau, Renate (1999). «Besser ein toter Held». Renate Flottaus Kriegstagebuch aus Belgrad. Der Spiegel, Nr. 17, 26. April 1999, www.spiegel.de/spiegel/print/d-12771293.html, 26. November 2018.

Fridman, Orli (2006). Alternative Voices. Serbia's Anti-War Activists, 1991–2004, unveröffentlichte Dissertation. George Mason Universität, Fairfax, Virginia.

Fridman, Orli (2015). Alternative Calendars and Memory Work in Serbia. Anti-War Activism After Milošević. Memory Studies, 8 (2), 212–226.

Fridman, Orli (2016). Memories of the 1999 NATO Bombing in Belgrade, Serbia. Südosteuropa, 64 (4), 438–459.

Fridman, Orli, Krisztina Rácz (Hg.) (2016). Special Issue: Memories and Narratives of the 1999 NATO Bombing in Serbia. Südosteuropa, 64 (4).
Greenberg, Jessica (2006). «Goodbye Serbian Kennedy». Zoran Đinđić and the New Democratic Masculinity in Serbia. East European Politics and Societies and Cultures, 20 (1), 126–151.
Human Rights Watch (2000). Civilian Deaths in the NATO Air Campaign, www.hrw.org/legacy/reports/2000/nato, 26. November 2018.
Humanitarian Law Center (2015). Kosovo Memory Book 1998–2000, www.kosovomemorybook.org/?page_id=29&lang=de, 12. Februar 2019.
Ignjatović, Aleksandar (2010). From Constructed Memory to Imagined National Tradition. The Tomb of the Unknown Yugoslav Soldier (1934–38). The Slavonic and East European Review, 88 (4), 624–651.
Independent International Commission on Kosovo (Hg.) (2000). The Kosovo Report. Conflict, International Response, Lessons Learned. Oxford, New York: Oxford University Press.
Jakžić, Božidar (19. Juli 1999). NATO Strikes from a Balkan Perspective, www.bndlg.de/~wplarre/back277.htm, 26. November 2018.
Judah, Tim (2002). Kosovo. War and Revenge. New Haven, CT: Yale Nota Bene.
Kazimir, Velimir-Ćurgus (2001). The Last Decade. Serbian Citizens in the Struggle for Democracy and an Open Society, 1991–2001. Belgrade: Media Center.
Knightley, Phillip (2004). The First Casualty. The War Correspondent as Hero and Myth-Maker from the Crimea to Iraq. Baltimore: Johns Hopkins University Press.
Lavrence, Christine (2007). Between Monumental History and Experience. Remembering and Forgetting War in Belgrade. Ethnologie française, 37 (3), 441–447.
M. L. (4. April 1999). Od sinoć na svim mostovima Beograda. Živi štit profesora univerziteta. Politika.
Mandić, Marija (2016). Official Commemoration of the NATO Bombing of Serbia. Case Study of the Fifteenth Anniversary. Südosteuropa, 64 (4), 460–481.
Mehler, Daniela (2015). Serbische Vergangenheitsaufarbeitung. Normwandel und Deutungskämpfe im Umgang mit Kriegsverbrechen, 1991–2012. Bielefeld: transcript.
Milisavljević, Lj. (30. März 1999). Na Trgu Republike održan i drugi veliki antiratni koncert. «Srbija se ne boji nikoga». Politika.
Milošević, Slobodan (11. Juni 1999). Narod je Heroj. Politika.
Milošević, Srđan (2015). The Ghosts of the Past, Present and Future. The Case of the Army Headquaters in Belgrade, Serbia. Journal of Architecture and Urbanism, 39 (1), 37–55.
Nikolić, Ivana (24. März 2016). Serbia Remembers NATO Bombing Casualties, www.balkaninsight.com/en/article/serbia-remembers-nato-bombing-victims-03-24-2016, 26. November 2018.
O. V. (6. April 1999a). Odbrana otadžbine najveće pravo, dužnost i interes naroda. Politika.
O. V. (29. April 1999b). Hrabrost, patriotizam i neizmerna ljubav prema otadžbini i njenoj slobodi primarni faktor pobede. Politika.
O. V. (24. März 2000). Neka je večna slava junacima otađbine koji su poginuli u odbrani slobode i dostojanstva naroda i države od novog fašisma. Politika.

O. V. (25. März 2001). Da se ne zaboravi, da se ne ponovi. Politika.
O. V. (25. März 2009). Tadić. Svima je jasno da na Kosovu nema države. Politika.
O. V. (24. März 2019). Srbija ne da je slome, Srbiju ne mogu da pobede, 24. März 2019, https://vucic.rs/Vesti/Najnovije/a26067-Vucic-o-povodom-Dana-secanja-vucic.rs.html, 16. April 2019.
Obeležavanje 16 godina od početka NATO bombardovanja Srbije (2015), Youtube-Channel Aleksandar Vučić, www.youtube.com/watch?v=VjhX9UN1GzU, 26. November 2018.
Obradović-Wochnik, Jelena (2013). Ethnic Conflict and War Crimes in the Balkans the Narratives of Denial in Post-Conflict Serbia. London: I. B. Tauris.
Petritsch, Wolfgang, Karl Kaser, Robert Pichler (1999). Kosovo – Kosova. Mythen, Daten, Fakten. Klagenfurt: Wieser.
Polonyi, Carl (2010). Heil und Zerstörung. Nationale Mythen und Krieg am Beispiel Jugoslawiens 1980–2004. Berlin: BWV Berliner Wissenschafts-Verlag.
Rácz, Krisztina (2016). Trauma or Entertainment? Collective Memories of the NATO Bombing of Serbia. Südosteuropa, 64 (4), 520–543.
Russell-Omaljev, Ana (2016). Divided We Stand. Discourses on Identity in «First» and «Other» Serbia Social Construction of the Self and the Other. Stuttgart: ibidem.
S. L. (24. März 2000). Protest simpatizera Sindikata penzionera Srbije «Nezavisnost». Vladi dat rok od 15 dana za ispunjenje zahteva. Večernje Novosti.
Satjukow, Elisa (2016). «These Days, when a Belgrader Asked: How Are You Doing?, the Answer Is: I'm Waiting». Everyday Life During the 1999 NATO Bombing. Ethnologia Balkanica, 2 (19), 323–342.
Satjukow, Elisa (2017). «Between NATO's Hammer and Regime's Anvil». Das «andere Serbien» und die NATO-Bombardierung 1999. In: Heike Karge, Ulf Brunnbauer, Claudia Weber (Hg.), Erfahrungs- und Handlungsräume. Gesellschaftlicher Wandel in Südosteuropa seit dem 19. Jahrhundert zwischen dem Lokalen und dem Globalen. Festschrift für Wolfgang Höpken (S. 241–264). München: De Gruyter.
Satjukow, Elisa (21. März 2018). Die NATO-Luftangriffe in Serbiens Gedenkpolitik, Zentrum für Osteuropa- und internationale Studien, www.zois-berlin.de/publikationen/zois-spotlight-2018/die-nato-luftangriffe-in-serbiens-gedenkpolitik, 11. Februar 2019.
Stevanović, D. (2004). Bez povratka Srba nema rešenja za Kosmet. Politika, 25. März 2004.
Tanjug (1999). Beograđani sinoć branili Pančevački i Brankov most. Politika, 9. April 1999.
Tanjug (2017). Nikada više bez snažnog i pobedničkog odgovora, 24. März 2017, https://vucic.rs/Vesti/Najnovije/a595-Nikada-vise-bez-snaznog-i-pobednickog-odgovora.html, 23. April 2019.
Tanjug (2019). UŽIVO – Niš, Obeležavanje Dana sećanja na stradale u NATO agresiji, www.youtube.com/watch?v=o9D7ggBDnjg, 15. Mai 2019.
Zerubavel, Eviatar (2003). Calendars and History. A Comparative Study of the Social Organization of National Memory. In: Fred C. Corney, Simonetta Falasca Zamponi, Jeffrey K. Olick, Julia Adams, George Steinmetz (Hg.), States of Memory (S. 315–337). Duke University Press.

National and Religious Categorisation in Patriotic Songs Made between 1992 to 1995 in Sarajevo, Bosnia-Herzegovina

Petra Hamer

In this paper I will be covering national and religious references I found in the lyrics of popular Sarajevan patriotic songs from 1992 to 1995. I define patriotic songs as songs glorifying the homeland of the artists – examples include praising the country's beautiful landscape, brave army commanders and soldiers, or lamenting people's suffering and pain. They are also about the more negative sides of the war, like the problems of everyday life, drugs, violence and death. Before the war, *Sarajlije*[1] were proud of their multicultural and multireligious metropolis (even today one can find a mosque, a synagogue, an Orthodox church and a Catholic cathedral all within a few square kilometres of one another, Maček 2009, 23). The tolerant coexistence of Serbian Orthodox Christianity, Catholicism and Islam was interrupted by the war, and the situation changed in many ways. In Ivana Maček's wartime ethnography, one can read about the growth of ethnic and religious identification in everyday life (Maček 2009, 123). When I conducted my fieldwork in Sarajevo between 2011 and 2013, I noticed these processes also influenced the music being produced.

The most popular musicians in 1990s Bosnia-Herzegovina were Mladen Vojičić-Tifa, Amra Dacca, Faruk Jažić, Dino Merlin, Hasiba Agić, Zlatan Fazlić-Fazla, Safet Isović, Nazif Gljiva, and bands including Macbeth, Bombaj Štampa, Muha Bend, Mjesečari, Siker, SCH, Protest, Tmina, Lezi Majmune, together representing several different musical genres. During the war they all performed at least one patriotic song dedicated to either the suffering homeland where hope never dies, or to a brave army commander and young soldiers fighting for freedom.[2] Youth bands played punk or heavy metal and sang about the problems of daily life like drug abuse, mental illnesses and living without adequate heating.[3]

---

1 *Sarajlije* is an expression referring to the inhabitants of Sarajevo (Stefansson 2007, 59).
2 Examples include Dino Merlin's *Vojnik sreće* (The soldier of fortune) or *Da te nije Alija* (If it weren't for you Alija), Faruk Jažić's *Bosna pjeva kad je najteže* (Bosnia is singing when things are hardest), Safet Isović's *Šehidski rastanak* (Martyrs' departure), Muha Band's *These are our guns*.
3 Examples include the band *Sikter* with their songs *Pain in the brain* and *Gudra*, and the band *Protest* with a song entitled *Sarajevo feeling*.

I will present musical examples in which I noticed (1) a national affiliation with Bosnia-Herzegovina, (2) usage of pejorative terms *četnik*,[4] *ustaša*,[5] *balija*,[6] (3) the division between Muslims, Orthodox Christians and Catholics, wherein most cases musical examples are about fallen Muslim soldiers – *šehidi* (Bougarel 2007, 167–191).

This survey is a result of more extensive fieldwork conducted in Sarajevo between 2011 and 2013 that utilised the interview method, archive research and discourse analysis. As a theoretical background, I lean on Benedict Anderson's theory of *imagined communities* (Anderson 2007), and I try to prove that the national division detected in popular music and later shared among the people was a forced process of political establishment. This article questions categorisation and division based on national and religious affiliation, with a focus on the popular patriotic music of the time.

The text first provides a brief historical background of the war in Bosnia-Herzegovina and Sarajevo, and later turns to the cultural references made by the musicians, explains the divisions on the musical scene, presents the most popular representatives of the scene and their music, and focuses on musical examples of national and religious categorisation.

The war in Sarajevo and Bosnia-Herzegovina

Sarajevo is the capital city of Bosnia-Herzegovina and had a pre-war population of more than half a million people. The official beginning of the war is dated 6 April 1992, when the European community recognised Bosnia-Herzegovina as an independent state. On that day, "peace and unity" demonstrations also took place in the city centre of Sarajevo (Gjelten 1995, 2). In the following days the Bosnian Serb army started shelling the city, killing people and destroying many important buildings as well as damaging the infrastructure, religious sites and private residences. In August 1992 the Bosnian Serbs bombed and destroyed the Austro-Hungarian city hall *Vijećnica* along with its thousands of precious books and manuscripts (Kurspahić 1993, 12). They committed many atrocities that be-

---

4 A *Četnik* (chetnik) was a member of royal special forces in the time of the Kingdom of Yugoslavia (1918–1941). During WWII they fought against the partisans and collaborated with Nazi Germany and Italy. In 1991, this name was appropriated by extreme Serbian nationalist groups (Thompson 1999, 363–364).

5 An *Ustaša* was a member of a Croatian revolutionary movement between 1929 and 1945, which tended toward fascism and collaborated with the Nazis during WWII. Under the rule of Ante Pavelić in the *Nezavisna Država Hrvatska* (Independent State of Croatia), thousands of Serbs, Jews, Roma and political dissidents were killed.

6 This is a derogatory term for Bošnjak – Bosniac, i. e. a Bosnian Muslim.

came "a powerful public symbol for the character of the siege in Sarajevo; Serbian savages and civilized Sarajevans" (Maček 2009, 200).
Alija Izetbegović (president of Bosnia-Herzegovina), Franjo Tuđman (Croatian president) and Slobodan Milošević (Serbian president) signed the Dayton Peace accord on 14 December 1995 in Paris and ended the war, during which more than 100,000 people were killed and more than one and a half million people became refugees. Bosnia-Herzegovina was recognised as an independent and sovereign state consisting of two nationally homogenised entities: the Serbian Republic (*Republika Srpska*) (Ramet 2002, 279) and the Federation of Bosnia-Herzegovina, which was divided between territories dominated by Croats and Bosniacs (Jansen 2011, 46).

Cultural life during the war

A great number of cultural events took place during the war, and a large amount of patriotic music was produced. The people I interviewed said that this was *iz inata* (out of defiance). Maček wrote:

> "Art was popular with Sarajevans not only because it was 'imitating normality', but also because it was a means by which everyday common problems and traumas could be expressed and shared. Similarly, the public life in the town – streets, cafes, restaurants and fashionably dressed youth – flourished as much as it could."
> (Maček 2007, 55)

Actors performed theatrical plays, the most popular of which were Srđan Jevdjević and Amir Beso's musical *Kosa* (Hair) staged in November of 1992 (Ramet 2002, 266; Maček 2009, 56), and Susan Sontag's production of *Čekajući Godoa* (Waiting for Godot) which was performed in August of 1993 (Ramet 2002, 265). In 1993 Inela Nogić won a beauty pageant in besieged Sarajevo. Individuals and cultural associations organised concerts of classical, popular and alternative music. According to Larisa Kurtović, about 182 theatre productions, 170 exhibits, and 48 concerts were organised in Sarajevo between 1992 and 1995 (Kurtović 2012, 174). The number of concerts was most likely much higher, as many concerts happened spontaneously when musicians organised performances themselves, and the events were not officially promoted (e. g. with flyers or posters).

I divide the musical scene into the official scene and the alternative scene, because different musicians were active in each, and took different stands regarding the rise of nationalism and religious identity. Singers such as Dino Merlin, Mladen Vojičić-Tifa, Amra Dacca, Faruk Jažić, Hasiba Agić, Zlatan Fazlić-Fazla, Davorin Popović, Ismeta Dervoz, Safet Isović, and Nazif Gljiva, and the bands Bosnian Band Aid, Macbeth, and Bombaj Štampa represented the official musical scene, while the bands Mjesečari, Siker, SCH, Protest, and Tmina were representatives of the alternative scene. Singers from the mainstream musical scene sang songs glorifying the nation or the army of Bosnia-Herzegovina, and in contrast the alternative scene musicians looked critically at the war and the political situation. Both scenes had their "media ally". National radio and television RTVBiH focused on "the awakening of national awareness, the need to discover one's own identity, roots, and tradition in Bosnia- Herzegovina" (Karača Beljak 2005, 174) and played not only patriotic music, but also traditional music such as *sevdalinka*[7] and *ilahija*.[8]

The ally of the alternative musical scene was Radio Zid (i. e. Radio Wall) – Sarajevo's favourite radio station for alternative and popular music. It started broadcasting in March of 1993 (Thompson 1999, 238; Jeffs 2005). This radio station not only made globally popular musical genres available; it also promoted tolerance among the inhabitants of Sarajevo. Thanks to Radio Zid, young people in Sarajevo could listen to the world's popular musical genres of that time, for example grunge, punk, metal, hip-hop and alternative rock (Kurtović 2012, 206). Radio Zid did not play patriotic songs from Bosnian singers and bands as they were not in their interest.

National categorisation

According to Benedict Anderson, a nation is an imagined political community in which its members do not necessarily know each other, but share the same idea of belonging and the same set of values, political rules, myths, language and cultural artefacts, including poetry, prose, visual art, and various styles of music. Anderson emphasises the importance of national hymns – singing gives the members of a group the feeling of homogeneity and togetherness. It is the "imagined voice" that connects the members (Anderson 2007). Relating his theory to the case of Bosnia-Herzegovinia, I noticed the important role of music and culture in general.

At the first Bosnia-Herzegovina multiparty elections in November of 1990, three national parties won – the SDA (Muslim Party of Democratic Action), the SDS (Serbian Democratic Party), and the HDZ (Croatian Democratic Union)

---

7 *Sevdalinka* is a traditional Muslim song, the name of which originates from the Turkish word *sevda*, meaning love, desire and melancholy (Vidić Rasmussen 2007, 78). It is a highly ornamental, melismatic love song, once mostly accompanied by the *saz* – a long-neck stringed instrument of the lute family, which had its origin in the Ottoman Empire era (Laušević 1996, 123).

8 *Ilahija* is a Muslim religious hymn.

(Kurspaić 2010, 112) – all of them referencing their religious affiliations, as the Muslim were followers of Islam, the Serbs were Orthodox Christians and Croats were devoted to Catholicism (Sorabji 1989, 9). This was a logical consequence of restoring new national identities based on religion. The reason is clear: in comparison to other former Yugoslav republics, Bosnia-Herzegovina was a republic in which several groups practised several religions side by side. With the breakup of Yugoslavia, the Yugoslav national identity more or less vanished, and people were left to rebuild their national identity and so looked to their own specific religious group. When the war broke out in April 1992, the importance of belonging to a certain national group only grew.

In May of 1992 the Bosnian government took control of the national radio and TV station RTV Sarajevo and rebranded it as RTVBiH (Thompson 1999). With this shift, the programming changed and Serbian music was banned. Along with news programmes and battlefield information, shows with patriotic songs and traditional music went on the air. Those patriotic songs were about Bosnia-Herzegovina and all of the people living there, which was basically the opposite of what the nationalist SDA, SDS and HDZ parties were promoting. As one interviewee said, multicultural Sarajevo, a place where Muslims, Serbs, Croats, Jews, Roma and also other nationalities lived, became more and more a place where religion was at the forefront; it started highlighting the distinction between nations. In his opinion it also became hard to separate national and religious identity. He referred to his experience in the Bosnia-Herzegovina army as follows:

"At one point, commanders started to greet us with Selam alejkum, this means peace be with you. You cannot say that in the wartime, it is a paradox. And besides, there were soldiers of other nationalities in the army. I am a Muslim, and I respect other religions, but the religion is a part of one's private life, not public, and especially not part of being in the army."[9]

When the politicians tried to divide the nationalities living in Bosnia-Herzegovina, the populace clearly stood against this; the most obvious example is the demonstrations held on 6 April 1992, when people demanded a multicultural and multireligious Bosnia-Herzegovina. Here popular musicians made a significant contribution. Some examples follow.

Sevdalinka singer and composer of traditional folk music Omer Pobrić wrote a song called *Ne daj se Bosno* (Don't give up Bosnia)[10] in the fall of 1990 in which he, Zekerijah Đezić, Hasiba Agić, Ćazim Čolaković and Enes Begović sang (author's translation):

---

9 The whole transcript of the interview is in the possession of the author and can be used only for scholarly purposes.
10 Omer Pobrić et all. – *Ne daj se Bosno* (autumn 1990), www.youtube.com/watch?v=DffV2izASRg, uploaded on 20 Sep 2012 by user Plbih Spotovi, accessed on 28 Nov 2018.

"Don't give up Bosnia, / I know your wounds hurt /
mother homeland your sons love you. /
[...] Don't give up Bosnia, / I know your wounds hurt, /
mother homeland, Bosnians love you."

The next example, the song *Mojoj dragoj BiH* (To my dear Bosnia-Herzegovina),[11] was released in 1992 by Ismet and Fikret Kurtović. Again, the song is about the historical and geographical position of Bosnia- Herzegovina – the land of all Bosnians (author's translation).

"My soul knows that I love you, / my dear B and H /
Next to the cities and blossoming trees, / are rivers Bosna and
Neretva. / River Una is 'calling' the river Drina / over the timeless mountains. / Here are our hearts and our home / A hundred
times paid for in blood. / Bosnia-Herzegovina, our homeland."

Dino Merlin released a song called *Jedna si jedina* (You are the one and only)[12] in 1993. The song is about the long history and geographical position of Bosnia-Herzegovina. For some time, this *contrafactum* song with the melody of the Bosnian folk song called *Sa one strane Plive* (From the other side of Pliva river) was the national anthem of Bosnia-Herzegovina (author's translation).

"My thousand-year-old land / I am loyal to you forever /
From the seaside to the Sava river / from the Drina river to the Una river. / You are the one and only, / my homeland /
You are the one and only, / Bosnia-Herzegovina."

The band Bombaj Štampa was established in Sarajevo in 1982, and in 1992 they released the patriotic song *Moja zemlja* (My land)[13], with lyrics about the beauty of Bosnia-Herzegovina and a focus on the idea that the country is a place for everyone (author's translation).

"This is my land; I won't give it to anyone. / She has the power of stars shining for all the people. / This land loves you too."

The main function of such patriotic songs was to bolster listeners, to give them strength and hope. All of the musicians I talked to, told me the same thing: the purpose of those songs was to fight against the enemy, and as they were not fighting with guns, they fought with music and art.

Of course, not all songs had this function – some were made to provoke or humiliate. One example is the song *Sarajevo zaboravit neće nikada* (Sarajevo will

---

11 Ismet ß Fikret Kurtović – *Mojoj dragoj BiH* (1992). Available online via www.youtube.com/watch?v=2rPVrDsgA-o, uploaded on 24 Nov 2016 by user Helifilm, accessed on 28 Nov 2018.
12 Dino Merlin – *Jedna si jedina* (1993). Available online via www.youtube.com/watch?v=rFtyeknnPVg, uploaded on 28 Nov 2007 by user Omer Tuz, accessed on 28 Nov 2018.
13 Bombaj Štampa – *Moja zemlja* (1992). Available online via www.youtube.com/watch?v=dCwXgnnnS3A, uploaded on 25 Nov 2009 by user sdizda, accessed on 26 Sep 2017.

never forget),[14] likely recorded in 1992 by the band Težka Industrija and their lead vocalist Alen Mustafić (author's translation).

"One step forward, the rifle is ready /
and so are we, we are fighting with a song for peace, happiness and freedom!
Hear us Četnik's Serbian volunteers /
our fists will strike you even in Serbia! / Our fists will strike you even in Serbia! /
Hey, heroes, defenders from all places, / Sarajevo will never forget! /
Sarajevo will never forget!"

This is the only musical example also played on national television where the pejorative term četnik is used. The government of Bosnia-Herzegovina ordered Bosnian musicians not to use pejorative terms in their songs. In that way they showed the war in Bosnia-Herzegovina was also a war between Bosnia-Herzegovina "civilisation" and Serbian "barbarism" (Stefansson 2007, 64). I did not find any examples where the terms *ustaša* or *balija* were used in Bosnia-Herzegovina songs, but there is one example of Serbian singer Baja Mali Knindža from 1993, in which he is singing a song called *Ne volim te Alija* (I don't love you Alija)[15] using a derogatory term *balija* for Alija Izetbegović (author's translation).

"I don't love you Alija / because you are balija /
You destroyed a peaceful dream. /
The river Drina will carry you / hundred mujahideen every day."

Religious categorisation

Soon after Sarajevo was besieged in April of 1992, political and media rhetoric turned away from the idea of "brotherhood and unity" and shifted to the use of nationalistic hate speech. Although the leadership in Bosnia-Herzegovina consisted of three presidents (each ruling party had one representative), Alija Izetbegović held the political power in his hands. His idea was to present Bosnia-Herzegovina as country of Muslims that was being attacked by the Serbs, and later the Croats too. This was indeed true, but the fact was, that in Sarajevo almost 120,000 Serbs lived throughout the entire siege of the city (Gjelten 1995, 10). When the presidency of Bosnia-Herzegovina declared a state of war and general mobilization on 20 June 1992 (Hoare 2004, 78), Serbs, Croats, Jews and Roma also joined the defence forces, later known as Armija BiH (Army of Bosnia-Herzegovina).

14 Težka industrija – *Sarajevo zaboravit neće nikada* (likely 1992), www.youtube.com/watch?v= kDCGzYIoeqQ (uploaded on 25 Jan 2011 by user MrDanacSa, 28 Nov 2018.
15 Baja Mali Knindža – *Ne volim te Alija* (1993). Available online via www.youtube.com/watch? v=wDNXve2vd4Q, uploaded on 19 May 2018 by user 3delija3, accessed on 4 Dec 2018.

The Bosnian government's promotion of nationalisation started with changing the street names where Serb, Croat, and communist heroes were replaced by figures from Bosnia's past (Kotromanić era) or other well-known Muslim people, and continued with the recognition of Muslim religious holidays, Islamisation of radio and TV programming, and of course, music.

The most obvious and visible sign of religious categorisation I found in patriotic music was the presence of a cult dating back to the Ottoman period, but made obsolete in socialist Yugoslavia: the cult of *šehid*. The term is derived from the Arabic word *shahid* – *"witness of the Faith, martyr fallen while fighting on God's path"* (Bougarel 2007, 168). Already at the beginning of the war, the political party SDA and the Islamic community in Bosnia-Herzegovina started addressing and honouring fallen Muslim soldiers as *šehidi*. In March 1994, the Islamic community turned the second day of the festivities marking the end of Ramadan into the *dan šehida* (i. e. day of martyrs) (Bougarel 2007, 168). The segregation of fallen soldiers into martyrs and non-martyrs was an obvious sign of this new Islamisation; it was an attempt to create a new Bosnian national identity based on religion. The following are some examples.

When Hasiba Agić sang the song *77 šehida* (77 martyrs)[16], she was referring to young boys who died on the mountain of Trebević defending Bosnia-Herzegovina in the early days of the war (author's translation).

> 77 martyrs, 77 heroes, / brave battalion of golden lilies, / they gave their lives for you, my Bosnia. [...]
> Dear Bosnia give praise / to the martyrs of Trebević mountain.

Popular *sevdalinka* interpreter Safet Isović sang a *sevdalinka* entitled *Šehidski rastanak* (Martyrs taking leave) in 1994.[17] This song too, is a *contrafactum*, as Isović took an old melody, known by the name *Nizamski rastanak*, and added a new text about the war. Many Turkish words were used, and the idea of the self-sacrifice for the homeland is very present. Safet Isović was a co-founder and a member of the nationalist SDA party, and his political orientation can be found in this *sevdalinka*. The words of Arabic origin that Isović uses in the lyrics symbolise the Ottoman and Islamic dimension of the past of Bosnia-Herzegovina. Moreover, in the 1990s this past became the basis for a new Bosnian national identity, when alongside the "archaic" words, the new name for Muslim Bosnians came into use – *Bošnjak* (Bosniac). The lyrics are as follows (author's translation, wherein Turkish words are written in italics and English explanations are provided in brackets):

---

16 Hasiba Agić – *77 šehida* (unknown), www.youtube.com/watch?v=ap-vkIgxLSw, uploaded on 24 Feb 2015 by user Hasiba Agić, accessed on 4 Dec 2018.
17 Safet and Benjamin Isović – *Šehidski rastanak* (1994), www.youtube.com/watch?v=LYZxsq7RAbk, uploaded on 14 Jan 2010 by user Miss Sarajevo, accessed on 4 Dec 2018.

"It seems winter will never pass, *sabah* [dawn] will never come / Only *tekbir* [God is great] is being heard in the night. /
Long winter night, / mother, I have to go, my ancestors' homeland calls for help. / Mother, if I don't return, don't wait for me in vain, /
Shed a silent tear and pray the *fatiha* [prayer] for me, let it escort me. / If only I could stand before heavens' doors once more. /
On the wings of *ezan* [call to prayer] arrives the smell of *Ramazan* [month of fasting] / from our *čaršije* [old bazaar]. /
[…] Long cold night, I have to go, my ancestors' homeland calls for help. / Look after my sister, dear mother, / I wish I could see one day, how daughters of my Bosnia / give birth to *gazije* [fighters]. / I still only wish, my Bosnia, / that *sevdah* [yearning love song] could intoxicate me, / and old songs could wake me up / with a *mujezin sa munare* [muezzin call to pray] from Bijela džamija [*White Mosque* – the oldest mosque in Sarajevo]."

The term *šehid* was not the only old term used in poems, songs and public speeches to describe Bosnia-Herzegovina soldiers who were Muslim. Soldiers of the army of Bosnia-Herzegovina were also described as *vitezovi* (knights) and *junaci* (heroes) or *gazije* (fighters), referencing the epic tradition of the Ottoman empire. In some musical examples, I came across the term *heroji* (heroes), *branitelji* (defenders), or *borci* (fighters), which was the term often used in the time of the partisan movement (Žanić 1998; Bougarel 2007, 171). Both terms, *junaci* and *branitelji*, were used in a verse in a song mentioned above: *Sarajevo zaboravit neće nikada* (author's translation):

"Hey junaci (heroes) and *branitelji* (defenders) from all places, / Sarajevo will never forget!"

In addition to *sevdalinkas* and popular music, *ilahija* had a special place in the media, and therefore also in the process of the creation of a new national identity based on the Muslim religion and Ottoman traditions, as it is sung in Turkish or Arabic. Laušević wrote *"Ilahija (eng.* Ilahiya) is a particular Muslim religious musical form, that was converted from a private religious form into mediated mass music. It was used as a powerful tool in forging Muslim national identity and uniting Bosnian Muslims under the leadership of the SDA" (Laušević 1996, 123–124).

Conclusion

When the war officially ended after three and a half years, in December 1995, radio and TV stations no longer played patriotic songs. Those dedicated to the *šehidi* remained, as the *dan šehida* is still commemorated. When speaking of Sarajevo, the people whom I interviewed talked mostly about multicultural pre-war Sarajevo, where they all lived and coexisted peacefully, and the way in which they were brutally segregated based on national and religious affiliation during the war.

The majority of popular patriotic songs I analysed and presented in this article were about the pre-war idea of "brotherhood and unity" (although this is not explicitly mentioned), wherein all of the nationalities of Bosnia-Herzegovina live in peace, or about the suffering of the nation, where a specific national identity is not explicitly mentioned. Only a minority of the songs were about Islam, and these mostly referred to fallen Muslim soldiers – *šehidi*. When analysing other musical examples that are not mentioned in the text, I noticed the same schema and the same themes and a total absence of chauvinistic lyrics. The only national identity to be found in the majority of the texts is the Bosnian national identity. The absurd fact is that this identity is now, in post-Dayton Bosnia-Herzegovina, less and less present.

Bibliography

Anderson, Benedict (2007). Zamišljene skupnosti: O izvoru in širjenju nacionalizma. Ljubljana: Studia Humanitatis.

Bougarel, Xavier (2007). Death and the Nationalist: Martyrdom, War Memory and Veteran Identity among Bosnian Muslim. In: Xavier Bougarel, Elissa Helms, Ger Duijzings (eds.), The New Bosnian Mosaic: Identities, Memories and Moral Claims in a Post-War Society (pp. 167–191). Burlington: Ashgate.

Gjelten, Tom (1995). Sarajevo Daily: A City and Its Newspaper Under Siege. New York: Harper Collins Publishers.

Hoare, Marko Attila (2004). How Bosnia Armed. London: Saqi Books.

Jansen, Stef (2011). Troubled Locations. Return, the Life Course and Transformations of Home in Bosnia-Herzegovina. In: Stef Jansen, Staffan Löfving (eds.), Struggles for Home. Violence, Hope and the Movement of People (pp. 43–64). New York, Oxford: Berghahn Books.

Jeffs, Nikolai (2005). Some people in this town don't want to die like a hero: Multiculturalism and the alternative music scene in Sarajevo, 1992–1996. In: Mark Yoffe, Andrea Collins (eds.), Rock 'n' Roll and Nationalism: A Multinational Perspective (pp. 1–19). Cambridge: Cambridge Scholars press.

Karača Beljak, Tamara (2005). Bosnian Urban Traditional Song in Transformation: From Ludvig Kuba to Electronic Medias. Traditiones, 34 (1), 165–176.

Kurspahić, Kemal (1993). Is There a Future? In: Rabia Ali, Lawrence Lifschultz (eds.), Why Bosnia? Writings on the Balkan War (pp. 12–18). Stony Creek: The Pamphleteer's Press.

Kurspahić, Kemal (2010). Zločin o 19.30: Balkanski medij o vojni in miru. Ljubljana: Mladina.

Kurtović, Larisa (2012). The Paradoxes of Wartime "Freedom": Alternative Culture during the Siege of Sarajevo. In: Bojan Bilić, Vesna Janković (eds.), Resisting the Evil: (Post-)Yugoslav Anti-War Contention (pp. 197–244). Baden-Baden: Nomos.

Laušević, Mirjana (1996). The *Ilahiya* as a Symbol of Bosnian Muslim National Identity. In: Mark Slobin (ed.), Retuning Culture. Musical Changes in Central and Eastern Europe (pp. 117–135). Durham, London: Duke University Press.

Maček, Ivana (2007). 'Imitation of life': Negotiating normality in Sarajevo under Siege. In: Xavier Bougarel, Elissa Helms, Ger Duijzings (eds.), The New Bosnian Mosaic: Identities, Memories and Moral Claims in a Post-War Society (pp. 39–57). Burlington: Ashgate.

Maček, Ivana (2009). Sarajevo Under Siege: Anthropology in Wartime. Philadelphia: University of Pennsylvania Press.

Ramet, Sabrina P. (2002). The Balkan Babel: The Disintegration of Yugoslavia from the Death of Tito to the Fall of Milošević. Colorado, Oxford: Westview Press.

Sorabji, Cornelia (1989). Muslim Identity and Islamic Faith in Sarajevo. Cambridge: University of Cambridge.

Stefansson, Anders (2007). Urban Exile: Locals, Newcomers and the Cultural Transformation of Sarajevo. In: Xavier Bougarel, Elissa Helms, Ger Duijzings (eds.), The New Bosnian Mosaic: Identities, Memories and Moral Claims in a Post-War Society (pp. 59–78). Burlington: Ashgate.

Vidić Rasmussen, Ljerka (2007). Bosnian and Serbian Popular Music in the 1990s: Divergent Paths, Conflicting Meanings, and Shared Sentiments. In: Donna A. Buchanan (ed.), Balkan Popular Culture and the Ottoman Ecumene: Music, Image, and Regional Political Discourse (pp. 57–93). Maryland: Scarecrow Press.

Žanić, Ivo (1998). Prevarena Povijest: Guslarska estrada, kult hajduka i rat u Hrvatskoj i Bosni i Hercegovini 1990–1995. godine. Zagreb: Durieux.

The Kosovo War during 1998–1999 in the History Textbooks in Kosovo and Serbia

Shkëlzen Gashi

This article focuses on the way the most important events during the war in Kosovo (1998–1999) are presented in the primary and secondary history schoolbooks that are currently in use in Kosovo and Serbia. The article aims to analyse the primary and secondary history schoolbooks in Kosovo and Serbia regarding the presentation of the political/military groups of Kosovo Albanians during the war, their political goals and the meetings, agreements, and collaboration of Albanian political and military representatives with their Serb counterparts, and the war crimes committed by both sides.

The article is divided in four parts: the peaceful and the military factions; war crimes, the Rambouillet Conference; and the NATO intervention. The primary and high school history textbooks of Kosovo and Serbia, published by the *Libri Shkollor* publishing house (Prishtina), and by *Zavod za udžbenike* (Belgrade), approved by the respective ministries of education, serve as the primary source. According to the Comprehensive Proposal for the Kosovo Status Settlement, the schoolbooks published by the Ministry of Education in Kosovo are used by Albanian pupils in Kosovo, while the history schoolbooks published by the Ministry of Education in Serbia are used, not only in Serbia, but also by Serbian pupils in Kosovo.[1] Works by foreign scholars, who have analysed the events in Kosovo in this period are also examined, along with their respective arguments.

The peaceful and the military factions

Until the Dayton Agreement, the passive peaceful resistance led by the Democratic League of Kosovo (LDK) under Ibrahim Rugova was unrivalled. But in 1997, Adem Demaçi, who had suffered 28 years in the prisons of Tito's Yugoslavia because of his involvement in working for the unification of Albanian inhabited lands in Yugoslavia with Albania, joined the Parliamentary Party of Kosovo

---

[1] The Comprehensive Proposal for the Kosovo Status Settlement is available here: www.kuvendikosoves.org/common/docs/Comprehensive%20Proposal%20.pdf.

(PPK) to start active peaceful resistance. This was because, according to him, there was a generation of people being born in Kosovo who were dissatisfied with the policy of passive peaceful resistance and were seeking a military solution (Gashi 2010, 121). This division within Kosovo's politics is not presented in the textbooks of Serbia, nor in those of Kosovo itself.

Demaçi did not achieve his aim of active peaceful resistance. In September 1996, with the mediation of the Community of Sant'Egidio,[2] Ibrahim Rugova signed an agreement with Slobodan Milošević, providing for the return of Albanian pupils and students to schools' and university premises, which had been taken over by organs of the Serbian state. This fact is missing in the textbooks of two countries. The Serbian/Yugoslav side did not respect the agreement and so, on 1 October 1997, the students of the University of Prishtina (UP) organised a protest calling for the return to lectures at the UP campus. These protests are only mentioned in the Kosovo textbooks and only with this sentence: "Serbian repression meant that on 1 October 1997 protests by UP students and the general population erupted against the occupying power" (Bajraktari/Rexhepi/Demaj 2010, 205).

The repression by the Serbian regime is thus called "Serbian repression"; the student protests, in which a number of Albanian citizens became involved, are called "protests by students and the general population", while the stated aim of the student protests, the return to the university campus, is mentioned nowhere. Therefore, the presentation could create the impression that these protests were organised for the liberation and independence of Kosovo from Serbia.

In the Kosovo textbooks, human rights abuses by the Serbian regime against Kosovar Albanians during the 1990s (Malcolm 2002, 349–356, and Clarck 2000, 70–157) are presented as massacres by the Serbian regime across Kosovo, which "inspired the emergence of the UÇK to protect the people of Kosovo" (Rexhepi/Demaj 2009, 104). In contrast, the Serbian textbooks do not give any evidence of these abuses, and they present the deterioration in the situation in Kosovo as a consequence of the "robbery and confrontations of Albanian terrorist groups, declared as the Kosovo Liberation Army, with associated forces, who impacted ever more on civilians" (Đurić/Pavlović 2010, 251), but they do not provide data on the ethnicity of these civilians.

The Serbian textbooks do not mention the division between the peaceful and the military factions in Kosovar politics. This is also missing in the Kosovar textbooks, as is reference to the three political and military conceptualisations of

---

2 The Community of Sant'Egidio is a lay Catholic association dedicated to social service that arose in 1968 under the leadership of Andrea Riccardi. The group grew and in 1973 was given a home at the former Carmelite monastery and church of Sant'Egidio in Rome.

war in Kosovo: a) the Armed Forces of the Republic of Kosovo (FARK), established by the Ministry of Defence of the Republic of Kosovo government, which was in favour of war, to be led by professional officers; b) the National Movement for the Liberation of Kosovo (LKÇK), created mainly by former political prisoners, which envisaged the creation of a wide political and military front for the organisation of general armed uprising, to include all political and military groups aiming for the liberation of Kosovo from Serbia; and c) the Kosovo Liberation Army (UÇK), created by the Kosovo People's Movement (LPK), who favoured guerrilla war with the aim of provoking the intervention of North Atlantic Treaty Organization (NATO) against Serb forces. The lack of distinction between these three divergent strands implies a lack of information about the friction and clashes between them (Gashi 2010, 144–159).

War crimes

The textbooks of the two countries present only the crimes of the 'other side'. For example, the Serbian textbooks do not mention a single Albanian killed by Serbian/Yugoslav forces during the armed conflict in Kosovo, while in the textbooks of Kosovo there is not a single mention of a Serb killed by the UÇK and NATO forces during and after the armed conflict. In addition, the textbooks of Kosovo and Serbia exaggerate the crimes of the 'other side' and create room for misunderstanding.

On the one hand, the Serbian textbooks refer to a letter of the Federal Republic of Yugoslavia (FRY), sent to the United Nations Security Council (UNSC) in February 2000, which said that since the entry of NATO forces in Kosovo "899 persons had been killed and 834 had been kidnapped" (Đurić/Pavlović 2010, 255) but they do not give the ethnicity of these people and the fate of those kidnapped. The Humanitarian Law Center (HLC), whose headquarters are in Belgrade, notes that 1,123 Serb civilians were killed in the period January 1998 – December 1999, of whom 786 were killed following the entry of NATO forces (12 June 1999 – December 1999) (Kandić 2001, 3).

On the other hand, the Kosovo textbooks say that during the armed conflict in Kosovo, only in the period January – December 1998 "more than 2,000 Albanians were killed, not counting here a very large number of missing persons." (Bajraktari/Rexhepi/Demaj 2010, 206). However, also for this period, the HLC's multi-volume *Kosovo Memory Book 1998–2000* registers 1660 Albanians killed, including 678 UÇK soldiers, and 296 Serbs, including 167 members of the Yugoslav Army and the Ministry for Internal Affairs (Kandić 2011, 457). According to the Kosovo textbooks, in the period of the NATO bombings (24 March to 10 June 1999) "the Serbian army killed approximately 15,000 Albanians" (Bajraktari/Rexhepi/Demaj 2010, 207; Bicaj/Ahmeti 2005, 202). The *Kosovo Memory Book 1998–2000* gives the numbers of Albanian civilians killed in the period January 1998 – December 2000, including the 78-day NATO bombing, as 7,864 in total. In comparison, in the Kosovo textbooks the number of those killed is twice as high, but the sources of these data are not given.

Similar descrepancies occur in the presentation of deportations/displacements. The Kosovo textbooks do not note the figures for Serb and non-Albanian displacements after KFOR took control, while in the Serbian textbooks this figure is given as more than 220,000 (Đurić/Pavlović 2010, 251), and the United Nations High Commission for Refugees (UNHCR) gives it as 210,000.[3] Similarly, the Serbian textbooks do not report the deportations of Albanians from Kosovo during the NATO bombing which, according to UNHCR, included 862 979 people.[4] In the Kosovo textbooks the number rises to more than one million Albanians (Bajraktari/Rexhepi/Demaj 2010, 206).

The Kosovo textbooks describe the crimes of Serb forces against Albanians during the war in Kosovo as genocide (Bajraktari/Rexhepi/Demaj 2010, 207).[5] Instead of the definition of the United Nations (UN) Convention on the prevention and punishment of the crime of genocide, or any arguments as to whether genocide occurred in Kosovo, these textbooks offer phrases such as "the horrible scenes of barbarism of the bloody squadrons" (Bajraktari/Rexhepi/Demaj 2010, 205). Furthermore, by describing the crimes of the Serbian forces in Kosovo as genocide, the authors of these textbooks ignore the opinion given by the Supreme Court of Kosovo, according to which the actions of the Serbian regime under Slobodan Milošević can be considered as crimes against humanity rather than as a genocide (Schabas 2003, 467).

The Serbian textbooks, as explained above, do not mention the crimes of the Serbian forces against Kosovo's Albanians. They do note that the International Criminal Tribunal for the former Yugoslavia (ICTY) indicted major political and military leaders of the FRY and Serbia (Đurić/Pavlović 2010, 253), but without specifying the allegations raised. Meanwhile, the Kosovo textbooks do not in-

---

3 For more information, see: www.unhcr.org/pages/49e48d9f6.html.
4 UNHCR Country Updates – Former Yugoslavia, UN Inter-Agency Humanitarian Situation Report: Kosova. pages 65–70.
5 Some of the Kosovar textbooks even say that the Reçak massacre was described as *genocide* by William Walker, the head of the OSCE mission in Kosova. For this, see Bicaj, Isa and Isuf Ahmeti. *Historia 12*. Prishtina: Libri Shkollor, 2005, p. 202. However, William Walker described this act as a *crime against humanity* in the speech he gave at the burial of those massacred. For the speech of Ambassador William Walker and more on the Reçak massacre, see Petritsch, W. and Pichler, R.(2002) *Rruga e gjatë në luftë – Kosova dhe bashkësia ndërkombëtare 1989–1999*. Prishtina: KOHA. pages 154–162.

clude the crimes committed by the UÇK against Serbs and non-Albanians during and after the armed conflict in Kosovo, nor the ICTY indictments of the two main leaders of the UÇK (Fatmir Limaj and Ramush Haradinaj) for war crimes and crimes against humanity.

The crimes committed by the UÇK against Serbs and non-Albanians during the armed conflict in Kosovo are not presented at all in the Serbian textbooks. As for the crimes of the UÇK, these textbooks give data only for the crimes committed after the armed conflict ended and the KFOR troops entered Kosovo. These textbooks give the impression that during the armed conflict in Kosovo only NATO committed crimes.

During the 78 days of the NATO bombing of the FRY, according to the Serbian textbooks, "between 1,200 and 2,500 civilians were killed" (Đurić/Pavlović 2010, 251). However, in the table given by these textbooks about the suffering of civilians from the NATO bombardment, data are provided of only 347 civilians killed. In this table, the 70 civilians killed by NATO forces near Gjakova are indicated as having been of Albanian ethnicity, however for the 50 civilians killed in the village of Luzhan near Podujevo, the 20 near Peja and 87 in the village of Korisha near Prizren, there is no mention of their Albanian ethnicity. Likewise, there is no mention in the table of the attack of NATO forces on the Dubrava Prison where, according to the HLC, 112 Albanian prisoners were killed. It may be that this attack is not included in the table, because only 29 of the prisoners in Dubrava Prison were killed by the NATO bombs on 19 and 20 May 1999, while the others, again according to HLC, were executed by Serbian forces on 21 and 23 May 1999.[6]

Concerning casualities caused by NATO, the report of Human Rights Watch, based on field research, says, that during the bombing of FRY territory, between 489 and 528 innocent civilians were killed, a majority (between 279 and 318) in the territory of Kosovo.[7] The number of civilians killed by NATO is therefore at least doubled in the Serbian textbooks, while not being recorded at all in the textbooks of Kosovo.

The school textbooks of Kosovo and Serbia describe only the crimes of the other side, presenting themselves as victims, and the other as the aggressor. Thus, the Kosovar textbooks discuss only the crimes of the Serbs against Albanians. In

---

6 On 28 May 2010 HLC made a formal accusation at the Serbian War Crimes Court against 34 people responsible for killing more than 90 and injuring more than 150 Albanian prisoners in the Dubrava Prison on 21 and 23 May 1999, after the NATO attacks on the prison of 19 and 20 May 1999. The charges can be found at: http://hlc-rdc.org/index.php/en/public-informationoutreach/pressreleases/208-krivina-prijava-za-ratni-zloin-protiv-ratnih-funkcionera-republike-srbije.

7 Human Rights Watch. *Civilian Deaths in the NATO Air Campaign.* at: www.hrw.org/legacy/reports/2000/nato.

these textbooks, these crimes are described as "bloody terrorist acts", "nationalist violence and terror", "national terror and genocide", or "the horrible scenes of barbarism of the bloody squadrons". It is rare that these textbooks offer information to quantify the Serbian crimes, and when it is offered, it is in an exaggerated form. Oppositely, the Serbian textbooks discuss only the crimes of the Albanians against the Serbs, describing them as "the attacks of local gangs of Albanians", "Albanian terror against Serbs", or "robberies and the confrontations of terrorist groups with the forces of order". Likewise, these textbooks generally do not provide supporting data for these crimes.

The Conference in Rambouillet, France

One of the most important political events preceeding the Rambouillet Conference, was when the Kosovar delegation, represented by Ibrahim Rugova, met with Slobodan Milošević in May 1998, and the parties agreed on a peaceful solution to the Kosovo issue. This meeting is not included in any of the textbooks of either country. Furthermore, the Rambouillet Conference itself, one of the most important events leading up to the escalation of armed conflict in Kosovo, is presented in the textbooks of Kosovo and Serbia only in brief and different ways. The Kosovar textbooks say only that the failure of talks at this conference marked "a new phase for the UÇK war" (Bajraktari/Rexhepi/Demaj 2010, 206; Bicaj/Ahmeti 2005, 202). However, they give neither the reasons for the failure of these talks nor the key points of the Temporary Agreement for Peace and Self-governance. This document was signed in Paris on 18 March 1999 by the Albanian representatives from Kosovo at the conference and by two of mediators – Christopher Hill (United States) and Wolfgang Petritsch (European Union) –, but not by Serbia/FRY representative and the third mediator – Boris Majorski (Russia).

Despite the importance of this document, as proven by the fact that its implementation was guaranteed by 28, 000 NATO troops in Kosovo, the authors of these textbooks say nothing about its content. The reason for that is simple: it envisaged substantive autonomy for Kosovo within the FRY.[8] In the information they give, the Kosovar textbooks suggest, that the UÇK had not given up on their political aims. They do not mention the fact that UÇK representatives signed the document, because this could counter the dominating interpretation of the Kosovo textbooks, i. e. that the political aim of the UÇK was for Kosovo

---

8   The Temporary Agreement for Peace and Self-government, Paris, 18 March 1999, can be found at: http://jurist.law.pitt.edu/ramb.htm.

to become free and independent (Bajraktari/Rexhepi/Demaj 2010, 205). It is therefore made clear nowhere in these textbooks that initially this aim was – as is stated in the oath sworn by the UÇK soldiers – "for the liberation and union of the occupied lands of Albania".[9]

On the one hand, the Kosovar textbooks also do not mention the substantive autonomy which Kosovo would enjoy within the FRY on the basis of the Temporary Agreement for Peace and Self-government document. This document says that "after three years an international meeting will be called to determine a mechanism for a final solution for Kosovo, on the basis of the will of the people, the opinions of relevant authorities, the efforts made by each side in relation to the implementation of this agreement and the Final Act of Helsinki".[10] The Temporary Agreement for Peace and Self-government in Kosovo does not specify anywhere exactly which people it was whose will was being referred to. Besides the phrase "the will of the people", there is also mentioned the Final Act of Helsinki, according to which international borders can only be changed by agreement of the two sides.

In their account, however, the Serbian textbooks say that "the NATO aggression occurred because the Serbian delegation in Rambouillet and Paris refused to sign the ultimatum concerning the withdrawal of the army and the police from Kosovo" (Đurić/Pavlović 2010, 251). It is not mentioned that the Temporary Agreement for Peace and Self-government document provided for 2,500 FRY policemen and 1,500 soldiers to remain in Kosovo, and that substantive autonomy was envisaged within the sovereign territory of the FRY. The impression is therefore created for Serbian pupils that "the Western states who got involved, giving open support to the Albanians" (Đurić/Pavlović 2010, 251) aimed at removing Serbia from Kosovo.

The NATO intervention

After Rambouillet, the most important period of the war in Kosovo is undoubtedly the time of the NATO bombing of Serbian/Yugoslav military and police targets, which the Serbian textbooks call aggression on the part of NATO. As mentioned above, the international community did not demand the withdrawal of all Serbian/Yugoslav military and police forces from Kosovo, therefore such qualification in the Serbian textbooks seems to be presenting Serbia as "a victim

---

9 The text of the oath of the UÇK soldier can be found on the webpage dedicated to Adem Jashari, www.ademjashari.com/uck.aspx?View=1&SMID=68&CID=19.
10 Temporary Agreement for Peace and Self-government, Paris, 18 March 1999, at: http://jurist.law.pitt.edu/ramb.htm.

of the Western states who openly sided with the Albanians" (Đurić/Pavlović 2010, 251).

For the Kosovo textbooks, the NATO military interventions were "to stop the wave of crimes committed by Serbia against Albanians" (Rexhepi/Demaj 2009, 105). According to these textbooks, Kosovo was liberated from Serbia "after the successful liberation struggle of the UÇK and the entry of the NATO troops in June 1999" (Rexhepi and Demaj 2009, 106). In fact, the UÇK was not in a position to stop the wave of crimes which Serbian troops committed against Albanians, therefore NATO had to intervene militarily. Equally, the Kosovo textbooks say that "as well as the battle units of the UÇK, NATO forces, with the name KFOR, also entered Kosovo" (Bajraktari/Rexhepi/Demaj 2010, 207). It is thus left to be understood that the UÇK troops had not been in Kosovo, but had entered like the NATO troops, however the Kosovo textbooks do not say from where or when they entered.

Some of the Kosovo textbooks say that the Serbian/Yugoslav side withdrew from the territory of Kosovo as a consequence of "the NATO bombing and the ongoing campaigns of the UÇK" (Bajraktari/Rexhepi/Demaj 2010, 207; Bicaj/Ahmeti 2005, 202). The Technical-Military Agreement on the withdrawal of Serbian/Yugoslav forces from Kosovo, signed on 9 June 1999 in Kumanovo, was agreed only by NATO and the FRY – specifically Serbia. The authors of the Kosovar textbooks do not specify that the UÇK was not part of this important agreement, which in fact ended the armed conflict in Kosovo. Besides compelling Serbian/Yugoslav forces to withdraw from Kosovo, this agreement guaranteed that a number – limited to hundreds, not thousands, of them – would be allowed to return to Kosovo,[11] but this is again missing in these textbooks. Surprisingly enough, this guarantee does not apppear in the Serbian textbooks either.

Likewise, none of the historiographies says that initially the aim of NATO was not the withdrawal of all Serbian/Yugoslav military and police forces from Kosovo. This took place only on 3 June 1999, a few days after the end of the bombings, when the President of the FRY, Slobodan Milošević, accepted a document drafted by Strobe Talbott (United States), Martti Ahtisaari (European Union), and Victor Chernomyrdin (Russia), which demanded the withdrawal from Kosovo of all police, military and paramilitary forces of FRY/Serbia.[12] The

---

11 The Technical-Military Agreement document between the International Security Forces (KFOR) and the governments of the Federal Republic of Yugoslavia and the Republic of Serbia, Kumanovo, 9 June 1999, can be found at www.nato.int/kosovo/docu/a990609a.htm.

12 The document drafted by Strobe Talbott (United States), Martti Ahtisaari (European Union) and Victor Chernomyrdin (Russia) and accepted by the Serbian Parliament on 3 June 1999, is part of Resolution 1244 of UNSC.

document included this demand, because such an act was perceived as necessary for refugees to feel safe to return to their homes, and for NATO soldiers to establish a safe environment that would prevent further escalations between them and the Serbian forces, or between the later and the returning refugees.

The demilitarisation and the transformation of the UÇK is also presented in the Kosovo textbooks simply as the shift of the UÇK to the Kosovo Protection Corps (KPC) "on the basis of an agreement signed in September 1999 between General Agim Çeku, the Commander of the UÇK, and General Michael Jackson, Commander of KFOR" (Bajraktari/Rexhepi/Demaj 2010, 207; Bicaj/Ahmeti 2005, 202). There is lack of information about a document entitled the Demilitarisation and Transformation of the UÇK, which the head of the UÇK responsible for political affairs, Hashim Thaçi, gave to General Jackson on 21 June 1999. In this document, Hashim Thaçi pledges that the UÇK soldiers would disarm and be integrated into civil society, as a civilian organisation for emergency intervention – the KPC. According to this document, the UÇK agreed not to interfere with the FRY staff returning to Kosovo (in hundreds, not thousands), and to complete specific tasks under the authorisation and instructions of the KFOR Commander.[13] In the Serbian textbooks, the disarming of the UÇK is not mentioned at all.

Regarding the civilian rule in Kosovo, established by the UN, and the military control, established by NATO, the Kosovo textbooks offer only the dates and the numbers of troops established. There is no statement anywhere that the aim of NATO mission in Kosovo was to implement UN Security Council Resolution 1244. Equally, there are no data relevant to the United Nations Mission in Kosovo (UNMIK), which – in accordance with Resolution 1244 – guaranteed Kosovo a temporary international administration under which the people of Kosovo enjoyed substantive autonomy within the FRY. In the Serbian textbooks there is a reference to the guarantee of territorial integrity for the FRY according to Resolution 1244.[14]

Conclusions

Many clear differences are apparent in the approaches of the school history books in Serbia and in Kosovo towards the war in Kosovo during 1998–1999. These differences can be grouped as follows:

---

13 The Undertaking of Demilitarisation and Transformation of the UÇK can be found at www.nato.int/kosovo/docu/a990620a.htm.
14 Resolution 1244 of the UN Security Countil can be found at www.un.org/Docs/scres/1999/sc99.htm.

The most important element of Kosovo's war were the crimes committed by Serbian army and police against Albanians, and the crimes of the Albanians, mainly not organised, against the Serbs. The school textbooks of both sides present only the crimes of the other side, with themselves as victims, and the other side as the aggressor. Thus, the Kosovar textbooks present only the crimes of the Serbs against Albanians. In these textbooks, these crimes are described as "bloody terrorist acts", "nationalist violence and terror", "national terror and genocide", or "the horrible scenes of barbarism of the bloody squadrons". It is rare that these textbooks offer information to quantify the Serbian crimes, and when it is offered, it is exaggerated. The Serbian textbooks present only the crimes of the Albanians against the Serbs, describing them as "the attacks of local gangs of Albanians", "Albanian terror against Serbs", or "robberies and the confrontations of terrorist groups with the forces of order". Again, these textbooks generally do not give data for these crimes.

Although the penetration of the Serbian army into Kosovo and the crimes of the two sides are presented in a variety of ways, in all textbooks from the two countries there is little or no mention of the meetings, agreements, and collaboration of the political and military representatives of the Albanians with their Serb counterparts. For instance, there is no mention anywhere of: the agreement of the leader of peaceful resistance among the Albanians of Kosovo with the Serbian president to open up school and university buildings to Albanians in Kosovo (1996); and later also the meetings between them on finding a peaceful solution for the Kosovo issue (1998).

A characteristic of the Kosovar textbooks lies in the exaggeration of the aims of Albanian political and military organisations. The organisations are sometimes even given invented names. The agreement on substantive autonomy for Kosovo in the Rambouillet Conference, by the political representatives of the UÇK, is not mentioned at all. Furthermore, it is said that the UÇK's aim was independence, while the text of the oath of the UÇK soldier speaks of liberation and unification of the occupied lands of Albania.

The Kosovar textbooks generally do not describe the political elements present in Kosovo, describing them only under the umbrella "Albanian national movement" or "the democratic movement in Kosovo". Key actors in the most recent war in Kosovo are instead grouped together as the UÇK. The Serbian textbooks make no reference to these different strands. In none of the school textbooks of Kosovo is there any reference to the division of the peaceful policy into a faction for passive resistance and a faction engaged in active resistance. Moreover, there is no reference to the division between the peaceful and the military arms of Kosovar politics. Therefore the three groupings and their concepts of military policy regarding war in Kosovo are missing in the textbooks of Kosovo: FARK,

LKÇK, and UÇK. The lack of naming them in fact means also a lack of information on the frictions and clashes between them.

Presenting only the crimes committed by the other side, portraying oneself as the victim and the other as the aggressor, as well as not mentioning Albanian-Serbian collaboration, meetings and agreements show that the textbooks of the two countries are not sowing the seeds of reconciliation in the next generation. By distorting the aims of Albanian forces of Kosovo and melding them, the Kosovo textbooks leave the pupils with the impression that Albanians have always been united around one ideal. From the Kosovo textbooks the interpretation emerges, that in some way, this *ideal* was national unity, and later the independence of Kosovo. In the end, taking into account the above mentioned considerations, it could be said that Serbia and Kosovo promote in their textbooks inter-ethnic hatred, not only between the citizens of Kosovo and Serbia, but also between the citizens of Kosovo itself – Albanians and Serbs.

Bibliography

School textbooks
Rexhepi, Fehmi, Frashër Demaj (2009). Historia 5. Prishtinë: Libri Shkollor.
Rexhepi, Fehmi (2010). Historia 9. Prishtina: Libri Shkollor.
Bajraktari, Jusuf, Fehmi Rexhepi, Frashër Demaj (2010). Historia 10. Prishtinë: Libri Shkollor.
Bicaj, Isa, Isuf Ahmeti (2005). Historia 12. Prishtinë: Libri Shkollor.
Đurić, Đorđe, Momćilo Pavlović (2010). Istorija 8. Belgrade: Zavod za udžbenike.
Đurić, Đorđe, Momćilo Pavlović (2010). Istorija 3. Belgrade: Zavod za udzbenike.

Other books
Clarck, Howard (2000). Civil Resistance in Kosovo. London: Pluto Press.
Gashi, Shkëlzen (2010). Adem Demaçi unauthorized biography. Prishtina: Rrokullia.
Kandić, Natasa (2001). Abductions and Disappearances of non-Albanians in Kosova. Belgrade: Humanitarian Law Centre.
Kandić, Natasa (2001). Libër Kujtimi i Kosovës 1998–2000. Prishtina: Fondi për tëDrejtën Humanitare.
Malcolm, N. (2002). Kosovo – A Short History. London: Pan Macmillan.
Petritsch, Wolfgang, Robert Pichler (2002). Rruga e gjatë në luftë – Kosova dhe bashkësia ndërkombëtare 1989–1999. Prishtina: Koha.
Schabas, William (2003). Gjenocidi në të Drejtën Ndërkombëtare. Prishtina: Finnish-UNHCR Human Rights Support Programme – Kosovo.
Schwartz, Stephan (2000). Kosovo: Background to a War. London: Anthem Press.

Reports and documents

Hunam Rights Watch (2000). Civilian Deaths in the NATO Air Campaign, www.hrw.org/legacy/reports/2000/nato, 21st July 2015.

Le Monde diplomatique (1999). The Temporary Agreement for Peace and Self-government in Kosovo, www.monde-diplomatique.fr/cahier/kosovo/rambouillet-en, 21st July 2015.

NATO (1999). The Technical-Military Agreement between the International Security Forces (KFOR) and the Governments of the Federal Republic of Yugoslavia and the Republic of Serbia, www.nato.int/kosovo/docu/a990609a.htm, 21st July 2015.

UN (1999). Resolution 1244 of the UN Security Council, www.un.org/Docs/scres/1999/sc99.htm, 21st July 2015.

NATO (1999). Undertaking for the Demilitarisation and Transformation of the UÇK, www.nato.int/kosovo/docu/a990620a.htm, 21st July 2015.

UNOSEK (2007). The Comprehensive Proposal for the Kosovo Status Settlement, www.kuvendikosoves.org/common/docs/Comprehensive%20Proposal%20.pdf, 21st June 2019.

Die «lange Dauer»

Gewalt und Erinnerung in Kosovo im 20. und 21. Jahrhundert mit Beispielen aus Mitrovica

Franziska Anna Zaugg

Der kürzlich verstorbene Holm Sundhaussen schreibt im *Lexikon zur Geschichte Südosteuropas*: «Aber so wie die Gegenwart die ‹Erinnerung› und Deutung der Vergangenheit beeinflusst, so beeinflusst auch die ‹Erinnerung› von Vergangenheit die Wahrnehmung und Deutung der Gegenwart. Die Vergegenwärtigung der Vergangenheit und die ‹Historisierung› der Gegenwart bedingen und durchdringen sich wechselseitig. Dieser Umstand verleiht den Erinnerungskulturen ihre gegenwarts- und zukunftsbezogene Relevanz» (Sundhaussen 2016, 301). Möglichkeiten der Deutung von Vergangenheit und ihres Bezugs auf die Gegenwart möchte ich im folgenden Beitrag am Beispiel Mitrovicas aufzeigen. In den letzten zehn Jahren habe ich mich intensiv mit Südosteuropa im Zweiten Weltkrieg und mit Rekrutierungen lokaler Soldaten für faschistische beziehungsweise nationalsozialistische Verbände beschäftigt (Zaugg 2016; Zaugg/Młynarczyk 2017). Drei Faktoren traten dabei in den Vordergrund: Erstens das wiederkehrende Interesse von Grossmächten an dieser Region und teilweise mit ihm korrespondierende Interessen lokaler Eliten sowie die Instrumentalisierung bereits bestehender interethnischer Spannungen; zweitens eine hohe Wahrscheinlichkeit, dass ein Ort, der bereits von Gewalt heimgesucht wurde, im nächsten Konflikt wieder zum Schauplatz von Gewalt wird, und drittens, dass Vergangenes von verschiedenen Konfliktparteien für Propaganda und Mobilisierung der Massen in neuen Konflikten genutzt wird. So tauchten beispielsweise während der Konflikte der 1990er-Jahre Versatzstücke von Waffen-SS-, Tschetnik- oder Ustascha-Uniformen bei verschiedenen Akteurinnen und Akteuren wieder auf. Nationalistische Gruppierungen schmücken sich bis heute mit den Emblemen dieser Einheiten aus dem Zweiten Weltkrieg, so etwa an der alljährlichen Gedenkfeier in Bleiburg (Pliberk).[1] Anhand des Konzepts der «longue durée», der von Fernand Braudel postulierten «langen Dauer», welche den Fokus der Historikerin, des Historikers weg von der Ereignisgeschichte hin zu langfristigeren gesellschaftlichen Strukturen führt (Braudel 1958, 725–753), soll nach dem Fort- und Überdauern erlebter Gewalt und ihrer Relevanz für zukünftige Konflikte gefragt werden.

---

1 Vgl. beispielsweise www.fr.de/politik/ustascha-herzen-10986037.html, 30. März 2019.

Der Südosten Europas als «Gewaltraum»?

Bis heute hält sich das Bild vom «Südosten» als einem Raum, wo durch lokale Kulturen, Kriegserfahrungen und die Abwesenheit des Staates Gewalt rascher zum Einsatz komme als anderswo in Europa (Mazower 2002, 143, 148). Dieses Bild wurde einerseits gefördert durch orientalistische (Said 2003, 7) oder – um den von Maria Todorova eingeführten Begriff zu verwenden – «balkanistisch» gefärbte Studien (Todorova 2009), deren Ursprünge bereits im 18. Jahrhundert zu suchen sind (beispielsweise Thunmann, 1774; Hahn 1854; Gopčević 1881). Andererseits unterstützten aufkommende Massenmedien und die internationale Politik seit Ende des 19. und zu Beginn des 20. Jahrhunderts diese Sichtweise, indem sie den Südosten Europas mit Begriffen wie «Pulverfass Balkan» oder «der kranke Mann am Bosporus» (mit Bezug auf das kriselnde Osmanische Reich) zur Krisenregion erklärten (Scheer 2013, 15). Zwischen 1939 und 1944 versuchten auch die deutschen und italienischen Besatzer, die eigene Gewaltanwendung als Konfliktregulativ im Sinne westeuropäischer Ordnung zu präsentieren, andererseits aber Gewaltakte durch lokale Gruppierungen wie die Ustascha, die Tschetniks oder kommunistische Partisanen «als pittoresk-exotische Akte entfesselter, blutiger Gewalt» darzustellen, die auf Emotionen und Affekten basierten (Korb 2013, 28). Der Historiker Alexander Korb bezeichnet die Art und Weise, wie westliche Historikerinnen und Historiker bis heute die Wahrnehmung des Balkans als etwas Fremdes und Fernes perpetuieren, gar als Pathologisierungsdiskurse (Korb 2013, 28). Doch nicht nur von aussen, auch im Innern förderten die verschiedenen rivalisierenden Kräfte die Konstruktion eines kriegerischen Balkans. Denn jede Partei hegte das Interesse, die anderen Parteien als möglichst unzivilisiert erscheinen zu lassen (Korb 2013, 26). In Hinblick auf die Balkankonflikte der 1990er-Jahre schrieb Imanuel Geiss von einer «Massakertradition», die sich seiner Meinung nach seit dem byzantinischen Reich entwickelte und während des Zweiten Weltkriegs in den extrem gewalttätigen Konflikten verschiedener Ethnien einen ihrer Höhepunkte gefunden habe (Geiss 1997, 25f.). Zwar bestreitet auch Mark Mazower nicht, dass es im letzten Jahrhundert während der verschiedenen internationalen und intranationalen Konflikte in Südosteuropa zu zahlreichen Gewalteskalationen kam, weist allerdings darauf hin, dass solche Massaker beziehungsweise «ethnische Säuberungen» nicht als Ausdruck urzeitlichen Hasses zwischen Ethnien verstanden werden sollten, sondern organisierte Gewalt paramilitärischer und militärischer Einheiten vor dem Hintergrund zusammenbrechender und sich neu bildender Nationalstaaten darstellten (Mazower 2000, 143f., 149f.).

Das Beispiel der Stadt Mitrovica

An den Beispielen aus der Geschichte Kosovos und Mitrovicas im 20. Jahrhundert soll gezeigt werden, welche Formen von Gewalt in Kriegs- und Friedenszeiten von 1912 bis 1944 sowie in den 1990er-Jahren bis heute vorkamen und wie heute in Mitrovica daran erinnert wird. Dass die Wahl auf Mitrovica fiel, hat zwei Gründe: Einerseits ist die Stadt vielen Leserinnen und Lesern durch die Medien bereits bekannt. Andererseits ist sie als Beispiel geeignet, die «longue durée» (Braudel 1958, 725–753) von Gewalt anhand einer städtischen Gesellschaft aufzuzeigen, die seit über hundert Jahren in lokale, zwischenstaatliche wie auch internationale Konflikte verwickelt ist. In diesem Sinne steht hier die lange Dauer für langfristige Entwicklungen beziehungsweise Strukturen, die für wiederkehrende Konflikte und die Eskalation von Gewalt von Bedeutung sind. Die Stadt Mitrovica stellte und stellt durch ihre geopolitische Lage einen Brennpunkt wiederkehrender beziehungsweise sich überschneidender Konflikte dar und taucht in den Quellen zu den Balkankriegen 1912/13, zum Ersten und Zweiten Weltkrieg, zu den Zwischenkriegsjahren sowie zu den 1990er-Jahren bis in die heutige Zeit als Ort auf, an welchem Gewalt immer wieder eskaliert ist.

Unter osmanischer Herrschaft war das Gebiet um Mitrovica, beziehungsweise Kosovska Mitrovica im Norden Kosovos, Teil des Sandžak Novi Pazar, der zum grösseren Verwaltungsbezirk Bosnien gehörte (Morrison/Roberts 2013, 29). Heute ist dieses Gebiet zwischen den drei Staaten Serbien, Montenegro und Kosovo aufgeteilt. Insbesondere der seit 2008 zu Kosovo gehörende Teil um Mitrovica ist von permanenten Spannungen zwischen den Ethnien und wiederkehrender Gewalt betroffen. In Nord-Mitrovica und drei weiteren Gemeinden etwas nördlicher wohnen fast nur noch christlich-orthodoxe Serbinnen und Serben, etwa 70 000 Menschen. In Süd-Mitrovica leben ebenfalls rund 70 000 Einwohnerinnen und Einwohner, dort fast ausschliesslich muslimische Kosovarinnen und Kosovaren (Ramet 2015, 5). Seit bald zwanzig Jahren ist Mitrovica eine geteilte Stadt. Ein Relikt des Kosovokriegs von 1998/99 – so sagen die Medien.[2]

Ist diese Teilung wirklich nur ein Relikt der Kosovokriege am Ende des letzten Jahrhunderts? Oder doch eher ein Produkt verschiedener, auch länger zurückliegender Konflikte in der Region? Anhand einiger Quellen aus vergangenen Konflikten soll diesen Fragen nachgegangen und auch gezeigt werden, wie lokale Eliten und europäische Mächte bestehende Spannungen instrumentali-

---

2 Vgl. beispielsweise www.deutschlandfunk.de/mitrovica-eindruecke-aus-einer-geteilten-stadt.795.de.html?dram:article_id=376742, 2. April 2019.

sierten. Im letzten Teil soll an drei Beispielen erläutert werden, wie an diese Konflikte erinnert wird, aber auch, wie junge Menschen in Mitrovica versuchen, gegenseitige Anschuldigungen und Gewalt zu überwinden.

Gewalt in der Region Kosovo: Von den Balkankriegen 1912/13 zum Ersten Weltkrieg

Der Dokumentalist der Balkankriege, Leo Freundlich, berichtete 1913, dass serbische Soldaten in der Region Kosovo von Albanerinnen und Albanern bewohnte Dörfer umringen würden, «worauf die Einwohner aus den Häusern gejagt und wie Ratten niedergeschossen werden. Von dieser Menschenjagd erzählt das serbische Militär ganz prahlerisch» (Freundlich 1913, 9). Die Balkankriege stellten im 20. Jahrhundert eine erste Zäsur brutaler Gewalt an Zivilistinnen und Zivilisten in dieser Region dar. Anders als im westlichen Europa wird aber der Übergang von den Balkankriegen zum Ersten Weltkrieg von Südosteuropäerinnen und Südosteuropäern als fliessend wahrgenommen (Hall 2000, 142f.). Denn kaum waren die Balkankriege vorbei, entlud sich eine weitere Welle der Gewalt über Südosteuropa. Die Armeen europäischer Grossmächte, etwa diejenige Österreich-Ungarns, verübten insbesondere gegen die serbische Zivilbevölkerung zahlreiche Kriegsverbrechen (Segesser 2014; Mitrović 2007; Gumz 2009; Holzer 2014²). Doch auch zwischen den einzelnen Bevölkerungsgruppen herrschte brutaler Krieg. So hielt der österreichisch-ungarische Finanzminister Josef Redlich in seinem Tagebuch fest, dass in Syrmien als Resultat einer «systematischen Ausrottungspolitik» an die 100 000 Serbinnen und Serben umgebracht worden und ganze Landstriche entvölkert seien (Fellner/Corradini 2011, 686). Auch die von Mazower erwähnten paramilitärischen Einheiten (Mazower 2000, 144), damals als irreguläre Truppen und nationale Banden bezeichnet, standen schon im Ersten Weltkriegs an der Seite der nationalen Armeen im Einsatz. Sie hielten sich aber nur bedingt an Befehle und schreckten auch vor Übergriffen auf die Zivilbevölkerung nicht zurück, wie folgende zwei Beispiele zeigen. Obwohl die Ortschaft Uroševac (heute Ferizaj) von den osmanischen Kräften bereits aufgegeben worden war, griffen albanische Freischärler die eintreffenden serbischen Soldaten an (Šarenac 2013/2014, 92). Als im Herbst und Winter 1915/16 50 000–60 000 serbische Zivilistinnen und Zivilisten sowie rund 300 000 Soldaten sich auf der Flucht vor der habsburgischen, der deutschen und der bulgarischen Armee Richtung Adria zurückziehen wollten, sahen sie sich auf ihrem Weg durch Kosovo und Nordalbanien immer wieder mit Angriffen lokaler albanischer Banden konfrontiert (Šarenac 2017, 238–240, 244, Tašić 2018).

Die Region in der Zwischenkriegszeit

Als Kosovo nach dem Krieg Teil des jungen jugoslawischen Staates wurde, ergriff dieser zwischen 1918 und 1941 weitreichende Repressionsmassnahmen gegen Albanerinnen und Albaner sowie bulgarisch-orientierte Bevölkerungsteile mit dem Ziel, die Region ethnisch zu homogenisieren (Schmitt 2008, 207–209). Obwohl dieses Ziel gegenüber der Öffentlichkeit später kaschiert wurde, blieb es auch nach 1941 bestehen (Sundhaussen 2007, 321). Einer der wichtigsten Vordenker dieser Bewegung war Vaso Čubrilović, der in seinen Denkschriften «Iseljavanje Arnauta» (1937)[3] und «Das Minderheiten-Problem im neuen Jugoslawien» (1944) «radikale ethnische Säuberungen» befürwortete (Petrisch/Kaser/Pichler 1999, 113–128). Von staatlicher Seite wurde auf der einen Seite versucht, Albanerinnen und Albaner zur Ausreise in die Türkei zu bewegen, und auf der anderen Seite vor allem serbische Bauern anzusiedeln (Malcolm 1998, 285 f.).

Gewalt war an der Tagesordnung. 1921, drei Jahre nachdem der Erste Weltkrieg offiziell zu Ende war, berichtete der Albaner Midhat Frashëri an die Vertreter der Friedenskonferenz, dass von serbischen Zivil- und Militärbeamten in der gesamten Provinz Kosovo ständig Akte von brutalen Übergriffen an der Zivilbevölkerung begangen würden.[4] In Bezug auf die Region Kosovo erklärte er, «dass die serbischen Behörden die Albaner, welche seit 1912 unter serbischer Herrschaft sind, mit rücksichtsloser Härte behandeln, welche vollkommen unangebracht ist. Zusammengefasst: Hinrichtungen, Plünderungen und Vergewaltigungen sind in den Bezirken von Prishtina, Mitrovitza [sic], Ipek [Pejë], Jakova [sic] und Prizrend [sic] an der Tagesordnung.»[5]

Kosovo und der Sandschak während des Zweiten Weltkriegs

Nachdem die Deutschen im April 1941 den jugoslawischen Staat zerschlagen und die Demarkationslinie so gezogen hatten, dass die Gegend um Mitrovica unter ihrer Militärverwaltung blieb, weil die Zink- und Bleiminen von Trepča/Trepça mit zu den wichtigsten in der Region gehörten,[6] unternahm der deutsche «Volkstumreferent» Otto Feninger im Herbst 1941 eine Reise durch die

---

3 www.albanianhistory.net/1937_Cubrilovic/index.html, 2. August 2019.
4 M. Midhat Frashëri to the Peace Conference, «Albanian Minorities in the Serb-Croat-Slovene State», 29. April 1921, UN Archive Geneva, C.29.M.13.
5 M. Midhat Frashëri to the Peace Conference, «Albanian Minorities in the Serb-Croat-Slovene State», 29. April 1921, UN Archive Geneva, C.29.M.13.
6 Vgl. Schmitt, Kosovo, S. 212.

besetzten Gebiete. Er schätzte die Bevölkerungszahl in Mitrovica auf 8400 albanische Musliminnen und Muslime und 4200 Serbinnen und Serben; von diesen seien 3000 nach 1918 zugewandert.[7] Den Vertretern vor Ort wurde rasch klar, dass sie sich mitten in einem Zentrum interethnischer Konflikte befanden: Diese Wahrnehmung widerspiegelte sich auch in dem von Feninger beschriebenen Vorgehen: «Um zu verhindern, dass die alten Gegensätze zwischen albanischer und serbischer Bevölkerung unter der derzeitigen Aufstandspsychose zu gewaltsamen Auseinandersetzungen führen, werden im Mitrovitza-Gebiet [sic] auch Angehörige der ortsangesessenen arnautischen [albanischen] Bevölkerung zur Verwaltung herangezogen.»[8] Dass die geplante Einbindung beider Ethnien in die Verwaltung unter deutscher Besatzung misslang, wird an folgendem Zitat deutlich: «Im Fall des Eindringens der [serbischen] Angreifer rechnete man mit einer rücksichtslosen Niedermetzelung der arnautischen [albanischen] Bevölkerung.»[9] Im Herbst 1941, zum Zeitpunkt von Feningers Reise, waren einige Gebiete aufgrund interethnischer Konflikte so hart umkämpft, dass Feninger über Umwege nach Mitrovica reisen musste: Anstatt von Belgrad den direkten Weg zu nehmen, reiste er über Skopje. Um von Mitrovica nach Novi Pazar zu gelangen, war auch unter Geleitschutz der Wehrmacht der Umweg über Pejë/Peć und Rozhaj/Rožaje notwendig.[10] Feninger realisierte, dass die Gewalt auf der italienischen Seite der Demarkationslinie noch extremere Ausmasse angenommen hatte und «die Arnauten serbische Ansiedler aus dem Arnautengebiet durch Verbrennung der Häuser, in manchen Fällen ganzer Dörfer vertrieben haben. Diese Maßnahmen haben jedoch diesseits der deutsch-italienischen Demarkationslinie beiweitem [sic] nicht derartige Ausmaße erreicht, wie in den von Italien besetzten Gebieten, wo während der Fahrt von Mitrovica nach Pec [sic] eine große Zahl brennender serbischer Dörfer und serbische und montenegrinische Flüchtlinge in großer Zahl auf den Straßen beobachtet wurden.»[11]

Ein Schreiben von Kurt von Geitner, Chef des Generalstabs des Kommandierenden Generals und Befehlshabers in Serbien an den Königlichen Italienischen Verbindungsstab beim Kommandierenden General und Befehlshaber in Serbien vom April 1943 zeigt, dass sich die Achsenmächte sogar untereinander über die Situation und mögliche weitere Eskalationen austauschten: «Das Verbleiben der montenegrinischen Cetnik-Verbände [sic] im Sandzak [sic] ohne italienische

---

7 Vgl. Volkstumsreferent Dr. Feninger beim Bevollmächtigen des AA in Belgrad, Bericht «über die Reise in das Arnautengebiet von Kosovska Mitrovica und Novi Pazar», 15.–26. Oktober 1941, PAAA, R261153, Bl. 33.
8 Vgl. Feninger, Bericht, 15.–26. Oktober 1941, PAAA, R261153, Bl. 33.
9 Vgl. ebd., Bl. 40, 53.
10 Vgl., ebd., Bl. 32.
11 Ebd., Bl. 53.

Kontrolle lässt einen blutigen Zusammenstoss mit der dortigen muselmanischen Bevölkerung befürchten.»[12] Ein halbes Jahr später ist zu lesen, dass im Frühjahr an die 5000 albanische Musliminnen und Muslime umgebracht worden waren, worauf Racheakte an serbisch-montenegrinischen Siedlerinnen und Siedlern auf albanischem Gebiet folgten. Die deutschen Dienststellen ergriffen darauf «Maßnahmen zur Vermeidung weiterer Übergriffe durch bewaffnete Albaner».[13]
Im Frühjahr 1943 meldete der Bevollmächtigte des Auswärtigen Amtes beim Militärbefehlshaber Serbien, Felix Benzler, dass aufgrund dieser angespannten Situation und zur Sicherung der Region in den Gebieten Kosovska Mitrovica und Novi Pazar zunächst die Aufstellung eines Regiments albanischer Freiwilliger geplant war. Man rechnete mit rund 12 000 Kriegsfreiwilligen für diese Miliz.[14] Damit sollte der «zurückbleibenden Bevölkerung ein Gefühl der Sicherheit gegenüber den serbischen Banden» gegeben werden, wie der Chef des SS-Hauptamtes Gottlob Berger dem Auswärtigen Amt berichtete.[15] Ein Jahr später hatte sich die Situation aber nicht entspannt, sondern insbesondere für die serbische Zivilbevölkerung noch verschärft: «Viele Tausende von Serben wollen über die Grenze gehen, um der befürchteten Ausrottung zu entfliehen. [...] Das Bestreben, Albanien von den Serben zu säubern, ist nach Meldungen unverkennbar. Man bedient sich hauptsächlich des Mittels, die Serben zur Flucht aufzufordern, widrigenfalls ihr Leben auf dem Spiel steht.»[16] Eine Tagesmeldung vom 12. Februar 1944 zeigt: «Bei Kämpfen im Raum S[üd]W[estlich] Novi Pazar hatte albanische Miliz 70 Tote und Verwundete. Nach Eintreffen von Verstärkungen Absicht, Lage mit albanischen Kräften zu bereinigen.»[17] Nur sechs Tage später meldete von Geitner: «Örtliche Bandentätigkeit und anhaltender Terror beider Aufständischengruppen [Kommunisten und Tschetniks]. N[ord]W[estlich] Kos[ovska] Mitrovica an serbisch-albanischer Grenze Zusammenstöße zwischen Albanern und Serben.»[18] In diese Zeit fällt auch die Ermordung von 360 Serben im Gefängnis von Mitrovica, die eine Diskussion zwischen dem

---

12 Schreiben Chef Gen.Stab des Kdr.Gen. und Bfh. in Serbien Kurt von Geitner an den Kgl. Ital. Verb.Stab beim Kdr. Gen. und Bfh. in Serbien, 5. April 1943, ASD, Gab. Min., SG, 1923–1943, Busta 1492, AG Serbia 4.
13 Vgl. Abteilung Ia, Unterschrift unlesbar an serbischen Ministerpräsidenten Milan Nedić, Schreiben Nr. 187/43, 11. Oktober 1943, BArchF, RH 18/407, Bl. 84.
14 Vgl. Bevollmächtigter des AA beim Militärbefehlshaber Serbien Felix Benzler an AA, 13. April 1943, PAAA, Inland IIg, R100998.
15 Berger an das AA, «Betreff: Freiwillige für die 13. (kroatische) SS-Division aus dem Sandžakgebiet», 9. April 1943, PAAA, R100998, H297616.
16 Deutsches Generalkonsulat, Schliep an Albanisches Ministerium für Auswärtige Angelegenheiten, 12. April 1944, A.Q.SH., F. 151, 1944, D 164, Bl. 1.
17 Chef des Generalstabs Militärbefehlshaber Südost, von Geitner an Heeresgruppe F, 12. Februar 1944, BArchF, RW40/85, Bl. 65.
18 Ebd., Bl. 88.

serbischen Ministerpräsidenten Milan Nedić und deutschen Dienststellen darüber auslöste, ob die Albaner die Ermordung als Vergeltung oder aber im Auftrag der deutschen Besatzungsmacht vorgenommen hätten.[19] Anfang Mai 1944 stellt der deutsche Sonderbeauftragte Südost, Hermann Neubacher, schliesslich fest, dass die Albaner nur an der Seite der Deutschen kämpfen wollten, um die «Montenegriner und Serben niederzuwerfen».[20] Am 22. November 1944 erfolgte der deutsche Rückzug aus Mitrovica und die Stadt wurde den Partisaninnen und Partisanen überlassen (Schmider 2007, 1054).

Konflikte in Kosovo in der Nachkriegszeit bis Ende der 1980er-Jahre

Bereits von Februar bis Juni 1945 liess Tito das Kriegsrecht in Kosovo ausrufen, da es zu Ausschreitungen zwischen bewaffneten Banden und den Einheiten der neuen Staatsmacht gekommen war (Calic 2010, 180). Radikale Säuberungen, denen echte und vermeintliche Kollaborateurinnen und Kollaborateure zum Opfer fielen, ordnete Tito selbst an oder duldete sie. Unter dem Schlagwort «bratstvo i jedinstvo» (Brüderlichkeit und Einigkeit) verordnete er ein kollektives Schweigen, eine Art gesellschaftliche Amnesie, die den interethnischen Frieden wiederherstellen sollte (Ferhadbegović 2010/11, 250).
1966 setzte Tito den gefürchteten Chef des jugoslawischen Geheimdiensts Uprava državne bezbednosti (UDB), Aleksandar Ranković, ab und der Status Kosovos verbesserte sich durch die neue jugoslawische Verfassung von 1974 wesentlich. Älteren Kosovarinnen und Kosovaren scheint diese Zeit zwischen 1974 und den Unruhen von 1981 als die «goldene Zeit», da sie nun mehr Autonomie und de facto den Status einer Republik genossen.[21] Seit 1981 verschlechterte sich aber die Situation in Kosovo kontinuierlich. Einerseits kam es von März bis August 1981 zu einer regelrechten Demonstrationswelle in Kosovo, auf die umfangreiche Verhaftungen folgten. Ende der 1980er- und Anfang 1990er-Jahre schloss der jugoslawische Staat albanische Angestellte zunehmend vom Staatsdienst aus, schränkte den Unterricht in albanischer Sprache zuerst stark ein, bis schliesslich Schülerinnen und Schüler sowie Studierende ganz von den Bildungsangeboten ausgeschlossen wurden (Schmitt 2008, 314, 317). Mithilfe von Geldern aus der kosovarischen Diaspora, der so genannten 3-Prozent-Steuer, wurden klandestine albanische Schulen, mit rund 20 000 Lehrkräften für 317 000 Schülerinnen

---

19 Chef des Generalstabs Militärbefehlshaber Südost, von Geitner an Abwehr-Kommando 209 (H.Gr.F), 22. Februar 1944, BArchF, RW40/85, Bl. 111.
20 Vgl. Neubacher an Consugerma Tirana (Schliep) und Fitzthum, 5. Mai 1944, PAAA, R100984, Inland IIg, H299620.
21 Interview mit Agon Hoxha (Name von Autorin geändert), 20. Februar 2019.

und Schüler eingerichtet (Schmitt 2008, 317). Wenn die Polizei aber die Schülerinnen und Schüler entdeckte, wurden sie mit dem Gewehrschaft geschlagen oder mit den Stahlkappenschuhen getreten.[22] Nach 1992 durften zwar albanische Kinder wieder offiziell zur Schule gehen, diese waren aber nun ethnisch getrennt (Schmitt 2008, 317). Während der 1990er-Jahren verschlimmerte sich die Situation und eskalierte schliesslich in der zweiten Hälfte der 1990er-Jahre. Mit dem bis heute umstrittenen Einsatz von Nato-Truppen zwischen dem 24. März und dem 9. Juni 1999 erhielt der Konflikt auch internationale Aufmerksamkeit. Im Kosovokonflikt 1998/99 waren albanische Zivilistinnen und Zivilisten die grösste Opfergruppe. Diese Tatsache soll aber nicht darüber hinwegtäuschen, dass es auch in der serbischen und der Roma-Bevölkerung zahlreiche Opfer gab (Marty 2010, 6–9).

Gewalt in Mitrovica heute

Über die Gründe, weshalb Mitrovica und die Region auch in den letzten Jahren nicht zur Ruhe kam, sind zahlreiche Studien erschienen (beispielsweise Björkdahl/Kappler 2017, 52–73). Während der letzten grossen Ausschreitungen im Frühjahr 2004, an welchen nach internationalen Schätzungen bis zu 50 000 Kosovo-Albaner und -Albanerinnen teilnahmen, wurden ethnische Minderheiten, Serben und Serbinnen sowie Roma, aus den Gebieten südlich des Ibars vertrieben. 19 Menschen wurden dabei getötet, 954 verletzt, 4100 vertrieben, 550 Häuser sowie 27 orthodoxe Kirchen niedergebrannt (Wellner 2009, 187). Seit diesen Ausschreitungen wurden die Roma endgültig aus dem Süden der Stadt vertrieben und in Lagern in der Nähe des bleiverseuchten Geländes der ehemaligen Trepça/Trepča-Minen untergebracht (Baldwin 2006, 14).
Man muss nicht lange suchen im Internet: Wenn Medien über Mitrovica berichten, schreiben sie vor allem über Gewalt. Am 16. Januar 2018 war in vielen Zeitungen zu lesen, dass Oliver Ivanović, ein serbischer Politiker, im nördlichen Teil Mitrovicas erschossen worden war. Liest man Zeitungsartikel zum Thema, beispielsweise aus der *Frankfurter Allgemeinen Zeitung* (FAZ),[23] merkt man, dass es nicht so sehr um den Toten selbst geht, sondern eher darum, dass sein Tod in die Vergangenheit weist: Er selbst galt letzthin als gemässigt, wurde aber 2016 zu neun Jahren Haft verurteilt, da er in den 1990er-Jahren an Folterungen und Ermordungen von Kosovo-Albanerinnen und -Albanern beteiligt gewesen

---

22 Ebd., 20. Februar 2019.
23 Beispielsweise Michael Martens, Tod in der Hochburg der Balkanmafia. In: Frankfurter Allgemeine: www.faz.net/aktuell/politik/ausland/serbenfuehrer-oliver-ivanovic-im-kosovo-ermordet-15402100.html, 29. August 2019.

sein soll. Anklägerin war keine geringere als die EU-Mission für Polizei und Justiz, Eulex. Allerdings wurde dieses Urteil im Jahr 2017 durch ein Gericht in Prishtina/Priština wieder aufgehoben und ein Revisionsverfahren angeordnet. Der Mord an Ivanović wird zum Sinnbild für den Umgang mit einer nicht abgeschlossenen, nicht verarbeiteten, nicht gesühnten Vergangenheit, welche die Gegenwart und Zukunft Mitrovicas und Kosovos mehr denn je bedroht. Umso verwirrender scheint für Aussenstehende, dass er von serbischer Seite ermordet worden sein soll.[24]

Die Stimmung in der Stadt ist bedrückend oder manchmal auch erdrückend. Ein Forscherteam, das kürzlich zu Interviewzwecken von der Südseite der Stadt auf die serbische Stadtseite wollte, schrieb: «Northern Mitrovica/Kosovska Mitrovica is a somewhat closed community [...].»[25]

Zwei Beispiele von Erinnerungskultur in Mitrovica

Wie Erinnerung, Gedenken und Neuanfang in Mitrovica aussehen, soll anhand dreier Beispiele von Erinnerungskultur gezeigt werden, nämlich von Strassennamen und der Brücke über den Ibar, sowie einer ethnisch gemischten Musikschule. Die ersten zwei Beispiele repräsentieren dabei offizielle Formen des Gedenkens, während das dritte aus privater Initiative entstand und aus dem gemeinsamen Kulturerbe schöpfen will.

Die Idee, mittels Strassennamen wichtiger gesellschaftlicher Persönlichkeiten zu gedenken, findet sich überall auf der Welt. Im albanischen Teil Mitrovicas stehen auf solchen Schildern aber auch Namen umstrittener Persönlichkeiten aus dem Zweiten Weltkrieg. Von serbischer Seite werden sie als Kriegsverbrecher und Kollaborateure bezeichnet, von albanischer Seite bis heute als Helden für die nationale Sache geehrt: Rexhep Mitrovica und Xhaver Deva beispielsweise waren Vorsitzende der Zweiten Liga von Prizren, einer nationalistischen Vereinigung mit dem Ziel, mit deutscher Unterstützung ein ethnisch reines «Großalbanien» zu schaffen (Zaugg 2016, 144 f.). Mitrovica war zwischen November 1943 und Juni 1944 Ministerpräsident, Deva seit Ende 1943 Innenminister des von 1941 bis 1944 existierenden «großalbanischen» Marionettenstaats unter italienischer und später unter deutscher Besatzung. Der Albanologist Robert Elsie

---

24 www.spiegel.de/politik/ausland/kosovo-todesschuesse-auf-oliver-ivanovic-erschuettern-den-balkan-a-1188237.html, 1. April 2019.
25 Anna Di Lellio, Orli Fridman, Srđan Hercigonja, Abit Hoxha: Fostering a Critical Account of History in Kosovo: Engaging with History Teachers' Narratives of the Second World War, http://oralhistorykosovo.org/how-do-teachers-teach-the-second-world-war-in-kosovo, 6. März 2019.

geht davon aus, dass allein in Devas Amtszeit rund 40 000 Serben und Montenegriner aus dem Kosovo vertrieben wurden (Elsie 2004, 252).
Auch die Brücke über den Ibar ist ein wichtiger Ort der Erinnerung; eng verknüpft mit der gewaltvollen Geschichte der Stadt. Björkdahl und Kappler schreiben, dass gerade dieser Ort als Ausgangspunkt eines Meinungsbildungsprozesses und als schwerbeladenes Symbol im neuen kosovarischen Staat diene (Björkdahl/Kappler 2017, 52). Heute ist der knapp 50 Meter breite Fluss Ibar die Demarkationslinie zwischen zwei Bevölkerungsgruppen, den Serbinnen und Serben einerseits und den Albanerinnen und Albanern andererseits, und die Brücke das Symbol einer Teilung. Im März 2004 wurde die Brücke von albanischer Seite Richtung Norden gestürmt und nach 2008 von serbischer Seite verbarrikadiert. Seit Frühjahr 2017 ist die Brücke zwar nach einer von der EU finanzierten Sanierung wieder begehbar. Eine grosse Tafel weist an ihrem südlichen Ende auf deren finanzielle Unterstützung hin. Dort steht auch ein Aufgebot junger KFOR-Soldaten, da es immer wieder zu Scharmützeln kommen könnte.[26] Obwohl offiziell zur Förderung des Austauschs zwischen den beiden Bevölkerungsgruppen saniert und wiedereröffnet, bleibt die Brücke Mahnmal eines nicht enden wollenden Konflikts, der allerdings nicht erst in den 1990er-Jahren, sondern wie gezeigt wesentlich früher entstand. Sie ist so ein Stück Erinnerungskultur, das auf Teilung, Trennung und die Gewaltgeschichte der Stadt hinweist (Assmann 2011, 303).[27]

«Reconciliation and Rock 'n' Roll»: Das Beispiel der Mitrovica Rock School

Viele Bewohner meiden seit 1999, 2004, spätestens aber seit 2008 den anderen Teil der Stadt, aus Abneigung gegenüber der anderen Ethnie, aber auch aus Angst, selbst Opfer von Übergriffen zu werden.[28] Es gibt aber auch Ausnahmen. So beispielsweise eine Vereinigung junger Musiklehrerinnen und -lehrer, die in einer Musikschule serbische und albanische Jugendliche zusammenbringen. Sie wollen eigene und kollektive Gewalterlebnisse durch eine positive Zusammenarbeit überwinden. Unter dem Motto «Reconciliation and Rock 'n' Roll» sollen

26 Vgl. beispielsweise www.faz.net/aktuell/politik/vereinte-nationen/krawalle-im-kosovo-un-polizei-raeumt-mitrovica-kfor-uebernimmt-1513180.html, 26. August 2019.
27 Vgl. https://balkaninsight.com/2017/03/02/mitrovica-s-flashpoint-bridge-symbolises-kosovos-divisions-03-01-2017, 10. April 2019.
28 Vgl. www.deutschlandfunk.de/mitrovica-eindruecke-aus-einer-geteilten-stadt.795.de.html?dram:article_id=376742, 11. August 2019; www.spiegel.de/politik/ausland/mitrovica-kosovo-albaner-gegen-serben-im-kleinkrieg-sind-sie-gross-a-1142712.html, 20. August 2019.

gemeinsame Kurse an der Musikschule für Jugendliche beider ethnischer Gruppen den Gewaltkreislauf durchbrechen und neue positive Erfahrungen schaffen. Ziel ist es, an das gemeinsame Musikerbe der Region zu erinnern und es wiederzubeleben. Unterstützt werden die Organisatorinnen und Organisatoren und Lehrerinnen und Lehrer von einigen internationalen Organisationen, beispielsweise den «Musicians without Borders».[29]

Die Mitrovica Rock School ist heute in der ganzen Region bekannt, weit über die Grenzen Kosovos hinaus. Im Herbst 2018 feierte sie bereits ihr zehnjähriges Bestehen.[30] Heute hat die Schule auf beiden Seiten der Stadt Niederlassungen und über 90 Schülerinnen und Schüler können regelmässig an Musiklektionen und Workshops teilnehmen. Ihre gemeinsame Sprache ist Englisch – denn sie ist neutral.[31] Die grösste Errungenschaft der Mitrovica Rock School sind Jugendbands, die aus Jugendlichen beider Ethnien bestehen.[32]

Fazit

Wechselnde Fremdherrschaften, die geopolitische Lage, die ethnische Ausgangslage, über weite Strecken prekäre wirtschaftliche Verhältnisse, aber auch die Art von Erinnerungskultur in dieser Region im Allgemeinen und in Mitrovica im Speziellen bildeten langfristige Voraussetzungen für eine «longue durée» von Gewalt. Auch nach den verschiedenen Akteurinnen und Akteuren muss gefragt werden. So ist Gewalt immer auch dort zu finden, wo sie jemandem Nutzen bringt. Die Nutzniesser von Gewalt in dieser Region, namentlich inner- und aussereuropäische Grossmächte und lokale Eliten, haben wiederum grossen Einfluss auf öffentliche Erinnerungskulturen und Erinnerungspolitik. Der bewussten oder unbewussten Perpetuierung von Gewalt steht das Beispiel der Mitrovica Rock School gegenüber, die ebenfalls ein Element der «langen Dauer» aufgreift, nämlich das gemeinsame Erbe der Musik, welches in allen Balkanstaaten gepflegt wird. Ob dadurch ein neuer Blick auf die Vergangenheit und ihre Überwindung möglich werden, wird sich erst noch zeigen. Doch bereits heute ist klar: Veränderung braucht Zeit.

29 Vgl. www.mitrovicarockschool.org/about-us-2/history, 14. März 2019.
30 Vgl. ebd.
31 Vgl. www.deutschlandfunkkultur.de/verfeindete-minderheiten-im-kosovo-musik-als-brueckein.979.de.html?dram:article_id=388300, 14. März 2019.
32 Vgl. https://prishtinainsight.com/music-school-keeps-divided-kosovo-town-rocking-mag/?fbclid=IwAR3ukmugWA7O5ygmNbWxlBevbJ6cFzK4SbjROhJgnLwe-VR72cAdGV_vOeM, 22. April 2019.

Literatur

Assmann, Aleida (2011). Vergessen oder Erinnern? Wege aus einer gemeinsamen Gewaltgeschichte. In: Sabina Ferhadbegović, Brigitte Weiffen (Hg.), Bürgerkriege erzählen. Zum Verlauf unziviler Konflikte (S. 303–321) Konstanz: University Press.

Baldwin, Clive (2006). Minority Rights in Kosovo under International Rule, London: Minority Rights Group International.

Björkdahl, Annika, Stefanie Kappler (2017). Peacebuilding and Spatial Transformation. Peace, Space and Place. London, New York: Routledge.

Braudel, Fernand (1958). Histoire et sciences sociales: La longue durée. In: Annales. Économies, Sociétés, Civilisations, 13/4, 725–753.

Calic, Marie-Janine (2010). Geschichte Jugoslawiens. München: C. H. Beck.

Elsie, Robert (2004). Historical Dictionary of Kosovo, Lanham: Scarecrow Press.

Fellner, Fritz, Doris A. Corradini (Hg.) (2011). Schicksalsjahre Österreichs, die Erinnerungen und Tagebücher Josef Redlichs 1869–1936, Wien: Böhlau.

Ferhadbegović, Sabina (2010/11). Vor Gericht. Die Soldaten der Handschar-Division im Nachkriegsjugoslawien. In: Südost-Forschungen 69/70, 228–251.

Freundlich, Leo (1913). Albaniens Golgatha. Anklageakten gegen die Vernichter des Albanervolkes, Wien: Buch- und Kunstdruckerei Joseph Koller und Co.

Geiss, Imanuel (1997). Der Balkan als historische Konfliktregion. In: Jürgen Elvert (Hg.), Der Balkan. Eine europäische Krisenregion in Geschichte und Gegenwart (S. 21–36). Stuttgart: Franz Steiner.

Gopčević, Spiridon (1881). Oberalbanien und seine Liga. Ethnographisch-politisch-historisch geschildert. Leipzig: Duncker & Humblot.

Hall, Richard C. (2000). The Balkan Wars 1912–1913. Prelude to the First World War. London: Routledge.

Gumz, Jonathan E. (2009). The Resurrection and Collapse of Empire in Habsburg Serbia, 1914–1918. New York: Cambridge University Press.

Hahn, Georg (1854). Albanesische Studien. Nebst einer Karte und andern artistischen Beilagen. Jena: F. Mauke.

Holzer, Anton (2014). Das Lächeln der Henker. Der unbekannte Krieg gegen die Zivilbevölkerung 1914–1918 (2. Auflage). Darmstadt: Primus.

Korb, Alexander (2013). Im Schatten des Weltkriegs. Massengewalt der Ustaša gegen Serben, Juden und Roma in Kroatien 1941–1945. Hamburg: Hamburger Edition.

Todorova, Maria (2009). Imaging the Balkans. New York: Oxford University Press.

Malcolm, Noel (1998). Kosovo. A Short History. London: Papermac.

Marty, Dick (2010). Report to the Parliamentary Assembly. Inhuman Treatment of People and Illicit Trafficking in Human Organs in Kosovo. Council of Europe.

Mazower, Mark (2000). The Balkans. From the End of Byzantium to the Present Day. London: Phoenix.

Mitrović, Andrej (2007). Serbia's Great War 1914–1918. London: Hurst & Co.

Morrison, Kenneth, Elizabeth Roberts (2013). The Sandžak. A History. London: Hurst & Co.

Petritsch, Wolfgang, Karl Kaser, Robert Pichler (1999). Kosovo – Kosova. Mythen, Daten, Fakten (2. Auflage). Klagenfurt: Wieser.

Said, Edward W. (2003). Orientalism. Reprinted with a new preface, London: Penguin Books.

Šarenac, Danilo (2017). Golgotha. The Retreat of the Serbian Army and Civilians in 1915–16. In: Peter Gatrell, Liubov Zhvanko, Europe on the Move. Refugees in the Era of the Great War (S. 236–259). Manchester: University Press.

Scheer, Tamara (2013). «Minimale Kosten, absolut kein Blut». Österreich-Ungarns Präsenz im Sandžak von Novipazar (1879–1908). Frankfurt am Main: Peter Lang.

Schmider, Klaus (2007). Der jugoslawische Kriegsschauplatz (Januar 1943 bis Mai 1945). In: Karl-Heinz Frieser (Hg.), Die Ostfront 1943/44. Der Krieg im Osten und an den Nebenfronten (S. 1009–1088). München: Deutsche Verlags-Anstalt.

Schmider, Klaus (2002). Partisanenkrieg in Jugoslawien 1941–1944. Hamburg: Mittler & Sohn.

Schmitt, Oliver Jens (2008). Kosovo. Kurze Geschichte einer zentralbalkanischen Landschaft. Wien: Böhlau.

Segesser, Daniel Marc (2014). Kriegsverbrechen? Die österreichisch-ungarischen Operationen des August 1914 in Serbien in Wahrnehmung und Vergleich. In: Wolfram Dornik, Julia Walleczek-Fritz, Stefan Wedrac (Hg.), Frontwechsel. Österreich-Ungarns «Grosser Krieg» im Vergleich. Wien: Böhlau.

Sundhaussen, Holm (2007). Geschichte Serbiens, 19.–21. Jahrhundert. Wien: Böhlau.

Sundhaussen, Holm (2014). Jugoslawien und seine Nachfolgestaaten 1943–2011. Eine ungewöhnliche Geschichte des Gewöhnlichen (2. Auflage). Wien: Böhlau.

Sundhaussen, Holm, Konrad Clewing (Hg.) (2016). Lexikon zur Geschichte Südosteuropas, Wien: Böhlau.

Tašić, Dmitar (2018). Violence, Destruction and Resistance. Serbia's and Montenegro's Experience of the Great War, in World War I. In: Judith Devlin, Maria Falina, John Paul Newman (Hg.), World War I in Central and Eastern Europe. Politics, Conflict and Military Experience (S. 88–100). London, New York: I. B. Tauris.

Thunmann, Johann (1774). Untersuchungen über die Geschichte der östlichen europäischen Völker. Leipzig: Siegfried Lebrecht Crusius.

Weller, Marc (2009). Contested Statehood. Kosovo's Struggle for Independence. Oxford: University Press.

Zaugg, Franziska (2016) Albanische Muslime in der Waffen-SS, Von «Großalbanien» zur Division «Skanderbeg», Paderborn: Schöningh.

Zaugg, Franziska, Jacek Andrzej Młynarczyk (Hg.) (2017). Ost- und Südosteuropäer in der Waffen-SS. Kulturelle Aspekte und historischer Kontext (Sonderausgabe der Zeitschrift für Geschichtswissenschaft 7/8).

Teil V

Didaktische Zugänge

Jugoslawienkriege im Geschichtsunterricht in der Schweiz

Tagungskommentar[1]

Dominik Sauerländer

In meinen Seminaren zur Geschichtsdidaktik an der Pädagogischen Hochschule Nordwestschweiz kam und kommen die Jugoslawienkriege immer wieder zur Sprache. Anlässe sind stets Fragen der Studierenden, ob und wie sie dieses Thema im Unterricht behandeln sollen. Angesichts der Tatsache, dass in jeder Klasse einer Schweizer Schule mindestens einige, wenn nicht viele Kinder und Jugendliche sitzen, deren Eltern oder Grosseltern aus Gebieten stammen, die an diesen Konflikten beteiligt waren, vielleicht davor in die Schweiz geflohen sind, ist genau diese Frage für angehende Geschichtslehrkräfte zentral. Denn sie führt ins Zentrum didaktischer Kompetenz: Wie gehe ich mit einem zeitgeschichtlichen Inhalt um, der einen Teil meiner Lernenden direkt und persönlich betrifft? Ja mehr noch: einem Inhalt, der zwar multiperspektivisches Potenzial hat, aber der vor allem auch kontrovers diskutiert wird.
Was antworten? Aus Rücksicht auf die Kinder und Jugendlichen nicht an Traumata rühren und das Thema wegschweigen, kann nicht die Antwort sein. Also Kontroversität zulassen. Aber wie damit umgehen? Aktuelle kursorische Lehrmittel helfen nicht weiter, die Jugoslawienkriege lassen sich auf einer Doppelseite nicht erschliessen, nicht interpretieren und schon gar nicht diskutieren. Mehr Platz gibt's nicht – erstaunlich, wenn man bedenkt, dass 1995 in Srebrenica der grösste Massenmord in Europa seit dem Holocaust stattgefunden hat. Auch Lehrmittel, die die Jugoslawienkriege ausführlicher behandeln, lassen Lehrkräfte mit ihren Klassen weitgehend alleine, Lernende mit ihren Biografien zu integrieren, steht nicht in ihrem Fokus.
Julia Thyroff hat in ihrem Eingangsreferat die Problemfelder klar benannt: die negative Wende in der öffentlichen Wahrnehmung von Jugoslawien seit dem Krieg und den damit zusammenhängenden Fluchtbewegungen sowie die ereignisorientierte Ausrichtung der Lehrmittel, die keine Zugänge zu Identität, zu Kontroversität oder zu biografischer Anbindung skizzieren. Dies steht in

---

1 Hierbei handelt es sich um einen Kommentar zur Tagung «Die Jugoslawienkriege vermitteln. Zugänge und Herausforderungen», die am 19. Januar 2019 am Zentrum für Demokratie Aarau stattgefunden hat.

merkwürdigem Gegensatz zu den Postulaten moderner kompetenzorientierter Didaktik, die Kontroversität als Chance begreift für reflektiertes und reflexives Argumentieren. Es geht also um die Frage, wie trotz mancher unversöhnlicher Positionen auch bei Schülerinnen und Schülern Multiperspektivität realisiert werden kann, wie die Heterogenität in den Lerngruppen für den Prozess historischen Lernens fruchtbar gemacht werden kann. Es muss möglich sein, miteinander zu lernen, ohne sich immer einig zu sein, ein Nebeneinander unterschiedlicher Geschichten in einer Schulklasse zuzulassen.

Jonathan Evan-Zohar thematisierte in seiner Keynote genau dieses Problem – allerdings nicht aus vergleichsweise komfortabler Schweizer Aussensicht, sondern aus der Sicht der betroffenen Länder. So wird aus einem pädagogisch-didaktischen ein politisches Problem: Wie kann der Nationalismus in den am Krieg beteiligten Nachfolgestaaten Jugoslawiens überwunden werden? Dies muss das eigentliche Ziel des Unterrichts in diesen Ländern sein, denn so können die Menschen dort die Hoffnung haben, dereinst in stabilem Frieden zu leben. Evan-Zohar vertraut dabei auf die Regionen, die Menschen vor Ort und auf bewährte Methoden der Friedenssicherung wie zum Beispiel neutrale internationale Schulungsprogramme. Es gilt, die Lehrkräfte für den Frieden zu gewinnen, den Dialog zu fördern und sie über die Grenzen der Nationalstaaten hinweg zur Zusammenarbeit zu bewegen, so wie es Euroclio versucht. Pilotversuche im Unterricht fanden statt, die Reaktionen der Lernenden waren sehr positiv.

Was sollen Lehrkräfte ausserhalb Exjugoslawiens konkret tun? Zunächst sollen sie selber mehr über ihre Schülerinnen und Schüler lernen. Eine zentrale Erkenntnis aus der Tagung ist: Wir als Lehrkräfte wissen immer noch viel zu wenig über unsere Lerngruppen. Damit ist nicht nur die familiäre Biografie gemeint, sondern vor allem die geschichtskulturelle Prägung. Aufmerksame Lehrkräfte erfahren dies vielleicht bereits bei Themen wie Zweiter Weltkrieg, Faschismus und Nationalsozialismus. Bereits hier treffen in einer Klasse unterschiedlichste Wissensstände und Werturteile aufeinander, die auch die Wahrnehmung der späteren Jugoslawienkriege prägen. Wer nach Lehrbuch unterrichtet, überlässt die Lernenden mit ihren unterschiedlichen Geschichtskulturen sich selber, eine von der Lehrkraft angeleitete Sachanalyse wird so höchstens referiert, nicht aber rezipiert. Nur wer die bestehenden Werturteile vorab sorgfältig diagnostiziert, kann seinen Unterricht auch darauf ausrichten. Ein Beispiel dafür hat Gabriele Danninger in ihrem Beitrag eingeführt. Ihr Vorschlag, dies mit einem Fragebogen zu tun, hat den Vorteil, dass Werturteile nicht bereits vor dem thematischen Unterricht vor der Klasse diskutiert werden müssen, sondern nur der Lehrperson bekannt sind.

Wie Daniela Zunzer eindrucksvoll gezeigt hat, ist die Einordnung dieser Werturteile für vom Konflikt nicht betroffene Schweizer Lehrkräfte dann doch nicht einfach. Wir wissen schlichtweg zu wenig darüber und die Unversöhnlichkeit der Positionen und Sichtweisen ist uns fremd. Unser Nichtwissen gründet primär auch in Sprachproblemen. Einblicke sind über die europäische Presseschau Eurotopics (eurotopics.net), über zfd (ziviler-friedensdienst.org) und andere Websites aber möglich.

Ein Zugang zum Abbau vorbestehender Stereotype zeigten Susanne Grubenmann und Elke Schlote mit ihrer kurzen Unterrichtseinheit, die mit Youtube-Clips arbeitet und an der Sekundarschule Pratteln (Schweiz) durchgeführt wurde. Hier haben ein Drittel der Jugendlichen Wurzeln auf dem Balkan, ihr Vorwissen zum Jugoslawienkonflikt ist dennoch vage, von den anderen Jugendlichen haben die meisten überhaupt keine Ahnung. Die Ziele der Lerneinheit wurden aus dieser Erkenntnis heraus entwickelt, die Erfahrungen sind aufschlussreich. Wichtig ist, dass gemeinsam Fachwissen erarbeitet wird (erstes Lernziel) mittels systematischer Erschliessung einer Quelle (zweites Lernziel), die von Jugendlichen oft konsumiert, aber normalerweise nicht hinterfragt wird. Zentral scheint mir hier aber das dritte Lernziel: die ethische Einschätzung. Multiperspektivität ist nicht beliebig. Es muss einen gemeinsamen Massstab geben, an dem man die Taten der Menschen in der Vergangenheit aus heutiger Sicht beurteilen kann. Dieser Raster sind die Menschenrechte. Sie dienen als Leitschnur ethischen Handelns. Viele Jugendliche lernen damit erstmals einen «neutralen» Bezugspunkt kennen, der ihnen hilft, vergangenes Handeln auf sich und auf die Gegenwart bezogen zu beurteilen. Da in den Videos mit Interviews gearbeitet wird, waren Menschen und ihre leidvollen Erfahrungen unmittelbar im Unterricht präsent. Dadurch wurde Betroffenheit immer wieder spürbar, trotzdem bemühten sich die Jugendlichen mit Hilfe eines Tools um eine distanzierte Analyse. Grubenmann und Schlote beschreiben die Unterrichtsatmosphäre als sehr respektvoll und betonen, dass viele Jugendliche nach dem Unterricht das Bedürfnis hatten, sich über ihre Erfahrungen und Gefühle auszutauschen, die im Unterricht selber nicht im Vordergrund standen.

Dieses Beispiel zeigt, wie ein schülerzentrierter Zugang durch geeignete Medien ebenso wie durch geeignete Arbeitsinstrumente möglich wird, ohne dass der Unterricht in heftigen Diskussionen und der Verfestigung von Stereotypen endet – und das in lediglich zwei Lektionen. So viel Zeit muss und kann aufgewendet werden!

Ein verwandtes Medium, das aber einen anderen Zugang zum Thema ermöglicht, stellte Oliver Plessow vor. Er fragt sich, ob und inwieweit Spielfilme als Quellen für schwierige und mit vorgefassten Werturteilen belastete historische Ereignisse wie eben die Jugoslawienkriege besonders wertvoll sind. Die Erfahrungen der Personen in den von ihm ausgewählten Spielfilmen von Andrea Štaka sind komplex und lassen keine einfachen Zuschreibungen zu. Sie brechen damit diffuse Werturteile auf, differenzieren sie und bieten zumindest Gelegenheit, sie neu zu ordnen.

Ein weiteres Medium, das in der Tagung dokumentiert wurde, sind Karikaturen. Auch dieses Medium ist bildlich und auf den ersten Blick unmittelbar und einfach zu erschliessen, auf den zweiten Blick aber komplex und diffizil. Kathrin Pavić wählte Karikaturen aber vor allem auch deshalb, weil sie seit den Balkankriegen 1912/13 das Stereotyp des von Gewalt geprägten Balkans in verschiedenen Ausprägungen transportieren – bis heute. Sowohl Pavić wie Plessow konnten noch von keinen Erfahrungen mit ihren Unterrichtsvorschlägen berichten, zeigen aber vielversprechende Möglichkeiten, die sich auch umsetzen lassen. Wer initiativ und interessiert ist, wird guten Unterricht zu den Jugoslawienkonflikten durchführen können. Alle anderen werden Unterricht dazu meiden – weil ihnen kaum Hilfsmittel an die Hand gegeben werden. Eine aktuelle, knappe Sachanalyse aus Schweizer Sicht wäre zwingend. Die Sachanalyse darf nicht den Lernenden überlassen werden. Wir brauchen ihr Vorwissen – aber zur Diagnose, nicht als Beitrag zum Sachwissen.

Wir sollten die Chancen der heterogenen biografischen Bezüge zum Thema nutzen, die Lernende in unseren Schulen mitbringen. Dazu müssen wir sie aber in geeigneten narrativen Inszenierungen abholen. Wir brauchen dazu erprobte Zugänge über spezifische Medien und geeignete Aufgabensettings, die den Zyklus historischen Lernens in Gang bringen und sich nicht in Kontroversen über bestehende Werturteile – etwa Schuldzuschreibungen, Stereotype und Täter-Opfer-Schemata – erschöpfen.

Zentral ist schliesslich die ethische Frage. Worüber kann man sich bei aller Kontroversität mit Blick auf die Zukunft einigen? Dazu bietet sich der Massstab der Menschenrechte an. Vor diesem Hintergrund lassen sich Werturteile fällen, die keine vorgefassten, oft national konnotierten Schemata bedienen, sondern den Fokus auf das Individuum und seine Rechte legen. Die Tagung hat meines Erachtens klar gezeigt, dass die Jugoslawienkriege so als Unterrichtsthema fruchtbar gemacht werden können.

«Pulverfass Balkan»?

Zu den Möglichkeiten des Einsatzes von Karikaturen im Umgang mit einem überkommenen Deutungsmuster

Kathrin Pavić

Ausgangslage

«Der Balkan weckt auch fast ein Jahrzehnt nach dem Ende des letzten Krieges in der Region – der NATO-Intervention in und um Kosovo – negative Assoziationen», schreibt der Balkan-Kenner Wolfgang Petritsch (2009, 95) in einem Artikel über die Lage im postjugoslawischen Raum. Er fährt fort: «Es sind immer zu bloss Probleme und Herausforderungen, die wir mit dem [...] Balkan verbinden. [...] Dieses zutiefst westliche Stereotyp ist der komplexen Geschichte der Region ebenso wie der geopolitischen Randlage des Balkan geschuldet.» Petritsch macht meiner Ansicht eine wichtige Feststellung, indem er auf die westlichen Stereotype den Balkan betreffend und die damit verbundene Wahrnehmung der Region als problembehaftet und konfliktgeladen verweist. Betrachtet man nämlich die in den Medien und der Populärwissenschaft verbreiteten Erklärungsmodelle für die Jugoslawienkriege, sind diese nicht nur simplifizierend und reduzierend, sondern beruhen ausserdem auf einem historisch negativen Balkanbild.

Das erste Erklärungsmodell reduziert die Kriege auf den vielzitierten «clash of civilizations» (vgl. Huntington 2002). Dabei wird auf «unterschiedliche zivilisatorische und kulturelle Prägungen» und auf den «Gegensatz von westlich-katholischen und östlich-orthodoxen/islamischen Zivilisationen» verwiesen (Imbusch 2006, 222). Das zweite Erklärungsmuster interpretiert die Ereignisse im ehemaligen Jugoslawien mit Bezug auf die historische Kontinuität des Balkans als traditionelles Konfliktgebiet. Hier ist besonders Robert Kaplans (1993/2005) umstrittenes Buch *Balkan Ghosts* zu nennen.[1]

---

[1] Kaplan (1993/2005, li) behauptet, dass der Ursprung der Kriege und Konflikte des 20. Jahrhunderts im Balkan liege: «Here men have been isolated by poverty and ethnic rivalry, dooming them to hate.»

Fragestellung und Vorgehensweise

Von diesen tief im «Balkanismus» (vgl. Todorova 1997/2009) verwurzelten Erklärungsmodellen ausgehend, widmet sich dieser Beitrag der Frage, wie die scheinbare Kontinuität des Balkans als traditionelles Konfliktgebiet und die damit einhergehende abwertende Wahrnehmung der Region und der dort lebenden Menschen als gewalttätig und unzivilisiert im Unterricht behandelt, hinterfragt und aufgebrochen werden können. Ein Bild steht dabei im Zentrum: Der Balkan als «Pulverfass». In *Vergessen und Erinnern*, einem Lehrbuch des Zürcher Lehrmittelverlags über Völkermord in der Vergangenheit und Gegenwart, wird zum Beispiel explizit vom «Pulverfass Bosnien» und vom «Pulverfass Kosovo» gesprochen (Gautschi/Meyer 2001, 88f.). Beim «Pulverfass» handelt es sich folglich um ein Bild, auf das in Schulbüchern relativ unreflektiert rekurriert wird und das gerade deshalb einer weiterführenden Erläuterung bedarf.

Meine Hypothese ist, dass sich Karikaturen als Quelle gut eignen, um die Wahrnehmung des Balkans als scheinbar kontinuierliches Konfliktgebiet – als «Pulverfass Balkan» – zu veranschaulichen und im Geschichtsunterricht zu behandeln.[2]

In einem ersten Schritt gehe ich auf die Herausforderungen ein, mit denen sich Lehrkräfte konfrontiert sehen, wenn sie die Jugoslawienkriege mit ihrer Klasse besprechen. In einem zweiten Schritt verorte ich die Metapher «Pulverfass Balkan» historisch. Danach konzentriere ich mich auf die Karikatur als didaktisches Mittel. Im Anschluss daran stelle ich zwei Karikaturen aus unterschiedlichen Perioden (Erster Balkankrieg 1912 / Jugoslawienkriege 1991–1995) einander gegenüber und vergleiche sie miteinander. Am Ende diskutiere ich die Chancen und Risiken, die der Einsatz von Karikaturen im Unterricht mit sich bringt.

Herausforderungen für Lehrkräfte

Die Behandlung der Jugoslawienkriege stellt in verschiedener Hinsicht eine grosse Herausforderung für Lehrkräfte dar. Eine erste Herausforderung besteht in der Komplexität des Themas. Dies beginnt damit, dass eine Vielzahl von verschiedenen Akteurinnen und Akteuren mit divergierenden Interessen in die einzelnen Kriege (Zehntagekrieg in Slowenien 1991, Kroatienkrieg 1991–1995, Bosnienkrieg 1992–1995 und später der Krieg im Kosovo 1998/99,

---

2 An dieser Stelle möchte ich darauf hinweisen, dass mein Beitrag nicht auf einem ausgearbeiteten Forschungsprojekt basiert, sondern dass es sich um eine Hypothese handelt, die Denkanstösse geben soll.

der in diesem Beitrag nur am Rande thematisiert wird) involviert waren. Neben der Zivilbevölkerung, Politikerinnen und Politikern aus Slowenien, Kroatien, Bosnien-Herzegowina sowie aus Serbien und Montenegro (vereint in der Bundesrepublik Jugoslawien) gehörten dazu auch Vertreterinnen und Vertreter der Minderheiten in den jeweiligen Ländern (zum Beispiel kroatische Serben, bosnische Kroaten und bosnische Serben, etc.). Zudem mischten sich auf allen Seiten paramilitärische Gruppierungen in die Kämpfe ein. Auf der internationalen Ebene ist in erster Linie der Einfluss der USA, der einzelnen Mitglieder der Europäischen Gemeinschaft (EG) und der Vereinten Nationen (UNO) zu nennen. Für die öffentliche Meinung waren ausserdem die Medien und PR-Agenturen, die die einzelnen Kriegsparteien berieten (vgl. Beham 1996), wichtig.

Die mediale Berichterstattung stellt eine weitere Herausforderung für Lehrkräfte dar. Die Kriege in Kroatien, Bosnien-Herzegowina und später im Kosovo wurden gerade im Westen mit grossem medialem Interesse verfolgt. Nadine Bilke (2008, 140) spricht in diesem Zusammenhang von einer zunehmenden «Medialisierung des Krieges». Eine Fülle von Informationen drang jeden Tag an die Öffentlichkeit. In vielen Fällen beschränkte sich die Berichterstattung allerdings auf eine reduzierende Schwarz-Weiss-Sicht und eine simple Trennung in Gut und Böse. Im Kontrast dazu sind Lehrkräfte angehalten, die Reduktion auf simplifizierende Opfer-Täter-Dichotomien im Unterricht zu vermeiden. Umso herausfordernder wird die Situation für Lehrpersonen dadurch, dass sich mit grosser Wahrscheinlichkeit Schülerinnen und Schüler mit Wurzeln aus dem postjugoslawischen Raum im Klassenzimmer befinden und für diese Schülerinnen und Schüler die Jugoslawienkriege ein sensitives Thema darstellen können. Insbesondere in der Schweiz, wo Migrantinnen und Migranten aus dem postjugoslawischen Raum in der Öffentlichkeit lange als Gruppierung mit hohem Gewaltpotenzial, mit hoher Kriminalitätsrate, Sozialhilfe- und Invalidenversicherungsquote galten. Diese Aussenwahrnehmung als soziale Problemgruppe wurde durch das während der Kriege vorherrschende negative Balkanbild noch verstärkt und verfestigt (vgl. Pavić 2015).

«Pulverfass Balkan»

Als Jugoslawien zu Beginn der 1990er-Jahre entlang der ethnischen Zugehörigkeiten zerbrach und Kriege in Kroatien und Bosnien-Herzegowina ausbrachen, deutete der Westen die postjugoslawischen Kriege vornehmlich als nächstes Kapitel in einer ohnehin «blutigen Balkangeschichte». Bereits 1988 äusserte Edgar Hösch (2008, 265) die Frage, «ob der Balkan unter den Enkeln Titos, Hoxhas, Kádárs, Žikovs und Ceaușescus wieder zum Pulverfass Europas» werden könnte.

Das Bild des «Pulverfasses Balkan» geht auf die Zeitspanne von der «Grossen Orientalischen Krise» (1875–1878)³ bis zum Ausbruch des Ersten Weltkrieges im Sommer 1914 zurück und steht sinnbildlich dafür, wie die Region damals wahrgenommen wurde.

Die Wahrnehmung des Balkans als «Pulverfass» hat ihren Ursprung in einer Zeit des Umbruches in der Region, die in erster Linie von zwei Faktoren bestimmt war: einerseits von der wachsenden Rivalität unter den Grossmächten, insbesondere zwischen Österreich-Ungarn und Russland (vgl. Boeckh 1996, 22), um das Erbe des «kranken Mannes am Bosporus» und andererseits vom wachsenden nationalistischen Irredentismus der «kleinen» Balkanvölker (vgl. Hroch 1971).

Die mit dem «Pulverfass Balkan» verbundenen Stereotype und Diskurse stellen die Region in erster Linie als unzivilisiert dar. Judith Veichtlbauer (2001, 129) arbeitet verschiedene Zuschreibungen des Nichtzivilisierten heraus: «Die Pulverfass-Metapher kann dabei als Zentrum eines semantischen Netzes gesehen werden, in dem sich die topoi des Nicht-Zivilisierten mehrfach verketten: Unübersichtlichkeit (nicht nur in topographischer Hinsicht), ethnisches Durcheinander, patriarchale bzw. tribale Strukturen, archaische Vormoderne, Armut und Gewalt, mangelnde demokratische Traditionen, Unzuverlässigkeit, und dergleichen mehr.»

Ein weiterer Aspekt des Balkans als «Pulverfass» ist die Verortung im «Hinterhof Europas» (Angelova/Veichtlbauer 2001, 9), in der Peripherie. Zala Volcic (2011, 62) geht noch einen Schritt weiter, in dem sie den Balkan als «dark side of Europe itself» bezeichnet.

Durch den Zerfall Jugoslawiens Anfang der 1990er-Jahre wurden diese negativen Zuschreibungen den Balkan betreffend reaktiviert und mit ihnen kehrte auch die Metapher des «Pulverfasses Balkan» zurück. Laut dem britischen Historiker Max Mazower (2007, 227) brachten «die Kriege im ehemaligen Jugoslawien den Balkan auf die Landkarte Europas zurück und weckten bange Erinnerungen an den Ersten Weltkrieg». Karl Kaser (2011, 398) argumentiert, dass «die Bilder vom ‹kranken Mann am Bosporus› bis zum ‹Pulverfass Balkan› […] ihre Wirkung getan und auch vor einer kritischen europäischen Öffentlichkeit Interventionen der europäischen Grossmächte sowie der USA in den ‹Konfliktherd Balkan› gerechtfertigt» hätten. Während der postjugoslawischen Kriege wurde der Balkanbegriff in vielen westlichen Medien quasi mit dem ehemaligen Jugoslawien gleichgesetzt. Diese Gleichsetzung Jugoslawiens mit dem Balkan zeigte sich ebenfalls in den Klischeevorstellungen gegenüber Migrantin-

---

3   Die am Berliner Kongress 1878 beschlossene Umgestaltung Südosteuropas konnte die «Grosse Orientalische Krise» nicht längerfristig lösen. Laut Michael W. Weithmann (1997, 308) hat der «Berliner Kongress […] die Gegensätze zwischen den Grossmächten [zwar] kurzfristig entschärft, die Gegensätze zwischen den Balkan-Kleinstaaten aber dauerhaft verschärft».

nen und Migranten aus dem ehemaligen Jugoslawien in der Schweiz. So wurde in den Medien beispielsweise verallgemeinernd von «Balkanrasern» und «Balkanmachos» gesprochen.

Karikaturen als didaktisches Mittel

In Bezug auf die westliche Betrachtungsweise des Balkans als Pulverfass oder – anders gesagt – als traditionelles Konfliktgebiet halte ich Karikaturen für einen interessanten didaktischen Zugang. Christoph Achterberg (1998, 11f.) vertritt in seiner Dissertation zum Thema *Karikatur als Quelle* die These, dass «Karikaturen ein Bindeglied zwischen traditioneller (Zeit-)Geschichtsschreibung im institutionellen Sinne und dem Bereich der ‹oral history› darstellen». Achterberg argumentiert weiter: «Sie vermitteln eine individuelle Einschätzung eines tagesaktuellen Problems, die sich über die Grenzen verbalen Kommentars hinwegsetzt. In ihrer Polemik kann Karikatur Aussagen formulieren, die erst unter dem Deckmantel scheinbarer Komik und scheinbaren Unernstes möglich werden. Karikaturen können Kritik formulieren, die in verbaler Form beleidigend wäre. Aus diesem Grund stellen sich politische Karikaturen als gleichermassen untersuchenswert dar, wie ihre textlichen Äquivalente.»

In diesem Sinne stellen Karikaturen für den Geschichtsunterricht eine interessante und attraktive Quelle dar. Laut Dietrich Grünewald (1979, 7) ermöglicht «[k]aum ein anderes Aussagemittel dem Lehrer die Chance, seinen Unterricht so anschaulich und interessant zu gestalten, fördert die Motivation, provoziert Diskussionen und weitgehende Auseinandersetzung mit dem dargestellten Thema, bringt kompliziert-abstrakte Sachverhalte auf die konkrete Ebene der Anschauung». Ulrich Schnakenbergs (2012, 17) Argumentation geht in eine ähnliche Richtung: «Das wichtigste Argument, das für den Einsatz von Karikaturen im Geschichtsunterricht spricht: Schüler arbeiten gerne mit Karikaturen. Wie kein zweites Medium lädt die Karikatur als Synthese von Bild, Text und Symbol zum Entdecken, Rätseln und Vermuten ein.»

Um Karikaturen allerdings «richtig lesen» zu können, müssen die Schülerinnen und Schüler dieses «komplexe[...] System aus Zeichen, Symbolen und Figuren» zuerst entschlüsseln können, wie Hans-Jürgen Pandel (2017, 278) feststellt. Laut dem Schweizer Geschichtsdidaktiker Peter Gautschi (2015, 127) soll die Lehrperson deshalb den Fokus «auf die Frage der symbolischen Bedeutung der Zeichen und auf die vom Zeichner oder von der Zeichnerin beabsichtigte Aussage» legen. Dazu muss den Schülerinnen und Schülern jedoch zuerst «ein bestimmtes visuelles Wissen» (Pandel 2017, 279) vermittelt werden. Schnakenberg (2012, 11) spricht in diesem Zusammenhang von «visual literacy», respektive «piktoraler

Lesefähigkeit». Laut Pandel (2017, 279 f.) sollten Schülerinnen und Schüler «folgende Operationen ausführen können:
Personifikationen auflösen [...], Symbole deuten [...], [d]ie im Tier-Mensch-Vergleich steckenden Eigenschaften erkennen, [n]atürliche Metaphern verstehen [...], [p]olitische Metaphern kennen [...], [ü]ber ein Wissen von historischen Situationen verfügen, auf die Karikaturen anspielen [...], [h]istorische Personen identifizieren und benennen können [...], [h]istorische Bildzitate als solche erkennen, [v]isualisierte Redensarten wieder in Sprache übersetzen können [...] [und] Allegorien auflösen».

In der didaktischen Fachliteratur wird der Einsatz einer Interpretationsmatrix vorgeschlagen, mit deren Hilfe die Schülerinnen und Schüler die Karikatur nach bestimmten Gesichtspunkten kategorisieren und einordnen können (vgl. Hager 1998). Grünewald (1979, 54) hat zu diesem Zweck eine «Taxonomie von Lernzielen» entwickelt, die ich nach wie vor als sehr nützlich erachte. Er unterscheidet dabei zwischen dem kognitiven, affektiven und psychomotorischen Bereich. Für den Geschichtsunterricht sind in erster Linie der kognitive und der affektive Bereich bedeutsam. Beim kognitiven Bereich geht es darum, Karikaturen «intellektuell zu erarbeiten», zu analysieren und auswerten zu lernen. Auf der affektiven Ebene liegt der Fokus auf der (ästhetischen) Auswertung der Karikatur: Welche Einstellungen, Haltungen und Werte vermittelt die Karikatur. Meiner Ansicht nach lassen sich diese beiden Ebenen gut anhand des von Herbert Uppendahl (1986, 471) entwickelten Modells zur Analyse von Karikaturen im Unterricht erarbeiten. Sein Modell beruht auf folgenden Fragebereichen: Aussage (Was?), Stil (Wie?), Sender (Wer?), Zeit/Ort (Wann?), Intention (Warum?), Wirkung (Welche?), Weg (Kanal).

Fallbeispiel: Zwei Karikaturen im Vergleich

Im Folgenden analysiere ich zwei Karikaturen auf die von Uppendahl entwickelten Fragen hin. Die erste Karikatur stammt aus der Zeit der Jugoslawienkriege, sie dient mir als Ausgangspunkt, von wo ich zurück auf eine Karikatur schaue, die während des Ersten Balkankriegs von 1912 veröffentlicht wurde.[4] Dabei interessiert mich, was ähnlich, respektive anders, ist und ob eine Kontinuität in der Darstellungsform erkennbar ist.

---

4 Im Ersten Balkankrieg 1912 versuchten die im Balkanbund vereinten Länder Bulgarien, Griechenland, Serbien und Montenegro unter der Patronage Russlands die Osmanen aus der Region zu verdrängen. Im Zweiten Balkankrieg 1913 kam es zu neuen Kämpfen um die Verteilung der Territorien.

Abb. 1: *Karikatur aus dem «Nebelspalter» mit dem Titel «Die gefesselte UNO und der Krieg in Jugoslawien». Zeichner: René Gilsi, veröffentlicht am 14. August 1995, Bd. 121, Heft 33, S. 16; Abdruck mit Genehmigung des Nebelspalter Verlags, Horn.*

Abb. 2: *Karikatur aus dem «Simplicissimus» mit dem Titel «Der Brand am Balkan». Zeichner: Thomas Theodor Heine, veröffentlicht am 28. Oktober 1912 im «Simplicissimus», Jg. 17, Heft 31, Titelseite.*

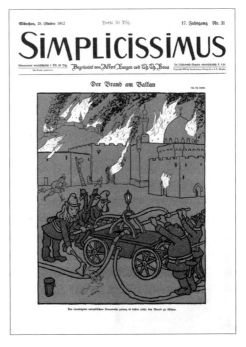

Tab. 1: *Auswertung von «Die gefesselte UNO und der Krieg in Jugoslawien» nach Uppendahls Analysemodell*

1. Aussage	Die Karikatur zeigt im unteren Teil eine brennende Stadt, die Jugoslawien repräsentiert. Darüber schweben Bürokraten der UNO. Sie sind gefesselt und an einer Art Fleischerhaken aufgehängt. Die Beamten gestikulieren mit erhobenen Zeigefingern und rezitieren ins Leere hinaus. Das Gremium wirkt hilflos, passiv, in seiner Handlungsfähigkeit eingeschränkt und unbrauchbar. Es strahlt aber dennoch eine moralische Überlegenheit aus (erhobener Zeigefinger).
2. Stil	Der Himmel ist schwarz und es herrscht eine unheimliche, beinahe apokalyptische Stimmung. Es besteht eine Ähnlichkeit zum grotesk-verwirrenden Stil.[*1]
3. Sender	Die Zeichnung stammt vom Schweizer Karikaturisten René Gilsi, er hat die Karikatur für den «Nebelspalter» gezeichnet.
4. Zeit/Ort	Die Karikatur erschien am 14. August 1995 im «Nebelspalter», zu einem entscheidenden Zeitpunkt für die Kriege in Bosnien und Kroatien. Gilsi nimmt wohl Bezug auf das Massaker von Srebrenica und die Operation *Oluja*.
5. Intention	Gilsi kritisiert die Untätigkeit der UNO anlässlich der sich intensivierenden menschlichen Katastrophe in Bosnien und Kroatien. Er will auf deren Versagen aufmerksam machen. Die Karikatur hat einen beurteilenden Charakter. Es handelt sich daher am ehesten um eine kommentierende Karikatur.
6. Wirkung	Denkbare Wirkungen bei den Betrachtenden sind Betroffenheit, Hilflosigkeit und Wut über die Untätigkeit der Vereinten Nationen.
7. Weg	Die Karikatur wurde in der monatlich erscheinenden Satirezeitschrift «Nebelspalter» veröffentlicht.

1* Laut Grünewald (1978, 115 f.) ergänzt dieser Stil die inhaltliche Aussage, er «transportiert Unheil, Resignation oder Zynismus».

Tab. 2: *Auswertung von «Brand am Balkan» nach Uppendahls Analysemodell*

1. Aussage	Der Balkan ist als brennende osmanische Stadt dargestellt. Vor der Stadt steht eine Feuerwehr, die von den Grossmächten gestellt wird. Die Grossmächte werden von ihren Symboltieren repräsentiert. Ihr Löschversuch ist halbherzig und wird sabotiert: Der russische Bär steht auf dem Schlauch und der englische Löwe sabotiert den Löschschlauch mit einer Axt.
2. Stil	Der Zeichner verwendet Allegorien und Metaphern. Die Grossmächte sind als Symboltiere dargestellt und die untergehende Macht der Osmanen auf dem Balkan wird durch eine brennende Stadt symbolisiert.
3. Sender	Die Karikatur wurde vom deutsch-schwedischen Karikaturisten und Illustrator Thomas Theodor Heine für die deutsche Satirezeitschrift «Simplicissimus» entworfen.
4. Zeit/Ort	Die Karikatur wurde am 28. Oktober 1912 veröffentlicht. Die Mitglieder des Balkanbundes hatten dem Osmanischen Reich Anfang Oktober den Krieg erklärt. Zum Zeitpunkt der Veröffentlichung hatten die Osmanen bereits mehrere Niederlagen erlitten.
5. Intention	Heine kritisiert die Rolle von Russland und England im Balkankrieg. (Russland, das seit 1907 mit Frankreich und England in der *Triple Entente* verbündet war, unterstützte den Balkanbund. England wiederum weigerte sich, einen möglichen Einmarsch Österreich-Ungarns in Serbien hinzunehmen.) Er vertritt eine deutsch-österreichische Position. In diesem Sinne handelt es sich um eine Mischform einer analytischen und agitatorisch-propagandistischen Karikatur (vgl. Grünewald 1979, 130–140).
6. Wirkung	Die Leserschaft des «Simplicissimus» stammte aus dem deutschen Bürgertum. Ihnen dürften alle in der Karikatur enthaltenen Anspielungen bekannt gewesen sein. Dies lässt sich hingegen bei heutigen Betrachterinnen und Betrachtern nicht mehr voraussetzen, daher kann die Karikatur bei ihnen Unverständnis auslösen (zum Beispiel Tiere in Feuerwehruniformen).
7. Weg	Die Karikatur erschien auf dem Titelblatt der satirischen Wochenzeitschrift «Simplicissimus».

Bei der Analyse interpretiere ich die Funktionsweise und die Intention, die hinter einer Karikatur steht. Hierbei folge ich Grünewalds Typisierung. Er unterscheidet zwischen deskriptiven, kommentierenden, analytischen und agitatorisch-propagandistischen Karikaturen. Die deskriptive Karikatur hat einen rein veranschaulichenden Charakter: «Konkrete Folgerungen, eine Perspektive zur Lösung des veranschaulichten Problems werden dem Betrachter nicht geboten» (Grünewald 1979, 126). Hinter der kommentierenden Karikatur steht eine Kritik: «Der zeichnerische Kommentar ist als Warnung zu verstehen, nicht als Beschreibung.» (Ebd., 130) Die analytische Karikatur geht einen Schritt weiter. Sie deckt die (scheinbare) Ursache eines Problems auf (ebd., 132). Sie nähert sich dabei der agitatorisch-propagandistischen Karikatur an, die als «Ausdruck und Waffe bestimmter Politik» eingesetzt wird (ebd., 137).

Auf beiden Karikaturen wird der Balkan als eine in Flammen stehende Stadt dargestellt. Sowohl der Balkankrieg von 1912 wie auch die Jugoslawienkriege werden als ein Brand, ein scheinbar unaufhaltsames Naturereignis präsentiert. Die Aussenwelt schaut mehr oder weniger passiv dabei zu, wie die Situation auf dem Balkan eskaliert. Im ersten Beispiel erscheint die UNO als handlungsunfähig. Im zweiten Fall betätigen sich die Grossmächte zwar als «Feuerwehr». Bei genauer Betrachtung wird allerdings deutlich, dass ihre «Löschversuche» einerseits halbherzig sind und andererseits von England und Russland zugunsten ihrer eigenen Interessen sabotiert werden.

Die beiden Karikaturen unterscheiden sich aber in ihrer Wertung und Haltung deutlich. Während Gilsis Karikatur in erster Linie eine Kritik an der Rolle der UNO darstellt, vertritt Heine klar eine deutsch-österreichische Position. Er greift nicht nur Russland und England an, er verwendet dezidiert Balkanstereotype. So ist im Hintergrund ein Mann zu sehen, der ein Schaf wegführt und zwei weitere unter seinem Arm trägt. Die Darstellungsweise lässt darauf schliessen, dass es sich um einen plündernden Serben handelt.[5]

Chancen und Risiken

Obwohl der Einsatz von Karikaturen im Unterricht ungemein bereichernd und lehrreich für die Schülerinnen und Schüler ist, bringt er auch Herausforderungen mit sich. Die Lehrperson muss die Risiken berücksichtigen, die ein solcher Zugang beinhaltet. Zwei Punkte, die es beim Einsatz von Karikaturen im Unterricht im Allgemeinen zu beachten gilt, möchte ich herausstreichen, bevor ich auf

---

5 Ähnliche antiserbische Darstellungen finden sich in anderen Karikaturen von Heine (1908, 524 f.).

die Chancen eingehe, die der Einsatz der beiden vorgängig besprochenen Karikaturen im Unterricht eröffnet.

Der Fokus bei der Auseinandersetzung mit Karikaturen im Unterricht muss auf der Reflexion liegen. Karikaturen sollen nicht bloss zum Amüsement der Klasse eingesetzt werden. Gautschi (2015, 128) macht hierzu eine wichtige Feststellung: «Gerade in der Schule besteht deshalb die Verpflichtung der Lehrpersonen, welche Karikaturen einsetzen, dass über das Amüsement hinaus auch das Nachdenken gesichert wird. Geschieht dies nicht, so wird der Hauptvorzug der Karikatur – die pointierte Zuspitzung und die lehrreiche Übertreibung – zum gravierenden Nachteil der fahrlässigen Einseitigkeit und manipulierenden Überzeichnung.»

Es sollten also Karikaturen ausgewählt werden, die zum Nachdenken anregen oder anhand derer sich bestimmte Aspekte eines Themas veranschaulichen und diskutieren lassen. Karikaturen sollten nicht bloss als Selbstzweck zum Einsatz kommen.

Des Weiteren muss sich eine Lehrperson bewusst sein, dass sich negative Bilder und Stereotype durch den Einsatz von Karikaturen durchaus in den Köpfen der Schülerinnen und Schüler verfestigen können. Dies ist insbesondere dann wichtig, wenn man stereotypische Darstellungen wie zum Beispiel das «Pulverfass Balkan» mit den Schülerinnen und Schülern behandelt. Eine solch starke Metapher in einer Karikatur bildlich festgehalten, bleibt im Gedächtnis haften.

Wie kann eine Lehrperson diesem Umstand entgegenwirken? Eine Möglichkeit wäre, Karikaturen zu zeigen, die ein anderes, positiveres Balkanbild vermitteln. Solche aufzutreiben, ist allerdings schwierig und zeitaufwendig. Ich schlage deshalb eine andere Herangehensweise vor. Die in beiden Karikaturen vorkommenden Balkanstereotype, insbesondere die «Pulverfass Balkan»-Metapher, sollen stattdessen gemeinsam mit den Schülerinnen und Schüler dekonstruiert werden.

Dazu ist eine kurze Einführung über Stereotype und ihre Funktionsweise unerlässlich. Die Lehrperson müsste meiner Ansicht nach in erster Linie zwei Punkte hervorheben: 1. Stereotype dienen der Vereinfachung von Komplexität und 2. mit ihnen ist ein Werturteil verbunden. Aufgrund ihrer Prägnanz bietet sich beispielsweise die Definition von Michael Kunczik an: «Das Stereotyp über Stereotype lautet, dass alle Stereotype schlecht sind – und dieses Stereotyp ist, wie alle anderen auch, eine zu grosse Vereinfachung.» (Kunczik 1990, 27)

In einem nächsten Schritt kann die Lehrperson nun anhand von Uppendahls Matrix gemeinsam mit der Klasse die zu verschiedenen Zeiten vorherrschenden Balkanstereotype sammeln und sie zunächst im historischen Kontext der jeweiligen Zeit (in unserem Fall der Balkankrieg von 1912 und die Jugoslawienkriege von 1991–1995) genauer anschauen. Danach können die in beiden Karikaturen vorhandenen Stereotype und die damit verbundenen Zuschreibungen miteinander verglichen werden. Was ist gleich respektive was hat sich verändert und weshalb? Auf diese Weise lässt sich die historische Kontinuität der «Pulverfass Balkan»-Metapher herausarbeiten. Durch den Vergleich erfolgt – wie Schnakenberg (2012, 17) es nennt – eine «Auseinandersetzung mit unterschiedlichen Sichtweisen auf ‹die› Vergangenheit». Den Schülerinnen und Schülern wird «durch [solch] multiperspektivische Zugriffe der Konstruktionscharakter von Geschichte deutlich», so Schnakenberg weiter. Diese Erkenntnisse sollten den Schülerinnen und Schülern helfen, negative Bilder wie das «Pulverfass Balkan» zu «durchschauen». Es soll ein Bewusstsein bei den Lernenden geschaffen werden, dass hinter solchen Metaphern meist (geo)politische und ideologische Interessen stehen. Ausserdem lernen sie mit Karikaturen als «wichtigem Medium des politischen Meinungskampfes» umzugehen (Schnakenberg 2012, 17) und erwerben ein bestimmtes Mass an visuellem Wissen (vgl. Kap. 4; Pandel 1999, 264). Diese neuen Kompetenzen helfen ihnen nicht nur zum Beispiel zwischen einer kommentierenden (vgl. Gilsi 1995, 16) und einer agitatorisch-propagandistischen Karikatur (vgl. Heine 1912) zu unterscheiden. Ihnen ist auch bewusst geworden, dass historische Quellen wie Karikaturen eine subjektive Sichtweise auf ein Ereignis wie zum Beispiel die Jugoslawienkriege vermitteln.

Ausblick und Konklusion

Beachtet man die Gefahren und Herausforderungen, die der Umgang mit Karikaturen im Unterricht erfordert, stellen diese eine interessante Annäherung an die Jugoslawienkriege dar, gerade in Bezug auf prävalente stereotype Balkanvorstellungen.
Der Vergleich mit Karikaturen, die aus der Zeit der Balkankriege von 1912/13 stammen, ermöglicht aufzuzeigen, dass das negative Balkanbild weit in die Vergangenheit zurückreicht. Es ist also nicht erst durch die Jugoslawienkriege entstanden, sondern viel eher reaktiviert und durch neue Vergleiche zum Beispiel mit den Verbrechen während des Zweiten Weltkriegs erweitert worden (vgl. Beham 1996, 175).
Meiner Meinung nach lassen sich das «Pulverfass Balkan» und damit einhergehende negative Bilder und Stereotype besser verstehen und einordnen, wenn sie in einen grösseren historischen Kontext gestellt werden. Dieses historische Verständnis erlaubt, sie aufzubrechen, und macht sie als Konstruktionen erkennbar. Diese Erkenntnis eröffnet den Schülerinnen und Schülern einen erweiterten Blick auf stereotype Darstellungen und Metaphern – auch jenseits der Jugoslawienkriege.

Literatur

Achterberg, Christoph (1998). Karikatur als Quelle. Determinanten sozialwissenschaftlicher Interpretation. Bern, Berlin, Frankfurt am Main, New York, Paris, Wien: Peter Lang.

Angelova, Penka, Judith Veichtlbauer (2001). Vorwort. In: Penka Angelova, Judith Veichtlbauer (Hg.), Pulverfass Balkan. Mythos oder Realität (S. 7–17). St. Ingbert: Röhrig Universitätsverlag.

Beham, Mira (1996). Kriegstrommeln. Medien, Krieg und Politik. München: Deutscher Taschenbuch Verlag.

Bilke, Nadine (2008). Qualität in der Krisen- und Kriegsberichterstattung. Ein Modell für einen konfliktsensitiven Journalismus. Wiesbaden: VS.

Boeckh, Katrin (1996). Von den Balkankriegen zum Ersten Weltkrieg. Kleinstaatenpolitik und ethnische Selbstbestimmung auf dem Balkan. München: R. Oldenburg.

Gautschi, Peter (2005). Geschichte lehren, Lernwege und Lernsituationen für Jugendliche (3. Auflage). Buchs: Lehrmittelverlag des Kantons Aargau.

Gautschi, Peter, Helmut Meyer (2001). Vergessen oder Erinnern? Völkermord in Geschichte und Gegenwart (1. Auflage). Zürich: Lehrmittelverlag.

Gautschi, Peter (2015). Geschichte lehren, Lernwege und Lernsituationen für Jugendliche (6. Auflage). Zürich: Lehrmittelverlag.

Gilsi, René (1995). Die gefesselte UNO und der Krieg in Jugoslawien. Nebelspalter, 121 (33), S. 16.

Grünewald, Dietrich (1979). Karikatur im Unterricht. Geschichte, Analysen, Schulpraxis. Weinheim, Basel: Beltz.

Hager, Maik (2018). Denkimpulse zur Verwendung von Karikaturen im Geschichtsunterricht. In: Maik Hager, Beiträge zu Geschichte und Philosophie in Wissenschaft und Unterricht. Sydower Fliess, www.geschichte-erforschen.de/geschichte/karikaturen.html, 7. Juni 2019.

Heine, Thomas Theodor (1908). Die Sitten und Gebräuche der Serben. Simplicissimus, 13 (32) (Spezial-Nummer Balkan), S. 524 f., www.simplicissimus.info, 14. April 2019.

Heine, Thomas Theodor (1912). Der Brand am Balkan. Simplicissimus, 17 (31), Titelseite, www.simplicissimus.info, 25. Mai 2019.

Hösch, Edgar (2008). Geschichte der Balkanländer. Von der Frühzeit bis zur Gegenwart (5., aktualisierte und erweiterte Auflage). München: C. H. Beck.

Hroch, Miroslav (1971). Das Erwachen kleiner Nationen als Problem der komparativen sozial-geschichtlichen Forschung. In: Theodor Schieder (Hg.), Sozialstruktur in Organisation europäischer Nationalbewegung (S. 121–139). München, Wien: R. Oldenburg.

Huntington, Samuel P. (2002). Clash of Civilizations and the Remaking of World Order. London, Sydney: Free. (Original erschienen 1996)

Imbusch, Peter (2006). Der Staatszerfall Jugoslawiens. In: Peter Imbusch, Ralf Zoll (Hg.), Friedens- und Konfliktforschung. Eine Einführung (4., überarbeitete Auflage, S. 221–248). Wiesbaden: VS für Sozialwissenschaften.

Kaplan, Robert (2005). Balkan Ghosts. A Journey through History. New York: Picador. (Original erschienen 1993)
Kaser, Karl (2011). Balkan und Naher Osten. Einführung in eine gemeinsame Geschichte. Wien, Köln, Weimar: Böhlau.
Kunczik, Michael (1990). Die manipulierte Meinung. Nationale Image-Politik und internationale Public Relations. Köln: Böhlau.
Mazower, Mark (2007). Der Balkan (3. Auflage). Berlin: Berliner Taschenbuch.
Pandel, Hans-Jürgen (2017). Karikaturen. Gezeichnete Kommentare und visuelle Leitartikel. In: Hans-Jürgen Pandel, Gerhard Schneider (Hg.), Handbuch Medien im Geschichtsunterricht (7., erweiterte Auflage, S. 269–290). Schwalbach: Wochenschau.
Pavić, Kathrin (2015). Da habe ich alles, was Serbisch war, verteufelt. Wie gesellschaftliche Diskurse die natio-ethno-kulturellen Zugehörigkeiten von ethnischen Serbinnen und Serben in der Deutschschweiz beeinflussen. Bern etc.: Peter Lang.
Petritsch, Wolfgang (2009). Der Balkan als Herausforderung Europas. WeltTrends. Zeitschrift für internationale Politik, 64 (17), 95–106.
Schnakenberg, Ulrich (2012). Die Karikatur im Geschichtsunterricht. Schwalbach: Wochenschau.
Todorova, Maria (2009). Imagining the Balkans (2. Auflage). Oxford: Oxford University Press. (Original erschienen 1997)
Uppendahl, Herbert (1986). Möglichkeiten des Einsatzes von Karikaturen. In: Hans-Jürgen Pandel, Gerhard Schneider (Hg.), Handbuch Medien im Geschichtsunterricht (2. Auflage, S. 459–492). Düsseldorf: Schwann.
Veichtlbauer, Judith (2001). Das Innere Ausland – Der Balkan als Hinterhof Europas. In: Penka Angelova, Judith Veichtlbauer (Hg.), Pulverfass Balkan. Mythos oder Realität (S. 125–150). St. Ingbert: Röhrig Universitätsverlag.
Volcic, Zala (2011). Serbian Spaces of Identity. Narratives of Belonging by the Last Yugo Generation. New York, NY: Hampton Press.
Weithmann, Michael W. (1997). Balkan-Chronik. 2000 Jahre zwischen Orient und Okzident (2. Auflage). Darmstadt: Wissenschaftliche Buchgesellschaft.

Perspektiven gewinnen

Youtube-Clips zu den Jugoslawienkriegen mit der Webapp Travis Go im Unterricht kooperativ untersuchen

Elke Schlote, Susanne Grubenmann

Im Mittelpunkt dieses Praxisberichts steht eine Unterrichtseinheit zu den Jugoslawienkriegen im Fach Geschichte an der Sekundarschule. Dieses zeitgeschichtliche Thema wurde – wie im Lehrplan 21 angelegt – für die neunte Klasse aufbereitet. Schülerinnen und Schüler setzen sich darin mit audiovisuellen Materialien auseinander, welche in der Webapplikation Travis Go in zwei Formen der Gruppenarbeit bearbeitet werden.
Wir stellen zunächst konzeptuelle und didaktische Überlegungen zur Einbindung des Themas in den Geschichtsunterricht vor. Danach beschreiben wir die Doppellektion, die wir rund um audiovisuelle Medienprodukte zu den Jugoslawienkriegen, wie man sie auf der Videoplattform Youtube findet, entworfen haben. Wir diskutieren anhand einer Unterrichtsbeobachtung in zwei Klassen an der Sekundarschule Pratteln (BL), wie die computergestützte Zusammenarbeit in den Gruppen gelang und was die Schülerinnen und Schüler aus einer solchen Verknüpfung von historischem Lernen und Medienkunde gewannen.

Das Thema «Jugoslawienkriege» und seine Einbindung in den Geschichtsunterricht

Mit dem Begriff «Jugoslawienkriege» werden eine Reihe von Konflikten in verschiedenen Balkanstaaten vom Juni 1991 bis zum November 2001 bezeichnet. Die Kriege haben in den betroffenen Gebieten ungefähr 120 000 Menschenleben gekostet und Europa in einen Schockzustand versetzt. Die Vertreibungen und Kriegsverbrechen an der Zivilbevölkerung wie etwa das Massaker von Srebrenica haben tiefe Gräben zwischen den Menschen in der Region aufgerissen und zu zahlreichen ethischen Dilemmata geführt, was das Nichteingreifen beziehungsweise Eingreifen durch überstaatliche Akteure wie UN und NATO anbelangt (Calic 2018).
Die Auseinandersetzung mit zeitgeschichtlichen Themen ist im Lehrplan 21 verankert.[1] Hierunter fällt die Beschäftigung mit den Jugoslawienkriegen im Fach

---

1 Dies lässt sich im Lehrplan 21, «Räume, Zeiten, Gesellschaft» für das Fach Geschichte nach-

Geschichte an Sekundarschulen. Mit diesem Thema verbinden sich einige Herausforderungen: Die Geschichtswissenschaft befindet sich noch in der Erforschung der Ereignisse, eine schuldidaktische Aufarbeitung der Jugoslawienkriege sowie das Erstellen geeigneter Materialien muss erst geleistet werden (Sauerländer, in diesem Band). Zugleich ist das Thema ein Teil der Schweizer Migrationsgeschichte (Bürgisser, in diesem Band) und hat biografische Relevanz für Schülerinnen und Schüler in Schweizer Klassenzimmern, deren Familien Wurzeln in der betroffenen Region haben.[2]

Wir möchten in unserer Unterrichtseinheit das Videoportal Youtube, welches Jugendliche zur Information und Unterhaltung nutzen,[3] als Lernort für den Umgang mit geschichtlichen Materialien zu den Jugoslawienkriegen erschliessen. Den Historikerinnen und Historikern ist «die Gatekeeper-Funktion zum historischen Wissen abhandengekommen» (Kühberger 2015, 163), denn eine Fülle von audiovisuellen Medienprodukten ist auf Videoplattformen wie Youtube frei im Internet zugänglich, gerade auch zu den Jugoslawienkriegen. Diese sind von unterschiedlicher Provenienz und Qualität und verwenden oft dokumentarisches Material. Der schulische Geschichtsunterricht kann hier Hilfen zur Einordnung übernehmen: Laut Lehrplan 21 sollte dieser Sekundarschülerinnen und -schülern Werkzeuge an die Hand geben, um «Geschichtskultur analysieren und nutzen» zu können, dabei unter anderem «populäre Geschichtsdarstellung[en]» in historische Zusammenhänge einordnen und mit anderen Materialien vergleichen zu können sowie «Quellenkritik» zu betreiben.[4]

In geschichtskulturellen Produkten zu den Jugoslawienkriegen wird typischerweise einseitig oder stereotyp in einem Täter-Opfer-Schema berichtet (Ziegler/

weisen (D-EDK 2014), unter «Stoffinhalte und Themen» 6, 3. Zyklus: «Schülerinnen und Schüler können ausgewählte Phänomene der Geschichte des 20. und 21. Jahrhunderts analysieren und deren Relevanz für heute erklären» (Kompetenz RZG 6.3, unter anderem RZG 6.3.c: Schülerinnen und Schüler «können anhand vorgegebener Materialien Geschichten von Krieg betroffener Menschen aus den letzten 50 Jahren erzählen und diese in einen geschichtlichen Zusammenhang stellen»).

2 Vgl. Studien zu den Bevölkerungsgruppen Exjugoslawiens in der Schweiz, unter anderem Pavić 2015; Iseni et al. 2014.
3 Laut JAMES-Studie 2018 nutzen 80 Prozent der Jugendlichen in der Schweiz Videoportale wie Youtube täglich oder mehrmals wöchentlich zur Unterhaltung, 45 Prozent nutzen diese täglich oder mehrmals wöchentlich zur Information (Suter et al. 2018, 42). Jugendliche lassen sich von Youtube-Videos zudem Sachverhalte erklären (Wolf 2015).
4 Vgl. Lehrplan 21, «Räume, Zeiten, Gesellschaften» für das Fach Geschichte (D-EDK 2014), «Stoffinhalte und Themen» 7: «Geschichtskultur analysieren und nutzen», Kompetenz RZG 7.2.3.a–d, unter anderem Quellenkritik. Youtube-Videos können ihrem erkenntnistheoretischen Status nach Quellen, aber auch historische Darstellungen über die Jugoslawienkriege sein. Geschichtskultur analysieren und nutzen zu können, bedingt unseres Erachtens den kritischen Umgang und die Einordnung beider. Wir sprechen im Folgenden zusammenfassend von Materialien.

Thyroff 2018). Gerade auf der Videoplattform Youtube finden sich propagandistische Beiträge, welche indoktrinierend statt umfassend informierend gestaltet sind (Brändli 2017, 2). Es ist daher geboten, dass wir uns bei der schulischen Auseinandersetzung mit Beiträgen auf Youtube nicht auf die «unkritische Informationsentnahme und -verarbeitung beschränken» (Brändli 2017, 10), sondern damit medienkritisch-reflexiv umgehen. Dies nötigt den Geschichtsunterricht in Konsequenz zur Inklusion von Elementen der Medienkunde (Kerber 2015). Unser Unterrichtsvorschlag möchte im Anschluss an Kühberger (2015) und Kerber (2015, 165 f.) die Perspektiven der Geschichtsdidaktik auf historische Re-/Dekonstruktion als zentrale Operatoren des historischen Lernens mit Methoden der Medienanalyse und einem Kompetenzaufbau in der Medienkunde verknüpfen.[5]

Dies möchten wir zudem um die Möglichkeit erweitern, die eigene Perspektivität auf geschichtliche Materialien durch kollaboratives, dialogisches Lernen zu erfahren und zu hinterfragen. Die Ziele des Kompetenzaufbaus in Quellenkritik und Medienkunde können unseres Erachtens am besten erreicht werden, wenn im Unterricht sehr eng am Material und im Dialog miteinander gearbeitet wird, um Stereotypisierungen, Vorurteilen und «blinden Flecken» auf die Spur zu kommen. Diese können sowohl im audiovisuellen Medienprodukt verortet sein[6] als auch in den individuellen Perspektiven von Schülerinnen, Schülern oder Lehrpersonen. Wir schlagen vor, die Aktivität der Schülerinnen und Schüler in der gemeinsamen Auseinandersetzung mit dem Material mit dem Ziel einer gegenseitigen Perspektivenerweiterung einzusetzen.[7] Eine gemeinschaftliche Bearbeitung von Fragestellungen zu Youtube-Clips kann durch das digitale Lernwerkzeug Travis Go unterstützt werden, welches grundlegende Kategorien zur Analyse audiovisueller Medienprodukte bietet (Klug/Schlote 2018).[8]

---

5 Das heisst, dem Kompetenzbereich «1 Medien» im Lehrplan 21, im Unterpunkt 1.2: «Die Schülerinnen und Schüler können Medien und Medienbeiträge entschlüsseln, reflektieren und nutzen.», im Speziellen die Kompetenzbereiche MI 1.2.2e: «Die Schülerinnen und Schüler können Informationen aus verschiedenen Quellen gezielt beschaffen, auswählen und hinsichtlich Qualität und Nutzen beurteilen» sowie MI 1.2.3g: «Die Schülerinnen und Schüler kennen grundlegende Elemente der Bild-, Film- und Fernsehsprache und können ihre Funktion und Bedeutung in einem Medienbeitrag reflektieren.» (D-EDK 2014)

6 Dies gilt nicht nur für Clips auf der Videoplattform Youtube: Eine international vergleichende Medienanalyse ergab, dass Konflikte und Kriege auch in Kinder- und Jugendsendungen des Qualitätsfernsehens in immer wiederkehrenden Erzähl- und Gestaltungsformen umgesetzt werden, welche kritisch hinterfragt werden sollten (Lemish/Schlote 2009).

7 Schulprojekte zur Reduzierung rassistischer Stereotype zeigten, dass Jugendliche mit einer fehlenden beziehungsweise unsicheren Haltung durch die Präsentation von Stereotypisierungen, welche von der Peergroup verstärkt werden, eine anhaltend negative Einstellung entwickeln können. In einer offenen, respektvollen Diskussionsatmosphäre können Peer-Effekte hingegen positiv zur Einstellungsbildung beitragen (Eser Davolio 2012).

8 Dies entspricht dem Kompetenzbereich MI 1.4: «Die Schülerinnen und Schüler können Medien interaktiv nutzen sowie mit anderen kommunizieren und kooperieren.» (D-EDK 2014)

Didaktische Erwägungen 1: Die Unterrichtssituation an der Sekundarschule Pratteln

In den Klassen des mittleren und obersten Leistungsniveaus, die Susanne Grubenmann im Fach Geschichte unterrichtet, haben 21 Schülerinnen und Schüler familiäre Wurzeln in Bosnien, Kroatien, Serbien, Montenegro, Albanien, Mazedonien, dem Kosovo und der Vojvodina. Es gibt also gute Gründe, das Thema «(Ex-)Jugoslawien und Schweiz» an der Sekundarschule Pratteln zu behandeln. So wünschenswert eine Ausweitung des Themas über die Kriege hinaus auf die historisch vielgestaltigen, gelingenden Aspekte des Zusammenlebens wäre (Sperisen/Schneider 2017), das knappe Stundenbudget für den Geschichtsunterricht, welches zwei Lektionen pro Woche im 9. Schuljahr umfasst, zwang uns zur Beschränkung. Für die fokussierte Beschäftigung mit dem Thema der Kriege stand im laufenden Schuljahr eine Doppellektion zur Verfügung.

Spielraum gab es in anderer Hinsicht, denn die Sekundarschule Pratteln verfolgt ein Konzept von Präsenzunterricht und Lernlandschaften. Hier werden kooperative Lernformen ausprobiert und die Lehrmittel können gezielt mit eigenen Materialien angereichert werden. Das Unterrichtsprojekt mit Youtube und Travis Go war hier gut verortet.

Didaktische Erwägungen 2: Strukturierung und Unterstützung der Auseinandersetzung mit audiovisuellen Medien mit Travis Go

Die kostenfreie Webapplikation Travis Go[9] wurde in die Unterrichtsplanung einbezogen, um eine vertiefte Auseinandersetzung mit den Youtube-Clips zu ermöglichen. Travis Go ist ein digitales Lernwerkzeug, welches den analytischen und diskursiven Umgang mit audiovisuellen Medien strukturiert (Schlote/Klug 2020). Schülerinnen und Schüler können in einem Projekt rund um ein audiovisuelles Medienprodukt in Travis Go selbst tätig werden. Sie können den ausgewählten Videoclip im integrierten Player ansehen, Stellen im Video markieren und beschreiben und in ihren Beiträgen Beschreibungen, Erklärungen, Fragen etc. formulieren. Die Beiträge werden in einer chatähnlichen Darstellung neben dem Video angezeigt. Mit einem Klick auf die Zeitangabe im Beitrag springt der Player an die entsprechende Stelle im Video. Alle Beiträge können kommentiert

---

9 Die Webapplikation Travis Go (www.travis-go.org) wurde im Rahmen eines vom Schweizerischen Nationalfonds geförderten Forschungsprojekts am Seminar für Medienwissenschaft der Universität Basel als OER konzipiert. Leitung: Prof. Dr. Klaus Neumann-Braun; Mitarbeitende: Dr. Daniel Klug, Dr. Elke Schlote, Marian Plösch DI (FH), Armin Reautschnig (Laufzeit 2016–2019, SNF-Projektnummer 100019_162663).

werden. Kommentare ordnen sich zeitlich untereinander an und können ein- oder ausgeklappt werden. Travis Go bietet grundlegende Analysekategorien für audiovisuelle Medien, sodass Beiträge danach gekennzeichnet werden können, ob sie sich auf das Bild, den Ton oder auf den gesprochenen Text beziehen. Zudem lassen sich freie Schlagworte vorgeben oder neu kreieren.

Lehrpersonen können Aufgabenstellungen zu einem von ihnen ausgewählten audiovisuellen Medienprodukt in der Webapplikation vorbereiten. Je nach gewünschter Arbeitsweise können Schülerinnen und Schüler individuell an diesen Aufgaben arbeiten oder zu mehreren in einem Projekt zeitgleich kooperieren. Der Vorteil eines solchen Lernsettings, in arbeitsgleicher oder arbeitsteiliger Partner- und Gruppenarbeit, liegt in der umfassenden Schüleraktivierung (Brüning/Saum 2009): Auch schwächere und stillere Schülerinnen und Schüler beteiligen sich, Sachverhalte werden intensiver durchdrungen und das eigenverantwortliche Lernen wird gestärkt. Für die Phase der Ergebnissicherung bietet Travis Go die Möglichkeit, Beiträge und Kommentare per Beamer zu präsentieren und sie in eine Plenumsdiskussion einzubringen.[10]

Aufbau der Unterrichtseinheit

Die Lernziele der Doppellektion sind, dass die Schülerinnen und Schüler a) miteinander Fachwissen über die Jugoslawienkriege konstruieren, dass sie b) die ausgewählten medialen Darstellungen kritisch betrachten lernen und deren Gehalt als geschichtliche Materialien begründen können (Stichwort: De- und Rekonstruktion) und dass sie c) zu einer ethischen Einschätzung des Dargestellten kommen. Dies setzten wir didaktisch-methodisch so um, dass in beiden Lektionen die schülerseitige Auseinandersetzung mit audiovisuellen Medienprodukten in Travis Go am Anfang stand. Die Ergebnisse der Gruppenarbeit sollten anschliessend dem Plenum präsentiert werden und in einem Klassengespräch lehrergeleitet reflektiert und zur Ergebnissicherung gebracht werden. Im Umgang mit den audiovisuellen Medienprodukten wurde ein schrittweiser Kompetenzaufbau angestrebt: Zuerst sollte eine einfache Aufgabe zur Informationsentnahme aus dem Medienprodukt das «Genau-hinschauen-Können» sowie den grundlegenden Umgang mit der App Travis Go einüben. Für die zweite Lektion entwarfen wir komplexere Aufgabenstellungen, die selbsttätig und kooperativ innerhalb von mehreren Schülergruppen in Travis Go bearbeitet werden sollten.

10 Technische Voraussetzungen für den Unterrichtseinsatz sind je ein mit dem Internet verbundener Computer, Laptop oder ein Tablet pro Lernendem oder pro Lerngruppe sowie ein Computer für die Lehrperson, der mit dem Internet und einem Beamer verbunden ist, um das Erarbeitete im Plenum zu präsentieren und zu diskutieren.

Die Youtube-Videos wurden danach ausgewählt, dass sie das Erreichen dieser Lernziele unterstützen. Wir stellten Ausschnitte von drei bis vier Minuten Länge zusammen, welche in kurzer Zeit erarbeitet werden konnten. Wir verzichteten auf Bildmaterial von Grausamkeiten, aus Respekt vor den Toten und um niemanden zu überwältigen. Zudem haben wir uns dagegen entschieden, anklagende Ausschnitte im Täter-Opfer-Schema zu zeigen. Unter Umständen hätte dies unreflektierte Abwehrreaktionen und ethnisierende Ausgrenzungen innerhalb der Klassen zur Folge gehabt, welche in der zur Verfügung stehenden Unterrichtszeit pädagogisch nicht aufzufangen gewesen wären. Diesen Punkt greifen wir in der Diskussion am Ende nochmals auf. Ein weiteres Auswahlkriterium war, dass die audiovisuellen Medienprodukte verschiedene Perspektiven auf die Jugoslawienkriege eröffnen sollten. Ein abstrakter «Blick von oben» auf die Landkarte der Jugoslawienkriege in einem typischen Youtube-«Erklärvideo» (Wolf 2015) wurde kontrastiert mit einer «Lupe», das heisst mit Zeitzeugenberichten von Alltagserfahrungen aus dem Krieg in der besetzten Stadt Sarajewo.

Das semiprofessionell gestaltete Erklärvideo «Zeitgeschichte in 234 Sekunden. Der Zerfall Jugoslawiens» sollte zuerst erarbeitet werden. Eine Sprecherstimme aus dem Off präsentiert darin Daten, Abläufe und Zusammenhänge zu den Jugoslawienkriegen. Diese werden auf der Bildebene mit Legetechnik und Einblendungen illustriert. Im Video sind keine Quellenangaben zu finden, die Urheberschaft bleibt unbestimmt. Die Machart mit einfachen Animationen und einer nichtprofessionellen Sprecherstimme bieten Ansatzpunkte für eine quellenkritische Reflexion.[11]

Für die Weiterarbeit wurden Ausschnitte aus einer Fernsehdokumentation über die in den 1990er-Jahren besetzte Stadt Sarajewo ausgewählt, welche auf Youtube zu finden ist.[12] Zeitzeuginnen und -zeugen berichten in dieser Doku an den Orten des Geschehens über ihren damaligen Alltag im Krieg. Wir wählten vier Perspektiven aus, um die Vielfalt der Lebenslagen in der besetzten Stadt abzubilden. Aus den Interviews lassen sich Sachinformationen und emotional-persönliche Einblicke gewinnen sowie filmische Inszenierungsstrategien herausarbeiten.

11 Videoquelle: «Zeitgeschichte in 239 Sekunden» (ohne Quellenangabe; Upload von: Tobias Schulze, 2012), https://youtu.be/RGa5E9C_AUU. Die Lektion rund um das Youtube-Video kann von der Travis-Go-Homepage kostenlos heruntergeladen werden: «Unterrichtseinheit mit TRAVIS GO im Fach Geschichte: Thema: Erklärvideo zu den Jugoslawienkriegen», www.travis-go.org/edu, 31. August 2019.

12 Videoquelle: «Bosnien: Mutig, missbraucht, mächtig – Die Frauen von Sarajevo» (ARD, 2015, Regie: Natalie Amiri; Upload von: BiH-Doku, 2017), https://youtu.be/xdhx76eT6Co. Die Lektion kann von der Travis-Go-Homepage kostenlos heruntergeladen werden: «Unterrichtseinheit mit TRAVIS GO im Fach Geschichte: Thema: Zeitzeugeninterviews zu den Jugoslawienkriegen», www.travis-go.org/edu, 31. August 2019.

Die Unterrichtseinheit ist wie folgt strukturiert: In der Lektion vor der Doppelstunde wurde das Vorwissen der Schülerinnen und Schüler erfragt (15 Minuten). In der ersten Lektion der Doppelstunde ging es nach einer Einführung zu den «Jugoslawienkriegen» und nach Hinweisen zur technischen Nutzung von Travis Go um die Erarbeitung von Informationen aus dem genannten Erklärvideo. Dies geschah arbeitsteilig in acht Zweiergruppen in Travis Go auf lehrerseitig vorbereitete Fragen hin. Diese zielten darauf ab, Sachinformationen aus dem Video zu ziehen, etwa: «Aus welchen Staaten bestand Jugoslawien?» oder «Wer war Tito und wie regierte er?». Hierzu sollten die Schülerinnen und Schüler entsprechende Stellen im Video markieren und einen Beitrag mit der Antwort in Travis Go formulieren. Sie hatten hierfür 8 Minuten Zeit. Im Anschluss daran stellten die Gruppen ihre Ergebnisse im Plenum vor (10 Minuten). In den verbleibenden 10 Minuten wurde das Erklärvideo quellenkritisch reflektiert, und zwar im Klassengespräch über lehrergesteuerte Fragen zur Überprüfung der Machart («Was fällt euch bei der Machart auf?», «Ist die Gestaltung sachlich informierend oder emotionalisierend, eröffnet sie mehrere Perspektiven, geht sie auf Hintergründe der Kriege ein?») sowie zur Überprüfung des historischen Materials («Wer ist der Urheber? Welches Vergleichsmaterial könnten wir zur Überprüfung heranziehen?»). Die Ergebnisse sollten zur Ergebnissicherung in einem Tafelanschrieb festgehalten werden. In der zweiten Lektion der Doppelstunde wurde je eines der vier Zeitzeugeninterview in Vierergruppen kollaborativ untersucht. Diesmal hatten alle Schülerinnen und Schüler einen Computer zur Verfügung und trugen über den Kollaborationsmodus in Travis Go in ihrer Gruppe zu ihrem Projekt bei. Ein Leitfaden ermöglichte die selbständige Tätigkeit über 25 Minuten hinweg. Die Arbeitsaufträge lauteten: «Fasse den Inhalt des Videos zusammen», «Suche eine besonders eindrückliche Stelle im Videoclip und begründe, weshalb sie dir Eindruck macht. Diskutiert in den Kommentaren über die ausgewählten Stellen», «Mit welchen Mitteln werden die Aussagen der Zeitzeugen hervorgehoben? Beachtet hierzu jeweils Bild/Text/Musik», «Welches Bild von den Kriegen könnt ihr euch aus den Aussagen erschliessen?». Nach der Erarbeitungsphase sollten die Gruppen ihre Ergebnisse in Kurzpräsentationen der Klasse vorstellen (10 Minuten). Die verbleibenden 10 Minuten waren einer Plenumsdiskussion über diese Quelle sowie über allgemeine ethische Beurteilungsmöglichkeiten von Kriegshandlungen vorbehalten. Die Lehrperson strukturierte das Klassengespräch über Fragen: «Wir haben individuelle Erfahrungsberichte studiert. Stimmen diese Berichte? Wie könnten wir die Aussagen und Bilder der Zeitzeugen überprüfen? Wie betten wir das in einen grösseren historischen Kontext ein?» Der zweite Aspekt einer allgemeinen Beurteilung («Was ist die Referenzgrösse hinsichtlich der Unterscheidung von Tätern und Opfern? Woran erkennt man, ob eine Handlung tolerierbar oder ob sie kriminell ist?») hatte zum Ziel, mit den Schülerinnen und Schülern über Menschenrechte, internationale Vereinbarungen und ethische Schriften zu reflektieren und einen Tafelanschrieb zu solcherart orientierenden Referenzen zu erstellen. In der Folgelektion wurde eine Ergebnissicherung mit Evaluation der Doppellektion durchgeführt (20 Minuten).

Unterrichtsbeobachtung in zwei Klassen

Die Doppellektion wurde am 7. Januar 2019 im Geschichtsunterricht an der Sekundarschule Pratteln durchgeführt. Es nahmen je 17 Schülerinnen und Schüler aus 9. Klassen des mittleren und obersten Leistungsniveaus im Computerraum der Schule teil. Wir beobachteten die Arbeitsweise der Schülerinnen und Schüler und gaben, wo nötig, Hilfestellungen. Das von den Schülerinnen und Schülern in Travis Go Erarbeitete wurde in Ergebnisdateien gespeichert, welche wir nach der Lektion auf das schriftliche Arbeitsergebnis und die Zusammenarbeit in der Gruppe hin auswerteten.

Beide Klassen kamen mit den Aufgabenstellungen in der vorgegebenen Zeit gut zurecht, die Arbeitsatmosphäre war konzentriert. Die computergestützte Zusammenarbeit mit Travis Go gelang in beiden Lektionen. Was die Erarbeitung von Information aus dem Erklärvideo anging, so bot Travis Go den didaktischen Vorteil, dass die Zweiergruppen das Video individuell anschauen und in ihrem eigenen Tempo erarbeiten konnten. Dies führte zu einer vertieften Auseinandersetzung mit dem jeweiligen Inhalt. Es handelte sich um eine einfache, kurz gehaltene Aufgabe in der bekannten Konstellation einer Gruppenarbeit vor dem Computer. Die selbständige kooperative Erschliessung der Zeitzeugenvideos in Viergruppen war im Vergleich dazu anspruchsvoller. Die Schülerinnen und Schüler arbeiteten computergestützt an einem gemeinsamen Projekt, verfassten Beiträge zu Arbeitsaufträgen und kommentierten sich gegenseitig. Auch hier kamen die Schülerinnen und Schüler mit den Aufgabenstellungen und dem von Travis Go bereitgestellten Funktionsumfang zur Bearbeitung gut zurecht. Die Schülerinnen und Schüler nutzten die Kommentarfunktion in Travis Go in zweierlei Weise: zur inhaltlichen Rückmeldung wie auch zur Absprache, welchen Ausschnitt sie später vorstellen wollten. Ein Kompetenzaufbau im Bereich MI 1.4 (nach Lehrplan 21) «Die Schülerinnen und Schüler können Medien interaktiv nutzen und mit anderen kommunizieren und kooperieren» konnte in der Unterrichtseinheit somit erzielt werden.

Die inhaltlichen Lernziele, miteinander Fachwissen zu konstruieren über ein Phänomen der Geschichte des 20. und 21. Jahrhunderts sowie Geschichten vom Krieg betroffener Menschen wiederzugeben, liess sich über die Sichtung der audiovisuellen Materialien, die eigenständige Erarbeitung von Aufgaben und die Präsentation der Ergebnisse im Plenum erreichen. Dieses Lernziel war eng verknüpft mit der Medien- und Quellenreflexion, die im Anschluss an die Ergebnispräsentation im Plenum stattfand. Das Klassengespräch wurde durch Fragen der Lehrperson eröffnet. Die Schülerinnen und Schüler konnten beispielsweise gut benennen, an welchen Stellen die Machart des Erklärvideos von professionellen Standards abwich. In dieser lehrergeleiteten Phase gab es die typische Verteilung von «Wortführern» und stillen Zuhörenden in der Klassendiskussion. Die Auswertung der Gruppenarbeiten zu den Zeitzeugenberichten zeigten, dass die Neuntklässlerinnen und -klässler aufgabenbezogen sowohl sachliche Beschreibungen als auch persönliche Einschätzungen verfassen konnten und einander Feedback gaben beziehungsweise Absprachen schriftlich trafen. Was die Auswahl der Materialien und die Gefahr möglicher Falschinformationen anging, so zeigte sich in der Diskussion, dass die Schülerinnen und Schüler den Lehrenden ein grosses Vertrauen in deren Auswahlkompetenz entgegenbrachten.

Im abschliessenden Klassengespräch löste sich die Diskussion vom konkreten Material. Es ging um ethische Grundlagen zur Bewertung, welche herangezogen werden können, um Kriterien für die Bewertung gewisser Kriegshandlungen herauszuarbeiten. Hier trugen die Schülerinnen und Schüler verschiedene Referenzen zusammen wie zum Beispiel internationale Menschenrechtsabkommen (Allgemeine Erklärung der Menschenrechte der Vereinigten Nationen), europäische Vereinbarungen (Charta des Europarates) oder religiöse Schriften (Bibel, Koran), welche von der Lehrperson eingeordnet wurden.

Diskussion und Fazit

Die von uns entwickelte Unterrichtseinheit zu den Jugoslawienkriegen wurde einem Praxistest in zwei Sekundarschulklassen unterzogen. Das Ergebnis der Unterrichtsbeobachtung und Evaluation: Die Einheit ist trotz komplexer Inhalte und Reflexionen gut in einer Doppelstunde durchführbar. Ein zeitgeschichtliches Thema mit audiovisuellen dokumentarischen und Erklärmedien zu behandeln ist aktivierend für die Schülerinnen und Schüler. Sie konstruieren damit Wissen über die Jugoslawienkriege. Die in den Lektionen eingesetzten audiovisuellen Materialien müssen zugleich als geschichtliche Materialien thematisiert werden. Hinzu kommt: Durch Video-/Filmdokumente entsteht häufig eine stärkere momentane Betroffenheit als durch Texte. Die Medienkunde, welche das Gezeigte jeweils auch hinterfragt, sollte gezielt eingesetzt werden. In der Unterrichtseinheit wurde dies so gelöst, dass die Wissenskonstruktion aus den Medienprodukten («was») verschränkt wurde mit einem Hinterfragen der Machart («wie»). Die Schülerinnen und Schüler beschäftigten sich in den Erarbeitungsphasen in der Webapplikation Travis Go intensiv mit den im audiovisuellen Medienprodukt dargestellten Inhalten. Im Fall des Erklärvideos wurde die anschliessende medienkritisch-reflexive Diskussion von der Lehrperson angeleitet, im Fall der Zeitzeugeninterviews erarbeiteten sich die Schülerinnen und Schüler dies in Vierergruppen in einer digitalen Kooperation über die Webapplikation Travis Go selbst. Kooperative Arbeitsformen regen die Schülerinnen und Schüler zur Eigenaktivität an und führen zu einer besseren kognitiven Durchdringung in der Auseinandersetzung mit dem Material. Die Praxiserfahrung zeigte, dass Strukturierungshilfen wie ein Leitfaden und die technische Umgebung der App dazu beitrugen, dass die Gruppen gut arbeiten konnten. Die computervermittelte Kollaboration mit der Webapp Travis Go ermöglichte, dass sich die Gruppen im selben Raum austauschen konnten, ohne die konzentrierte Arbeitsatmosphäre zu stören. Für die Schülerinnen und Schüler hatte dies den Lerneffekt zu realisieren, dass ein solcher Austausch nicht nur wie ein Chat für die Freizeit, sondern auch zu Diskussionen und Absprachen im Projektrahmen genutzt werden kann.

Aus der Unterrichtsbeobachtung ergaben sich auch Hinweise zur Optimierung der Unterrichtseinheit. So böte ein direkter Vergleich der zwei Quellen die Chance, die Methoden der historischen Rekonstruktion und Dekonstruktion zu verdeutlichen. In der Einheit, so wie sie jetzt ist, steht die Auseinandersetzung mit der Medienkunde im Vordergrund: Die sachliche Gestaltung im Erklärvideo sollte als eine Konstruktion erkannt werden, welche mit filmischen Mitteln erzeugt wird und welche wichtige Perspektiven auf die Jugoslawienkriege ausblendet. Die Opferperspektive in den Zeitzeugeninterviews der zweiten Lektion, die in der Dokumentation auf Bild- und Tonebene in Szene gesetzt wurde, wurde von den Schülerinnen und Schülern als «authentisch» erlebt. Zugleich konnten sie die Inszenierungselemente, die eine emotionale Wirkung erzielen wie zum Beispiel der Musikeinsatz, analysieren und beschreiben. Den Arbeitsergebnissen und den Klassengesprächen liess sich entnehmen, dass die Neuntklässlerinnen und -klässler grundlegende allgemeine Werkzeuge zur kritischen Analyse der Machart audiovisueller Materialien einsetzen konnten, dass sie dies jedoch (noch) nicht auf ihr eigenes historisches Lernen angewandt hatten. Hier wäre folglich weiterzudenken, wie die aktivierende Arbeitsweise mit Travis Go für eine Auseinandersetzung mit dem «Handwerk der Historiker» nutzbar zu machen wäre – sei es in der Diskussion zur Konstruktion von Geschichtsbildern sei es zur Reflexion von Qualitätsstandards in der Präsentation von Zeitzeugen, welche die Schülerinnen und Schüler auf ihre Eigenproduktionen anwenden könnten.

Ein Zweites: Die audiovisuellen Beispiele für diese Unterrichtseinheit waren so ausgewählt, dass sie keine Kriegsbilder zeigten und auch keine Täter-Opfer-Konstruktionen, wie sie auf Youtube gerade auch zu den Jugoslawienkriegen zu finden sind. Nach den positiven Erfahrungen mit dieser Unterrichtseinheit ist zu überlegen, ob Schülerinnen und Schüler nicht auch kontroverse Perspektiven über Material und Aufgabenstellung in der Zusammenarbeit erarbeiten könnten, zum Beispiel indem sie Pro- und Kontraargumente für bestimmte Positionen finden und diese kontrastieren. Hier wäre fachdidaktisch zu erarbeiten, für welche Schulstufe dies geeignet wäre und welche Kompetenzen im Umgang mit interessegeleiteten beziehungsweise propagandistischen Videobeiträgen zuvor aufgebaut werden müssten.

Es ist zudem sicher sinnvoll, in weiteren Praxistests Erfahrungen zu sammeln, inwiefern die Verzahnung von Geschichte und Medienkunde in dieser Form (und auch Verdichtung!) den Kompetenzaufbau bei Schülerinnen und Schülern im Sinne einer «geschichtsspezifischen Medienkompetenzförderung» unterstützen kann.

Literatur

Brändli, Sabina (2017). Vom Giftschrank ins Schulzimmer? Propagandafilme als Herausforderung des Geschichtsunterrichts. Ergänzte Online-Fassung. Web-Didactica Historica, 3, 1–11, 31. August 2019.

Brüning, Ludger, Tobias Saum (2009). Erfolgreich unterrichten durch kooperatives Lernen. Neue Strategien zur Schüleraktivierung. Essen: NDS.

Calic, Marie-Janine (2018). Geschichte Jugoslawiens. München: Beck.

D-EDK (Deutschschweizer Erziehungsdirektoren-Konferenz) (2014). Lehrplan 21: Lehrplan Volksschule Basel-Landschaft. Luzern: D-EDK, https://bl.lehrplan.ch, 31. August 2019.

Eser Davolio, Miryam (2012). Einstellungen Jugendlicher zum Holocaust verändern – ein schwieriges Unterfangen. In: Béatrice Ziegler, Bernhard C. Schär, Peter Gautschi, Claudia Schneider (Hg.), Die Schweiz und die Shoa. Von Kontroversen zu neuen Fragen (S. 47–62). Zürich: Chronos.

Iseni, Bashkim, Didier Ruedin, Dina Bader, Denise Efionayi-Mäder (2014). Die Bevölkerung von Bosnien-Herzegowina in der Schweiz. Bundesamt für Migration BFM, Bern, www.sem.admin.ch/dam/data/sem/publiservice/publikationen/diaspora/diasporastudie-bosnien-d.pdf, 31. August 2019.

Kerber, Ulf (2015). Medientheoretische und medienpädagogische Grundlagen einer «Historischen Medienkompetenz». In: Marko Demantowsky, Christoph Pallaske (Hg.), Geschichte lernen im digitalen Wandel (S. 105–131). Berlin: de Gruyter, Oldenbourg, https://doi.org/10.1515/9783486858662-008.

Klug, Daniel, Elke Schlote (2018). Ästhetische Bildung mit audiovisuellen Medien digital unterstützen – schulischer Praxisbedarf und Konzepte der Filmbildung. In:

Ulla Autenrieth, Daniel Klug, Axel Schmidt, Arnulf Deppermann (Hg.), Medien als Alltag (S. 68–98). Köln: Halem.

Kühberger, Christoph (2015). Geschichte lernen digital? In: Marko Demantowsky, Christoph Pallaske (Hg.), Geschichte lernen im digitalen Wandel (S. 163–168). Berlin: de Gruyter, Oldenbourg, https://doi.org/10.1515/9783486858662-011.

Lemish, Peter, Elke Schlote (2009). Media Portrayals of Youth Involvement in Social Change. The Roles of Agency, Praxis, and Conflict Resolution Processes in TV Programs. In: Florencia Enghel, Thomas Tufte (Hg.), Youth Engaging With the World (S. 193–214). Göteborg: Nordicom.

Pavić, Kathrin (2015). «Da habe ich alles, was Serbisch war, verteufelt.» Wie gesellschaftliche Diskurse die natio-ethno-kulturellen Zugehörigkeiten von ethnischen Serbinnen und Serben in der Deutschschweiz beeinflussen. Bern etc.: Peter Lang.

Schlote, Elke, Daniel Klug (2020). Ein digitales Lernwerkzeug realisieren. Der Entwicklungsprozess der Web-Applikation Travis Go an der Schnittstelle von Schule, Medienwissenschaft und Informatik. In: Thomas Knaus, Olga Engel (Hg.), Mediale Schnittstellen und andere InterFaces des Digitalen (S. 169–186). München: kopaed.

Schneider, Gerhard, Hans-Jürgen Pandel (2017). Handbuch Medien im Geschichtsunterricht. 7. Auflage, Schwalbach: Wochenschau.

Sperisen, Vera, Claudia Schneider (2017). Schweićer Heimat. #Balkangeschichten aus der Schweiz. Polis. Das Magazin für politische Bildung, 10, http://politischebildung.ch/system/files/downloads/zeitschrift_polis_nr._10.pdf, 31. August 2019.

Suter, Lilian, Gregor Waller, Jael Bernath, Céline Külling, Isabel Willemse, Daniel Süss (2018). JAMES – Jugend, Aktivitäten, Medien – Erhebung Schweiz, Zürcher Hochschule für Angewandte Wissenschaften, Zürich, www.zhaw.ch/storage/psychologie/upload/forschung/medienpsychologie/james/2018/Ergebnisbericht_JAMES_2018.pdf, 31. August 2019.

Wolf, Karsten D. (2015). Bildungspotenziale von Erklärvideos und Tutorials auf YouTube. Visuelle Enzyklopädie, adressatengerechtes Bildungsfernsehen, Lehr-Lern-Strategie oder partizipative Peer Education? Merz, 59 (1), 30–36.

Ziegler, Béatrice, Julia Thyroff (2018). Tagungsbericht Jugoslawienkriege und Geschichtskultur. Vergangenes Unrecht, Umgangsweisen und Herausforderungen, 27. Januar 2018, Aarau, H-Soz-Kult, 23. April 2018, www.hsozkult.de/conference-report/id/tagungsberichte-7664, 31. August 2019.

Die Schweiz und die Auflösung Jugoslawiens im Spielfilm

Ansatzpunkte für ein identitätssensibles historisches Lernen in den Filmen Andrea Štakas

Oliver Plessow

Schon bevor Jugoslawien im Zuge der Kriege der 1990er-Jahre zerfiel, hatten Bürgerinnen und Bürger des damals noch existierenden Staatsgebildes eine der grössten Gruppen von Zuwandernden in die Schweiz gestellt (BFS2018a). Vor diesen blutigsten Konflikten, die Europa seit dem Ende des Zweiten Weltkriegs erlebte, flohen in der Folge viele weitere in die Eidgenossenschaft. Hunderttausende von Menschen, die heute in der Schweiz leben, haben diese Kriege somit selbst erlebt, mussten aus der Ferne verfolgen, wie diese Freunde und Verwandte einholten, oder sind Nachkommen derjenigen, die dies betraf. Folgt man den Leitvorstellungen einer an reflexivem historischem Lernen interessierten Geschichtsdidaktik, ist es im Kontext dieses Bandes konsequent zu beleuchten, wie ein solches Lernen bei den aus diesem Kontext hervorgegangenen individuellen und kollektiven Erinnerungsformationen ansetzen kann. Der Umstand, dass Massenmedien mit Vergangenheitsbezug und hier insbesondere Filme wegen ihrer grossen geschichtskulturellen Wirkmacht seit Langem im Fokus geschichtsdidaktischer Aufmerksamkeit stehen (siehe etwa Kleinhans 2016, Zwölfer 2014 oder Heuer 2013), legt es nahe, in diesem Zusammenhang auch einen Blick auf dieses «popkulturelle[.] Leitmedi[um]» (Heuer 2013, 319) zu werfen und zu betrachten, welche Vermittlungschancen Filme eröffnen, die jugoslawisch-schweizerische beziehungsweise postjugoslawisch-schweizerische Migrationserfahrungen unter dem Eindruck der Kriege in Szene setzen.

In der globalisierten Medienwelt haben die Jugoslawienkriege ihren vielfachen erinnerungskulturellen Niederschlag gefunden. Während zahlreiche weltweit verbreitete Spielfilme, die auch in der Schweiz gezeigt werden, die Jugoslawienkriege thematisieren (grundlegend Greiner 2012, 56–153), stehen nur selten spezifisch schweizerisch-(post)jugoslawische Flucht- und Migrationserfahrungen im Mittelpunkt einer filmischen Bearbeitung. Zwar treten immer wieder einmal in Schweizer Produktionen Figuren auf, denen ein Drehbuch einen entsprechenden Hintergrund mit auf den Weg gibt; kaum je geschieht es aber, dass diese Perspektive in den Mittelpunkt eines filmischen Blicks gerückt wird. Überblickt man die wenigen Filme, die dies tun, stösst man unweigerlich auf die Filme Andrea Štakas. 1973 in Luzern in eine Familie jugoslawischer Herkunft hineingeboren, behandelt Štaka in allen ihren vier Regiearbeiten – dem Kurzfilm *Hotel Belgrad* von 1998, der Dokumentation *Yugodivas* von 2000 sowie den Spielfilmen *Das Fräulein* von 2006 und *Cure – das Leben einer anderen* von 2014 – die Bedeutung, welche die jugoslawischen Auflösungskriege für die Wandernden zwischen den Welten hatten. Die Filme kreisen nicht um das Kriegsgeschehen, dieses ist jedoch als Ausgangslage und Grundbedingung für die gezeigten menschlichen Schicksale stets präsent. Durchgehend problematisiert Štaka zudem die Kategorien Ethnie und Gender (dazu auch Nelson 2010, 160f., passim), sodass ihre Filme sich für Analysen eignen, die Intersektionalität, also das Ineinandergreifen unterschiedlicher sozialer Distinktionskategorien, in den Vordergrund rücken.

Schon diese Kurzinformation deutet an, dass bei Andrea Štakas Filmen nur im Ansatz von populärkulturellen Reflexen dieser Geschehenszusammenhänge gesprochen werden kann. Es handelt sich nicht um Blockbuster, sondern um ein wenig in die Breite wirkendes Autorinnenkino, das seine Existenz der Filmförderung verdankt. Sind die Filme dann überhaupt als Medium für ein lebensweltbezogenes historisches Lernen geeignet? Bedingt, aber im Grundsatz ja, denn zumindest die Filmästhetik und Handlungsentfaltung folgen eingeführten, anschlussfähigen Modi filmischen Erzählens. Sich den Filmen Andrea Štakas didaktisch zu nähern, kann zwar als Herausforderung begriffen werden, ist aber gleichsam alternativlos, wenn der Schweizbezug einer Jugoslawienkrieg-Migrationsgeschichte für wesentlich gehalten wird. Daher lohnt es hier, nach dem didaktischen Potenzial von Štakas Filmen zu fragen und einige mögliche didaktische Zugriffe aufzuzeigen.

Drei Filme, drei schweizerisch-(ex)jugoslawische Migrationsgeschichten[1]

Bereits Štakas 13-minütiger Abschlussfilm *Hotel Belgrad* (1998, http://filmstudieren.ch/hotel-belgrad) lässt sich als ein kurzes Kammerspiel zur Verflechtung von Migrations- und Kriegserfahrungen auffassen. Der Film zeigt ein Bettgespräch «danach» zwischen einer Frau und einem Mann in einem Hotel. Der Krieg hat die Aufrechterhaltung ihrer Beziehung unmöglich gemacht. Beide haben Freunde verloren, der Mann fühlt sich dennoch verpflichtet, in den Krieg zu ziehen, die Frau will hingegen in die Schweiz zurück. Der Film bietet eine Momentaufnahme, die uns die ganzen Kalamitäten des Krieges vor Augen führt,

---

1 Der 60-minütige Dokumentarfilm *Yugodivas* (2001), der angesichts des Fokus auf die fiktionalen Spielfilme hier aussen vor bleibt, ist thematisch ebenfalls einschlägig. Er folgt fünf Belgrader Frauen bei ihrem Versuch, in New York die Kriege hinter sich zu lassen.

ohne dafür Blutlachen oder zerberstende Körper zeigen zu müssen. Schon der Filmwissenschaftler Vinzenz Hediger wies darauf hin, dass in *Hotel Belgrad* ein Faden beginnt, der sich durch Štakas Werk zieht: Frauen werden in den Mittelpunkt gestellt, «die sich zwischen verschiedenen Ländern und Kulturen bewegen und – gefangen zwischen ihren Erinnerungen und ihrer Zukunft – nicht genau wissen, wohin sie gehören» (Swissfilms 2009/14, 2).

Das Fräulein (2006), Štakas erster Film in Spielfilmlänge, gewann 2006 den Goldenen Leoparden in Locarno und hat als einziger eine nennenswerte wissenschaftliche Aufmerksamkeit erfahren (Nelson 2010; Tarr 2010, 182–184, passim; Pleasant 2006). Gezeigt wird das Aufeinandertreffen der Kantinenpächterin Ruža, einer fünfundzwanzig Jahre zuvor in die Schweiz immigrierten, dort weitgehend isolierten und sich selbst isolierenden Serbin, ihrer langjährigen Mitarbeiterin Mila, einer den Menschen deutlich stärker zugewandten Kroatin, und der rastlosen jungen Bosnierin Ana. Ruža selbst identifiziert sich als «Jugoslawin», hat den Krieg aus der Ferne verfolgt und mit dem Heimatland abgeschlossen (*Das Fräulein*, 0:47:56–0:48:24). Die Herkunftskonstellation ist offensichtlich konstruiert, gleichwohl verzichtet der Film auf eine Ethnisierung des Figurenhandels. Die Herausforderungen der Migrationserfahrung angesichts der Kriege werden zwar thematisiert, nicht aber ethnisch-gruppenbezogene oder nationalpolitische Verantwortlichkeiten. Ruža und Mila stehen als Figuren für alternative Strategien der Bewältigung von Entwurzelung: die im Berufsleben Erfüllung suchende, alleinstehende und sich durch Pedanterie auszeichnende Ruža hier (vgl. Pleasant 2006, 110f.), die familienorientierte Mila dort. Mila sträubt sich indessen angesichts der in der Schweiz über die Jahrzehnte aufgebauten Bindungen zunehmend dagegen, mit ihrem Mann nach Kroatien zurückzukehren. Die trotz Krankheit und prekärem Aufenthaltsstatus lebenslustige Ana wiederum bricht die eingefahrenen Routinen auf, die das Leben der beiden anderen Protagonistinnen bestimmen.

Auf den interpersonellen Reibereien und dem Aufeinanderprallen der Generationen (vgl. Tarr 2010, 182f.) baut der Film seine Handlung auf. Die wurzellose Bosnierin Ana hat den Krieg in Sarajevo überstanden, aber weder dies noch ihre Migrationserfahrung begründen unmittelbar ihr Verhalten, das zwischen ansteckendem Enthusiasmus, tiefer Melancholie und selbstzerstörerischem Aktionismus hin- und herpendelt. Ruža schliesst Ana zunehmend in ihr Herz und will für die Therapie der ebenso kranken wie freiheitsliebenden jungen Frau aufkommen, der sich diese allerdings am Ende entzieht. Die Geschichten der drei Protagonistinnen werden miteinander verwoben und auch die Interaktion mit «autochthonen» Schweizern (und wenigen Schweizerinnen) thematisiert. Artikulierte Vorbehalte gegenüber Einwanderung gibt es dabei nur am Rand: Ein älterer Herr verjagt mit den Worten «hau ab» Ana, als diese ihm beim Entenfüttern helfen will (*Das Fräulein*, 0:16:33–43; vgl. Pleasant 2006, 113). Einige Randfiguren bleiben nicht frei von ethnisierenden Stereotypen, insgesamt erscheint die Schweiz jedoch als ein wenig xenophobes Einwanderungsland. Sie ist zwar ein Land der vorwiegend grauen Farben und tristen Orte (vgl. Pleasant 2006, 109), es gibt allerdings mit einer Bergausflugsszene auch das Gegenbild eines winterlichen Idylls.

Die Integrationsprobleme resultieren hier vorwiegend aus dem Auseinanderbrechen der Heimat und noch mehr aus der Migrationsentscheidung und -erfahrung selbst. Die Fiktion führt uns die alltägliche Lebenswelt von Menschen in einer schwierigen Migrationssituation vor; wir erfahren eher en passant, wie Krieg, Wanderungsbedingungen und Aufenthaltsstatus ihnen Handlungsoptionen bieten oder nehmen.

Cure – The Life of Another (2014), schliesslich, Andrea Štakas jüngster Spielfilm, zeichnet die Geschichte einer jungen Zürcherin kroatischer Abstammung nach, die mit ihrem Vater 1993 nach Dubrovnik zieht. Linda, aus deren Perspektive erzählt wird und die als primäre Identifikationsfigur dient, wird filmisch als Fremdling eingeführt, gleich zu Beginn zeigt sie beim Palmsonntagsritus in der Kirche, dass sie mit den lokalen gruppenbildenden Ritualen nicht vertraut ist. In ihrer neuen Klasse wird sie ausgegrenzt, als Bezugsperson, Freundin und Kulturmittlerin findet sie allerdings die gleichaltrige Eta. Eta hat die Belagerung Dubrovniks 1991/92 miterlebt und ist in vielem Lindas Gegenstück: Wo die eine zurückhaltend ist, ist die andere forsch, wo die eine verlegen ist, gibt sich die andere ostentativ lasziv. Während Linda sich als Kroatin identifiziert wissen möchte – in einer wichtigen Szene am Beginn besteht sie gegenüber Eta darauf, dass Kroatisch ihre Sprache sei, nicht Schweizerdeutsch (*Cure*, 0:03:48–0:03:53) –, sehnt sich Eta danach, in die Welt hinauszugehen.

Sehr früh in der Filmhandlung stürzt Linda Eta im Zuge eines sich um Sexualität und Adoleszenz entspinnenden Streits über eine Klippe in den Tod. Eta taucht später in der Imagination Lindas immer wieder auf. Der Rest des Films stellt in den Mittelpunkt, wie Linda diese Schuld verarbeitet, Etas Rolle einnimmt und von deren Familie praktisch als Ersatztochter aufgenommen wird, bis in einer Katharsis der Identitätswechsel aufgekündigt und der alte Zustand wiederhergestellt wird. Die Schlussszene zeigt Linda zurück in der Schweiz, in einer mit dem dalmatischen Frühjahr kontrastierten winterlichen Landschaft, die an jene in *Das Fräulein* erinnert. Linda stapft mit ihrer besten, nicht als migrantisch markierten Freundin Schweizerdeutsch sprechend durch den Schnee, von Eta erzählend, doch die Nähe zu ihr im Rückblick leugnend.

Erhellend ist unter Berücksichtigung der Intersektionalität, sprich: des Zusammenspiels der sich überschneidenden sozialen Differenzierungskategorien (Lücke 2012), dass über weite Strecken des Films die Kategorien *gender* und *age/*

generation die im (post)jugoslawischen Raum eng miteinander verwobenen Kategorien *ethnicity* und *religion* überlagern. Das Publikum verfolgt (die im einen Fall jäh beendete) Coming-of-Age-Geschichte zweier Teenagermädchen, ohne dass bei deren Identitätsfindung die Migrationsfremdheits- oder Kriegserfahrung dominierte. Immerhin gibt die ethnisierende Dimension der Filmhandlung am Anfang und Ende einen Rahmen.

Anhand des Anfangs von *The Cure* lässt sich exemplarisch zeigen, wie in den Filmen Andrea Štakas die Auswirkungen der jugoslawischen Auflösungskriege thematisiert werden und gleichzeitig Migrationserfahrungen in die Narrative eingeflochten werden. Der Film beginnt mit den schematischen Einblendungen, wie wir sie aus Tausenden von Filmen kennen, die aber hier in Sekunden eine besondere Ausprägung erfahren: das Logo der Hauptproduktionsfirma auf schwarzem Grund gleich als Erstes, dann die Namen aller drei beteiligten Produktionsfirmen, die sofort die Transnationalität (Zürich – Zagreb – Sarajevo) sichtbar werden lassen und auf die beiden Räume verweisen (Schweiz, vormaliges Jugoslawien), auf die sich die Filmhandlung beziehen wird. Die Aufführung der Koproduktions- (SRF, ZDF/arte) und Fördereinrichtungen (abermals aus der Schweiz, Kroatien und Bosnien-Herzegowina) unterstreicht dies, zudem weckt der Hinweis auf die Reihe «Das kleine Fernsehspiel» eine Genreerwartung. Dann wird der Bildschirm schwarz, mit dem Einsetzen eines verzerrten E-Gitarren-Akkords beginnt der Übergang zur Filmhandlung. Das wird auch dem Publikum klar, folgen doch sogleich die erwartbare Einblendung des Titels (*Cure – The Life of Another*) und die Nennung der Regisseurin. Passend zur elektronischen Musik ist die serifenlose Schrifttype von Beginn an bei einigen Buchstaben verzerrt. Das nun folgende «*Inspired by a true story*» begründet beim Publikum auf eine filmmedial hochkonventionalisierte, topische Weise (Nitsche 2002, 74) die Erwartung einer halbfiktionalisierten Narration – die Möglichkeit der Überprüfung gibt es nicht, dafür sorgt schon das Einnehmen einer realistischen Filmsprache. Geschürt wird aber die Erwartung einer im Kern wahren Geschichte, oder vielmehr: einer Geschichte, die Wahres über eine reale Welt aussagt. Diese schrittige Hinführung des Publikums zur Filmhandlung wird mit der zweiten Einblendung, «*Dubrovnik – one year after the siege*», weitergeführt, die durch die Realverortung in Zeit und Raum ebenso zum Teil der (filmmedial nicht minder konventionalisierten) Authentifizierungsstrategie wird. Hier wie in der folgenden Einblendung, «*outside the city no end to the war*», befördert die Wahl des direkten Artikels das Eintauchen in die Geschichte, so als wüssten alle Zuschauenden selbstverständlich bereits, dass in Dubrovnik eine Belagerung stattgefunden hat – und dass diese zentral für das Verständnis des Folgenden sei. Es folgt mit der vierten Einblendung die exakte, tagesgenaue, zugleich religiös konnotierte Bestimmung der Zeit, in der die Handlung spielt: «*Palm Sunday 1993*».

Setzt man angesichts der Produktionsumstände und des Autorinnenfilmcharakters ein schweizerisch-deutsches, cineastisch offenes und vorgebildetes Zielpublikum an, wird für das Publikum hier die Erwartung einer halbbekannten Alterität konstruiert. Aus gegenwärtiger mitteleuropäischer Sicht wird hier auf einen Konflikt verwiesen, der trotz seiner zeitlichen und räumlichen Nähe aufgrund seiner Brutalität als das «Andere» konstruiert wird. Angedeutet wird zudem die Erwartung einer Geschichte von Krieg und Gewalt – was indes in der Folge überhaupt nicht direkt eingelöst wird! Die Titelsequenz spielt indessen mit einer Täuschung von Erwartungshaltungen, denn es kommt gerade keiner der typischen Jugoslawienkriegsfilme mit ihrer mehr oder weniger balkanisierenden Visualisierung von Kriegstod und Massakern (Greiner 2012, 56–61, 150–153). Anders als das etwa Michael Winterbottoms berühmterer Film *Welcome to Sarajevo* (1998) tut, geraten zu Beginn keine Häuserschlacht und kein Scharfschützenangriff, sondern die miteinander verflochtenen Schicksale zweier Teenager ins Blickfeld.

Obwohl keiner der Filme Andrea Štakas autobiografisch ist, konstruiert sie dem Publikum gegenüber eine besondere Nähe der von ihr erzählten zu ihrer eigenen Geschichte. Dazu nutzt sie auch die paratextuellen Möglichkeiten, die ihr der jeweilige Medienkontext zur Verfügung stellt. Die DVD-Hülle von *Das Fräulein* zeigt etwa auf ihrer Innenseite ihr Foto mit einer Kurzbiografie und darunter eine genreuntypische «Anmerkung der Regie»: «*Das Fräulein* ist ein persönlicher Film, der mit meinen beiden Welten zu tun hat. Ich bin in der Schweiz aufgewachsen, meine Familie ist aus Bosnien und Kroatien. Die Schweiz ist das Land, in dem ich eine schöne, ruhige, manchmal einsame Kindheit verbrachte. Das ehemalige Jugoslawien ist das Land meiner Familie. Als in den 90er Jahren der Krieg ausbrach, änderte sich das Leben meiner Verwandten, und meines. Sie waren direkt betroffen, ich war machtlos.» (Cover der DVD in der Version der Filmgalerie 451 Stuttgart/Berlin von 2008, ISBN 978-3-937045-92-4)

Alle drei Filme nutzen die Fiktion zur Individualisierung der Konflikte. Sie stellen interpersonelle Probleme in den Mittelpunkt, die nicht zwingend an den konkreten Konflikt im sich auflösenden Jugoslawien der 1990er-Jahre und damit verbundene Migrationsgeschichten gebunden sein müssten. Dieser Konflikt ist allerdings immer wieder präsent und bietet den Figuren ebenso wie der Migrationserfahrung im Zuge der sich entfaltenden Geschichten einen Handlungsrahmen. Wir sehen, dass Menschen in Kriegen oder auch in einer Migrationssituation leben, lieben, leiden und erwachsen werden, und wir sehen zugleich, dass die jeweiligen Zeitumstände die Kontingenzen bestimmen und mithin die Optionen, welche sich den Protagonistinnen (es sind mit der Ausnahme von Igor in *Hotel Belgrad* immer Frauen!) jeweils eröffnen. Gleichzeitig verzichten die Filme auf eine aufdringliche politische Botschaft, wie sie kennzeichnend ist für so viele andere Filme zur Migrationssituation oder auch zum Kriegsgeschehen im zerfallenden Jugoslawien.

Pfade der Didaktisierung

Just diese starke Betonung eines persönlichen Zugriffs in Andrea Štakas Filmen bietet einen Ansatzpunkt für historisches Lernen. Die Filme eignen sich zum einen zur Annäherung an das besondere Schicksal von Migrantinnen und Migranten aus dieser in den 1990er-Jahren von Kriegen gezeichneten Region Südosteuropas. Zum anderen evozieren alle drei Filme ein Spannungsverhältnis von Alterität und Identität. Alle Protagonistinnen haben einen Schweizer Bezug, haben ein Leben in der Schweiz, das als normales Schweizer Leben präsentiert wird (darüber liesse sich indessen – gerade in Bezug auf *Das Fräulein* – diskutieren); alle drei Filme zeigen aber auch Situationen, die weit von jedem Schweizer Alltag entfernt sind. Somit sind jene Herausforderungen für die Identitätsbildung Thema, die sich aus der Verflochtenheit in zwei distinkte gesellschaftlich-kulturelle Zusammenhänge ergeben, von denen einer traumatisierende Kriegserfahrungen beinhaltet. Dies im Hinterkopf möchte ich nun fünf denkbare Pfade der Didaktisierung aufzeigen, die günstige Zugriffe auf die Filme versprechen.

Ansporn zur Identifikationsreflexion

Mein erster Zugriff zielt auf die medientypische Identifikation des Publikums mit den Hauptfiguren: Wenn sie die Perspektive handlungstragender Figuren übernehmen, können Lernende zur Reflexion darüber angespornt werden. Bei Filmen, die um das Spannungsfeld von Selbst- und Fremdzuschreibung kreisen, ist das ein naheliegender und probater Weg. Die Geschichtsdidaktik wie die Medienpädagogik bieten genügend Verfahren an, wie dies filmanalytisch in Vermittlungszusammenhängen zu operationalisieren ist (etwa Kleinhans 2016, 172–191; Heuer 2013, 328f., Zwölfer 2014, 143). Ob Figurencharakterisierungen oder körperlich nachgestellte «Standbilder» wie in der Literaturdidaktik, wortwörtliche, mit Gedankenwolken zu versehende Standbilder aus dem Film oder lautes Denken zu ausgewählten Szenen: Die Figuren sind in allen drei Filmen komplex genug, um die Verwendung solcher charakterisierender Verfahren jeweils lohnenswert erscheinen zu lassen. Damit können Lernende sich in eine Person hineindenken, die einerseits ähnliche Erfahrungswelten teilt, andererseits aber auch von Faktoren beeinflusst wird, welche fremdartig erscheinen. Je nach verwendeter Methode überwiegt ein eher distanziert-reflexiver oder aber ein involviert-emotionalisierender Modus der Identifikation und Perspektivenübernahme. Bei beiden Varianten bieten sich Perspektivwechsel an. Bei *Cure* dürfte dies Lernenden in der Adoleszenz besonders leicht fallen, weil hier typische Coming-of-Age-Probleme, wie sie Schülerinnen und Schülern aus ihrem eigenen Lebensumfeld vertraut sein dürften, in die Geschichte eingewoben werden (unter anderem Peergruppenbezug versus Elternbezug, sexuelle Initiation, Umgang mit weiblicher Homoerotik, Schule als Sozialraum). So kann das Wechselspiel von Identität und Alterität voll ausgenutzt und das Wirken sozialer Kategorisierungen transparent werden.

Eine der ersten Sequenzen in *Cure* (0:00:54–0:01:13, 0:01:39–0:01:49, 0:02:37–0:06:13) drängt sich für eine Konkretisierung dieser Vermittlungsidee geradezu auf: Linda und Eta rennen freudig und gelöst durch den Wald, wobei Eta sich Linda immer weiter anzunähern versucht. Das Buhlen um das Objekt der Begierde ist Jugendlichen als Konzept sicherlich vertraut, nicht aber, dass bei jedem Schritt im idyllischen Wald der Minentod lauert (0:06:15). Die Naturerfahrung wird hier in Form des Betretens eines nicht nur metaphorischen, sondern ganz realen Minenfelds jäh zu einem Alteritätserlebnis. Derartige Szenen drängen sich für identifizierend-perspektivierende Verfahren geradezu auf. Die Lernenden haben so die Möglichkeit, die Standortgebundenheit ihrer eigenen Perspektive zu erkennen und das Leben unter Friedensbedingungen nicht als Selbstverständlichkeit zu begreifen.

Ausschnitte aus einer halbfiktiven Vergangenheit: Reflexion der Selektionsentscheidungen

Als Zweites ist denkbar, mit Lernenden zu überlegen, was wir über das Migrationsgeschehen und die jeweiligen Kriege erfahren und was nicht. Gerade weil die Filme keine Kampfszenen in den Mittelpunkt stellen, sondern ihre Handlungen im Privaten vor dem Hintergrund der Kriegsgewalt entfalten, implantieren sie kaum überwältigende Bilder. Der Darstellungsmodus bleibt realistisch, sodass Lernende überlegen können, welche (realen) Konflikte solche Wirkungen auf die (fiktiven) Figuren ausgeübt haben könnten. Welche Informationen erhalten wir über die migrantische Situation und über die Kriege, welche Vorstellungen werden dadurch hervorgerufen, welche Bilder werden abgerufen, wo gibt es Leerstellen? Dass Migration und Jugoslawienkriege als Wirkungshintergrund nicht auserzählt werden und nicht selbst plotbildend sind, lässt sich nutzen, um Lernende über die Filme als *eine* gemachte Narration, über das Verhältnis von (konstruierten) Fakten und (ebenso konstruierten) Fiktionen und damit über das Prinzip der Narrativität überhaupt nachdenken zu lassen. Dies kann auch befördert werden, indem Lernende anders medialisierte Narrationen oder solche mit einem anderen Wahrheitsanspruch hinzuziehen und/oder selbst Narrationen entwickeln, etwa solche, die durch weiteres Informationsmaterial eine historische Kontextualisierung versuchen.

Sprachspiele
«In der Schweiz musste ich nie in die Kirche. Meine Eltern haben sich scheiden lassen. Mama ist kurz darauf gestorben. Das heisst, nicht wirklich. Sie lebt. Aber in der Schweiz und ohne mich. Ich habe jetzt Eta. Sie ist hier aufgewachsen und hat den ganzen Krieg miterlebt» (*Cure*, 0:00:25–0:00:50, Untertitelübersetzung). Das Zitat aus der Exposition der Figur Lindas in *Cure*, die hier (auf Kroatisch) im Voiceover und erstmals überhaupt im Film spricht, ist ein Spiel mit Zuschreibungen, das gleich in der Exposition der Hauptfigur das Ineinander zerrütteter Familienverhältnisse, migrationsbedingter Entwurzelung und identitätsstiftender Kriegserfahrung auf den Punkt bringt. Eine der grossen Stärken Andrea Štakas als Regisseurin und Drehbuchschreiberin liegt in der minutiösen Gestaltung der Figurenrede. Diese Sprachmacht eröffnet unterschiedliche analytische Zugriffe auf die Filme, die sich für das historische Lernen nutzen lassen – nicht zuletzt indem solche Analysen dazu beitragen, die Immersion der Zuschauenden in die Geschichten zu blockieren und die Gemachtheit der Vergangenheitsnarrationen vorzuführen. Dabei muss es nicht bei einer genauen Betrachtung einzelner Dialoge bleiben. Auffällig in allen drei Filmen ist die Beibehaltung der jeweiligen Originalsprachen, sodass ein Grossteil des Publikums die entsprechenden Untertitel hinzuziehen muss. Wichtige Figuren sprechen in den Filmen sowohl Deutsch in mehr oder weniger ausgeprägter dialektaler Färbung als auch Bosnisch-Serbisch-Kroatisch als Sprache(n) der Herkunftsländer. Mit Lernenden lässt sich fragen, ob eine Totalsynchronisation wünschenswert gewesen wäre, um ziemlich schnell auf die Bedeutung der Sprachwechsel und den Effekt zu sprechen zu kommen, den Unterhaltungen in einer unverständlichen Sprache für die Figuren, ja für die Menschen in der Realwelt haben. Auch die Titel verdienen eine intensive Betrachtung – man denke nur an *cure*, das auf das englische «Heilung» wie auf das kroatische «Mädchen» verweist.

Die Grenzen von Fiktionalität und Faktizität
Stets stellt sich bei der Nutzung von Spielfilmen in Geschichtsvermittlungszusammenhängen die Frage, inwieweit der fiktionale Charakter der Filme zu problematisieren ist. Mit Blick auf den *linguistic turn* und die Erkenntnis der Konstruktivität historischer Narrationen ist dies für Lehrende nicht einfacher geworden (Kleinhans 2016, 94–100). Alle Filme bieten hier durch die Zurückhaltung beim Auserzählen der Kriegshandlungen und des Migrationshintergrunds gute Ansatzpunkte, Lernenden diese Herausforderungen vor Augen zu führen. Es entsteht eben kein abgerundetes Bild des historischen Konflikt- oder

Migrationsgeschehens, vielmehr wird auf dieses punktuell rekurriert. Lernende können die Grenzen von filmischer Realitätskonstruktion und klar Erdachtem erkunden, weil die im Mittelpunkt stehenden interpersonellen Geschichten an Sehkonventionen anknüpfen, die von Jugendlichen klar dem Bereich des Fiktiven zugeordnet werden. *Cure* mit seinen Elementen des magischen Realismus (mehrfach erscheint Linda etwa die tote Eta) werden Betrachtende kaum als «echte» Geschichte wahrnehmen, selbst wenn im Vorspann die Behauptung aufgestellt wird, eine wahre Geschichte liege dem Film zugrunde.

Zur Gegenwartsbedeutung der Geschichte(n)

Jedes Vermittlungsvorhaben wird fünftens darauf abzielen, für die Lernenden bedeutsame Erkenntnisse und Einsichten hervorzurufen. Bei Lebenswelt- und Gegenwartsbezügen, wie sie in der Geschichtsdidaktik gefordert werden, handelt es sich um kein Dekorum, sondern um den Kern dessen, was historisches Lernen bewirken soll. Die Fragen von Zugehörigkeit und vom Umgang mit einschneidenden Erlebnissen, wie sie in Andrea Štakas Filmen verhandelt werden, rufen gleichsam danach, in ihrer Relevanz für die Betrachtenden diskutiert zu werden. Hier kann die Prüfung des Grads an Realismus der Geschichten, also genau die Ergebnisse der Diskussion um Faktizität und Fiktionalität, direkt mit der Erkenntnis des Wechselspiels von Alterität und Identität verknüpft werden, um anzuregen, für das eigene Leben relevante Überlegungen zu tätigen. Inwieweit laden die Geschichten ihr Publikum zur Identifikation mit den Figuren ein? Inwieweit laden sie dazu ein, durch die Augen der Figuren unterschiedliche Perspektiven wahrzunehmen? Auch hier ist es wieder der Film *Cure*, der für ein adoleszentes Publikum – wenn wir das hier als didaktisch anzusprechende Rezipientengruppe identifizieren – besondere Anknüpfungsmöglichkeiten bietet: Freundschaft, Identität, Sexualität und eben auch Gewalt können hier auf ihr Zusammenwirken hin betrachtet werden, gleichzeitig können Lernende sich fragen, inwieweit Lebensgefahr, Kriegserfahrungen und die Suche nach Heimat wie ihr Verlust Grössen sind, welche die Wege der Entfaltung der eigenen Persönlichkeit massiv beeinflussen. Dabei führt die Auseinandersetzung mit dem möglichen Verlust der Heimat, dem vorstellbaren Tod von Freunden und der denkbaren Erfahrung eigener Lebensgefahr zur Schaffung eines Imaginationsraums («Imaginationskompetenz», Kleinhans 2016, 32 f.), der helfen kann, die Bedeutsamkeit eines persönlich relevanten Blicks auf vergangene Geschehnisse, Strukturen und Zustände aufzuzeigen.

Schluss: Grenzen der Didaktisierung

Andrea Štakas Filme mögen auf sehr ruhige und sensible Weise gute Ansatzpunkte bieten, Lernenden in der Schweiz die Herausforderungen, die sich aus Verlassen, Flucht, Übersiedlung und Ankommen im Zuge der Jugoslawienkriege ergeben haben, näherzubringen und dabei gerade auch jene Menschen ins Bewusstsein zu rücken, die aus Jugoslawien oder seinen Nachfolgestaaten in die Schweiz migriert sind. Angesichts der schon geäusserten Vorbehalte kann es nicht überraschen, dass eine Didaktisierung von Andrea Štakas Filmen aber an Grenzen stösst. Diese haben gar nicht einmal zwingend mit der spezifischen Thematik dieser Filme zu tun, sondern können allgemein mit dem Filmeinsatz in Vermittlungskontexten einhergehen. Viele dieser allgemeinen Hemmnisse sind bekannt und oft diskutiert. Namentlich die hohe Zeitintensität einer Beschäftigung mit Filmen in historischen Vermittlungskontexten ist immer wieder Thema (so etwa bei Zwölfer 2014, 133). Auch dass Filme im Allgemeinen und die hier besprochenen Filme im Besonderen nicht für den konkreten Einsatz als Lehrmittel produziert worden sind und sich folglich ein Stück weit sperren, ist ein wiederkehrendes Problem.

Zum Abschluss einige Gedanken zur didaktischen Eignung der Filme im Einzelnen: Ob in Anbetracht wertvoller Lernzeit Filme in Spielfilmlänge als Ganzfilm oder in Ausschnitten gezeigt werden sollen, ist oft thematisiert worden (Zwölfer 2014, 143). Eine Option, trotz eines engen Zeitbudgets Filme in voller Länge zeigen zu können, ist der Rekurs auf Kurzfilme. Tatsächlich wäre *Hotel Belgrad* von der Länge her perfekt geeignet, indessen ist er von allen dreien der am wenigsten zugängliche. Ob eine (durchaus jugendfreie) Bettszene, aus der der Film besteht, für jugendliche Zuschauer geeignet ist, sei einmal dahingestellt. *Das Fräulein* wiederum ist ein sehr guter Film und der einzige, der in der Schweiz spielt und damit stärker an die Lebenswelt der Lernenden rückt. Allerdings ist der Themenfokus doch eher lebensweltfern, wenn man an Lernende in der Adoleszenz denkt. Überdies ist der Jugoslawienkrieg-Zusammenhang hier am wenigsten stark ausgestaltet. Es bliebe *Cure*, ein von der Kernhandlung und dem Figureninventar her betrachtet didaktisch vielversprechender Film, der allerdings mit seinen Elementen des magischen Realismus spielt (hier denke ich vor allem an die mehrfache Wiederkehr der toten Eta und das variierte Wiederansetzen in der erzählten Zeit) und so stark gegen Sehkonventionen verstösst, dass er ein jugendliches Publikum irritieren kann. Ausserdem ist der Film ebenfalls recht lang.

Ideal wäre ein Film, der so funktioniert wie *Cure*, so kurz ist wie *Hotel Belgrad*, aber auf die magischen Momente verzichtet. Das mag ein Wunsch bleiben, aber wäre es nicht optimal, liesse sich eine Regisseurin oder ein Regisseur dazu bewegen, unter Wahrung der künstlerischen Freiheit, doch mit Blick auf eine didaktische Verwendung Kurzfilme zu produzieren?

Literatur

[BFS] Bundesamt für Statistik (2018a). Ständige ausländische Wohnbevölkerung nach Staatsangehörigkeit, 1980–2017, 31. August 2018, www.bfs.admin.ch/bfs/de/home/statistiken/bevoelkerung/migration-integration.assetdetail.5886261.html.

[BFS] Bundesamt für Statistik (2018b). Bilanz der ständigen Wohnbevölkerung, 31. August 2018, www.bfs.admin.ch/bfs/de/home/statistiken/kataloge-datenbanken/tabellen.assetdetail.5866920.html.

Greiner, Rasmus (2012). Die neuen Kriege im Film. Jugoslawien – Zentralafrika – Irak – Afghanistan. Marburg: Schüren.

Heuer, Christian (2013). Historienfilme. In: Markus Furrer, Kurz Messmer (Hg.), Handbuch Zeitgeschichte im Geschichtsunterricht (S. 316–337). Schwalbach/Ts.: Wochenschau.

Kleinhans, Bernd (2016). Filme im Geschichtsunterricht – Formate, Methoden, Ziele. St. Ingbert: Röhrig.

Lücke, Martin (2012). Diversität und Intersektionalität als Konzepte der Geschichtsdidaktik. In: Michele Barricelli, Martin Lücke (Hg.), Handbuch Praxis des Geschichtsunterrichts (S. 136–146). Schwalbach/Ts.: Wochenschau.

Nelson, Erika M. (2010). Switzerland – An/other View of the Homeland in the Works of Dragica Rajčić and Andrea Štaka. In: Karin Baumgartner, Margrit Zinggeler (Hg.), From Multiculturalism to Hybridity. New Approaches to Teaching Modern Switzerland (S. 153–174). Newcastle upon Tyne: Cambridge Scholars.

Nitsche, Lutz (2002). Hitchcock – Greenaway – Tarantino. Paratextuelle Attraktionen des Autorenkinos. Stuttgart, Weimar: Metzler.

Pleasant, Lesley C. (2006). Zurich Roses. Andrea Štaka's «Das Fräulein». In: Jakub Kazecki, Karen A. Ritzenhoff, Cynthia J. Miller (Hg.). Border Visions. Identity and Diaspora in Film (S. 107–127). Lanham, MD: Scarecrow.

Swissfilms (2009/14). Ciné-Portait Andrea Štaka. Mit einer Einführung von Vinzenz Hediger, www.swissfilms.ch/de/information_publications/cineportraits/-/downloadportraitpdf/1723832497_Staka_de.pdf, 5. April 2020.

Tarr, Carrie (2010). Gendering Diaspora. The Work of Diasporic Women Film-Makers in Western Europe. In: European Cinema in Motion. Migrant and Diasporic Film in Contemporary Europe (S. 175–195). Basingstoke, New York: Palgrave.

Zwölfer, Norbert (2014). Filmische Quellen und Darstellungen. In: Hilke Günther-Arndt, Meik Zülsdorf-Kersting (Hg.), GeschichtsDidaktik (6. Auflage, S. 132–143), Berlin: Cornelsen.

Internationale Friedenssicherung im «Jugoslawienkonflikt»

Systemische Reflexionsformen in der Unterrichtsplanung

Gabriele Danninger

«Kontroverse Geschichte» als Leitbild Frieden?

«Unendlicher Fleiß ist seit erdenklichen Zeiten von Geschichtsschreibern darauf verwandt worden, den Verlauf von Schlachten und Kriegen darzustellen. Auch den vordergründigen Ursachen von Kriegen wurde nachgespürt. Aber nur wenig Kraft, Energie und Mühe wurde in aller Regel darauf verwandt, sich darüber Gedanken zu machen, wie man sie hätte vermeiden können.» (Heinemann 1975, 211)
Die Friedensforschung setzt sich immer wieder mit der Frage auseinander, ob wir aus der Geschichte in Bezug auf Frieden lernen können. «Gibt es beispielsweise historische Erfahrungen, die Theoretiker oder Praktiker einer dem Grundwert Frieden verpflichteten Politik berücksichtigen sollten? Lässt sich aus dem Nachvollzug bestimmter historischer Friedensaktivitäten ein Hinweis darauf gewinnen, wie man es künftig würde besser machen können? Kann man aus der gründlichen analytischen Beschäftigung mit einer Vorkriegszeit Erkenntnisse gewinnen, die bei der Verhinderung künftiger Kriege beachtet werden sollten? Und *wer* sollte sie beachten?» (Wette 2004, 83).
Fragestellungen zum Thema Frieden im Geschichtsunterricht repräsentieren wesentliche Gegenstände historisch-politischen Denkens, welche in den Achtzigerjahren als Didaktik der Friedenserziehung (Kuhn 1972) vermehrt diskutiert werden, danach allerdings mit wenigen Ausnahmen nicht weiter in das Blickfeld rücken. Deshalb sollte die Friedenserziehung als Teilaufgabe politischer Bildung in der Gegenwart erneut in den Mittelpunkt gestellt werden, denn bei der Sicherung des Friedens handelt es sich um eine politische Aufgabe. In Österreich wird die historisch-politische Bildung vernetzt betrachtet und es gibt die Fächerverbindung von Geschichte und Politischer Bildung. Das historische Kompetenzmodell der internationalen Forschungsgruppe FUER (Körber et al. 2007) und ein vom Unterrichtsministerium in Auftrag gegebenes Projekt im Rahmen der Demokratieinitiative der Bundesregierung, das Kompetenz-Struktur-Modell zur politischen Bildung (Krammer 2008), nehmen dabei eine zentrale Rolle ein (vgl. Danninger 2019, 57).

Bei der Beschäftigung mit dem Jugoslawienkrieg können Lernprozesse im Dienste des Friedens und der Konfliktlösung mit vielfältigen Leitfragen initiiert und gefördert werden.
Welche politikdidaktischen Konfliktanalysemethoden können in Bezug auf Konfliktsituationen im internationalen System angewendet werden? Welche Konfliktparteien stehen sich mit unterschiedlichen Interessen und Zielen im «Jugoslawienkonflikt» gegenüber? Welche Friedensregelungen werden vereinbart und inwiefern spielt dabei die internationale Gemeinschaft eine Rolle? In dem Beitrag werden erstens die Herausforderungen beziehungsweise die Dilemmata von Friedensprozessen diskutiert, zweitens werden Fragen der Vermittlung von Geschichte und Politischer Bildung aus prozessorientierter und systempädagogischer Sicht beleuchtet und drittens ein Unterrichtsentwurf zum Gegenstand Internationale Friedenssicherung anhand des «Jugoslawien-Konfliktes» mit selbsterstellten Unterlagen nach systempädagogischen Ansätzen präsentiert.
Ganz allgemein gibt es im Bereich der Friedenserziehung, in Fragen von Krieg und Frieden, eindeutige normative Vorgaben, denn seit 1945 wird Frieden als «Grundwert» und als normative Orientierung für die Schule bezeichnet. Zu Beginn des 21. Jahrhunderts ändern sich aufgrund neuer Konflikte, Bedrohungen und Kriege die Voraussetzungen für die Friedenserziehung. Schon Hartmut von Hentig hat 1967 das Friedenschliessen als eine Technik bezeichnet. Im Vordergrund der Friedenserziehung steht dabei nicht die Frage der Einstellungen, das heisst friedliebend zu sein, sondern das Erlernen der Beurteilung und Veränderung von Tatbeständen. Auch Bernhard Sutor stellt die Urteilsbildung in der Friedenserziehung in den Mittelpunkt und weist vor allem auf die Wirksamkeit dialogisch-kommunikativer Auseinandersetzung mit Konflikten hin (Sutor 2003, 32). Lernende sind aufgefordert, sich an die Thematik der Friedensstiftung in differenzierten und multiperspektivischen Analysen anzunähern. Als Multiperspektivität werden verschiedene Perspektiven verstanden, die in Bezug auf historisch-politische Sachverhalte eingenommen werden. Wesentlich ist, die Vielfalt der Perspektiven zu berücksichtigen, die am Ende des Lernprozesses nicht in einen Konsens münden müssen. «Mit der Multiperspektivität ist daher das Kontroversitätsprinzip verbunden, das unter anderem die Darstellung der Vergangenheit oder eines gesellschaftlichen Problems aus unterschiedlichen konkurrierenden Perspektiven vorschreibt und die Überwältigung und Indoktrination der Lernenden mit einer einzelnen Meinung verbietet» (Hellmuth/ Kühberger 2016, 7).
Systemische Modelle über Lehren und Lernen, welche ein prozessorientiertes Vorgehen implizieren sowie komplexe Dynamiken sichtbar machen, können eine intensive Auseinandersetzung mit dem Leitbild Frieden anregen und

Kontroversen begleiten. Schülerinnen und Schüler sollen am Beispiel des Jugoslawienkrieges Grundprobleme gegenwärtiger Friedens- und Sicherheitspolitik analysieren und beurteilen und sich für mögliche Handlungsperspektiven begründet entscheiden können. Dabei werden Kompetenzen wie Analysekompetenz, Urteilskompetenz, Handlungskompetenz und Methodenkompetenz erworben.

Kriegsschauplätze und Friedenskundgebungen

Krieg, militärische Konflikte und gewaltsame Auseinandersetzungen zwischen verfeindeten Kollektiven ziehen sich wie ein roter Faden durch die Geschichte der Menschheit. Die Entwicklung des Friedens ist geradezu in einem dialektischen Verhältnis an die Entwicklung des Krieges geknüpft. Bei der Idee des Friedens handelt es sich um das primäre Lebensinteresse für alle Menschen (vgl. Scheler 1996, 127). Bis in die 1960er-Jahre ist friedenspädagogisches Handeln sozialwissenschaftlich und vorwiegend idealistisch geprägt und soll die Jugend zu friedfertigen Menschen erziehen (Heck/Schurig 1991, 62, zitiert nach Sander 2014, 385). In den 1970er- und 1980er-Jahren wird dieser Strömung eine kritische Friedenserziehung entgegengesetzt, welche den Blickwinkel auf Wechselbeziehungen zwischen Innen- und Aussenpolitik, Sozialstruktur und Friedens- beziehungsweise Gewaltbereitschaft legt. Der Friedensforscher Johan Galtung unterscheidet in diesem Zusammenhang den «negativen Frieden» als vorübergehende Abwesenheit von Krieg und den «positiven Frieden» als Überwindung von «struktureller Gewalt», die in gesellschaftlichen Verhältnissen gesehen wird. Frieden wird dieser Auffassung nach ermöglicht, wenn «strukturelle Gewalt», wie Hierarchien, Ungleichheit, Armut (Sander 2014, 386), in weltweite soziale Gerechtigkeit verwandelt wird. Wirtschaftliche Interessen, sozial-strukturelle und innenpolitische Bedingungen sowie kulturelle Begründungsmuster sind in Bezug auf strukturelle Gewalt für den Reflexionshorizont jeder differenzierten Auseinandersetzung mit kriegerischen Konflikten und Möglichkeiten der Friedensstiftung eine wesentliche Voraussetzung.
Eine komplexe Konstellation von ethnischen, religiösen und ökonomischen Problemen seit den 1980er-Jahren wird als Ursache der Jugoslawienkriege und des Zerfalls des Staates genannt. Der gemeinsame sozialistische Staat setzt sich aus den sechs Teilrepubliken Serbien, Kroatien, Bosnien-Herzegowina, Mazedonien, Slowenien und Montenegro zusammen, es leben in ihnen unterschiedliche ethnische und religiöse Gruppen wie orthodoxe Serbinnen und Serben, katholische Kroatinnen und Kroaten, muslimische Bosniakinnen und Bosniaken und andere. Serbien stellt die grösste Teilrepublik dar, innerhalb Serbiens

gibt es zwei autonome Provinzen, den Kosovo und die Vojvodina. Auch in anderen Teilrepubliken, vor allem in Bosnien und Kroatien, leben grosse serbische Minderheiten (Melcic 2007, 21). Seit Anfang der 1980er-Jahre befindet sich Jugoslawien in einer Wirtschaftskrise. Dies hat Auseinandersetzungen über die finanzielle Verteilung der Mittel der wohlhabenderen Teilrepubliken Slowenien und Kroatien und der ärmeren Landesgebiete Bosnien und Herzegowina, Mazedonien, Montenegro, Serbien mit den autonomen Provinzen Kosovo und Vojvodina zur Folge. Es kommen vermehrt nationalistische Tendenzen und Spannungen auf, welche unter dem 1980 verstorbenen Staatsgründer Josip Broz Tito unterdrückt blieben.

Bei der Betrachtung der Kriegsschauplätze, wie dem Zehntagekrieg in Slowenien (1991), dem Kroatienkrieg (1991–1995), dem Bosnienkrieg (1992–1995) und dem Kosovokrieg (1998/99) (Vetter 2007, 551), können im Unterricht Ergänzungen durch Friedensschauplätze vorgenommen werden. «Im November 1991 demonstrierten in der Hauptstadt Sarajevo Zehntausende für ein friedliches Zusammenleben» (www.deutschlandfunkkultur.de/jugoslawiens-weg-in-den-krieg-der-zerfall). Von 1991 bis 1992 fanden im ehemaligen Jugoslawien zahlreiche Friedenskundgebungen mit mehr als 100 000 Teilnehmerinnen und Teilnehmern statt (www.zetraproject.com/hintergrund, 30. März 2019). Es gab 18 Friedenskonzerte mit mehr als 10 000 Personen und auch weitere Antikriegsaktionen (vgl. Sarovic 2016; Melcic 2007).

««Es gibt noch Hoffnung, die Liebe ist die Rettung», sangen die großen Stars der jugoslawischen Pop- und Rockszene am 28. Juli 1991 in der Zetra-Halle in Sarajevo, die schon ein Jahr später in Schutt und Asche liegen sollte. Zehntausende junge Menschen aus ganz Jugoslawien sangen und jubelten in und vor der Halle» (derstandard.at/2000041787340/Die-vergessene-Friedensbewegung-Jugoslawiens, 30. März 2019).

Im Unterricht kann der Weg zum Frieden mit Hilfe von unterschiedlichen Quellen und Darstellungen erforscht werden. Welche Handlungsschritte zur Konfliktlösung waren vorab erforderlich, bis im Dezember 1995 die Staatsoberhäupter Alija Izetbegović (Bosnien-Herzegowina), Slobodan Milošević (Serbien-Montenegro) und Franjo Tuđman (Kroatien) auf Initiative des US-amerikanischen Unterhändlers Richard Holbrooke das Dayton-Abkommen unterzeichneten (vgl. Sarovic 2016; Melcic 2007)?

Systemische Wahrnehmungs- und Reflexionsformen im historisch-politischen Unterricht

Als systemische Reflexion wird im Anschluss an systemtheoretische Überlegungen von Luhmann (1998, 78) und Vordenker des systemischen Ansatzes (Bateson 1981; von Foerster 1997; von Glasersfeld 1996; Maturana 1990) ein vernetztes Denken über Gegenstandsbereiche verstanden. Reflexion bezeichnet dabei ein prüfendes und vergleichendes Nachdenken und Überlegen, erweitert durch ein Wissen über die Beschaffenheit von Systemen und systemischer Handlungskompetenzen (Ludewig 2005; de Shazer 2004; Simon 2015). Die Systemtheorie und der Konstruktivismus als Erkenntnistheorie stellen zwei nahe miteinander verbundene Theorierichtungen dar. Die Systemtheorie nach Niklas Luhmann ist eine soziologische Theorie, durch die Gesellschaft als ein «umfassendes soziales System, das alle anderen sozialen Systeme in sich einschließt» (Luhmann 1998, 78), bezeichnet wird.

Der Begriff «systemisch» wird hier in Anlehnung an die Systemtheorie Luhmanns in Bezug auf Konzepte zur systemischen Beratung verstanden, in dem die Rolle der Interaktionen und der Beziehungskommunikation in den Fokus rücken. Ein systemischer Ansatz betrachtet eine einzelne Person nicht als Individuum, sondern als Teil eines ganzen Systems. «Es wird untersucht, wie diese Person auf das System wirkt und wie der/die Einzelne diesem Wirkungsfeld ausgesetzt ist» (Danninger 2016, 68). In einem aktuellen Bild kann ein System mit einem Mobile, in dem die Figuren lebendig sind, verglichen werden. Wenn sich ein Teil des Mobiles bewegt, bedeutet das für alle anderen Teile, dass sie sich so lange mitbewegen müssen, bis wieder ein Gleichgewicht hergestellt ist. Die Komplexität eines Systems zeichnet sich durch die vielen Verbindungen und Bezüge aus (Wilke 1994).

Das Erkennen von systemdynamischen Prozessen und Zusammenhängen ist von Vorteil, um die Wechselwirkung der Interaktionen von unterschiedlichen Akteurinnen und Akteuren und Parteien zu reflektieren und zu analysieren (Danninger 2017, 36). Im Konfliktgeschehen beeinflussen sich viele Elemente gegenseitig und es entstehen vielfältige Wechselwirkungen. Das Verhalten komplexer Systeme bezieht sich oft nicht auf den aktuellen Zustand, sondern ist von der Vorgeschichte des Systems abhängig. Nach konstruktivistischen Sichtweisen ist die Wahrnehmung der Wirklichkeit perspektivisch und selektiv, die Wirklichkeit nicht direkt beobachtbar. Nach dieser Auffassung baut und konstruiert jeder Mensch sein eigenes Wissen und verarbeitet Neues auf dem eigenen Hintergrund seiner Geschichte und blickt durch seine Brille der Erfahrungen (vgl. Glasersfeld 1996; Foerster 1997; Simon 2015). Systemische Betrachtungsweisen gewinnen auch für den Geschichtsunterricht immer mehr an Bedeutung. Einerseits wird ein konstruktivistisches Geschichtsverständnis gefördert und andererseits können gelingende Lernsettings zum Umgang mit kontroverser Geschichte durch Ergänzungen von veränderten traditionellen Wahrnehmungsstandorten geschaffen werden.

Grundsätzlich kann der systemische Reflexionsrahmen in Bezug auf zwei Ebenen, erstens der Lernebene des Unterrichtsprozesses und zweitens der Lernebene des Inhaltes des historischen Gegenstandes, die in einer Wechselwirkung zueinander stehen, dargestellt werden.

Die erste Lernebene bezieht sich auf den Unterrichtsprozess, die soziale Struktur, als das Geschehen im Klassenzimmer und die daran beteiligten Akteurinnen und Akteure sowie Interaktionen. Der Unterricht, das heisst der Geschichtsunterricht, wird als System verstanden, in dem die Lehrperson mit Kompetenzen zur Klassenführung und zur Gestaltung von Lernumgebungen in einem bestimmten Kontext agiert. Das «soziale System» (Luhmann/Schorr 1979) wird als eine besondere Form der Kommunikation betrachtet, welche zwischen einer Geschichtslehrperson und einer Gruppe von Schülerinnen und Schülern zu einem konkreten Zeitpunkt und an einem konkreten Ort stattfindet. Es läuft in jeder Lerngruppe eine spezielle soziale Dynamik ab, die als Teil des Lernprozesses zu betrachten ist (Ecker 2017). Ressourcen- und lösungsorientierte Vorgehensweisen charakterisieren die Unterrichtskommunikation und erfordern eine Lernorganisation, die dynamisch gesteuert wird, um Lernprozesse anzuregen. Lehren ist nicht mehr Instruktion im Sinne einer Übermittlung von Inhalten und Strukturen, sondern wird als Initiierung und Begleitung von autonomen Veränderungsprozessen verstanden (vgl. Reich 2006; Arnold 2009). Systemischer Unterricht fokussiert vor allem auf die Beziehungen zwischen den einzelnen Personen, so werden im Unterricht vor allem die Interaktionen der einzelnen Lehrpersonen mit Schülerinnen und Schülern in der Gruppe und der Lernumgebung berücksichtigt (Gollor 2015, 14). Dabei wird einerseits eine Lernausgangsdiagnose mit ausführlicher Analyse der Vorgeschichte und Bedingungen der Schülerinnen und Schüler durchgeführt sowie andererseits der Lernprozess in Bezug auf Historisches Lernen angeregt, begleitet und reflektiert.

Die zweite Ebene umfasst den zu behandelnden historischen Gegenstand mit den Akteurinnen und Akteuren sowie den Interaktionen. Durch die Anwendung systemischer veränderter Beobachterpositionen und der Beziehungskommunikation wird der Blick insbesondere auf kontroverse Thematiken geschärft und Mehrperspektivität gefördert. Die Analyse komplexer Ursache-Wirkungs-Zusammenhänge und ein vernetztes Denken sind für das historische Lernen in hohem Masse von Bedeutung. Dabei ist vor allem die Hervorhebung von Strukturen wesentlich, da viele vergangene und aktuelle Phänomene weitgehend strukturgleich sind. «Damit geht sowohl ein hohes Transferpotenzial als auch die Chance einher, gegenwärtige Herausforderungen vor dem Hintergrund der Erfahrungen früherer ähnlicher Probleme zu bewältigen» (Arndt 2017, 253). In Bezug auf den Zeitaspekt ist die Eignung systemischer Ansätze für die historische Bildung relevant, da die Veränderung von Phänomenen und Strukturen im Zeitverlauf ein zentrales Untersuchungsfeld der Geschichte ausmacht und dies in hohem Masse mit dem dynamischen Denken korrespondiert. Für die Betrachtung der Gegenstandsbereiche, wie beispielsweise dem Jugoslawienkrieg, kann ein vertieftes Verständnis unterstützt werden. Denn politische Entscheidungen haben häufig die Eigenschaft, dass kurz- und langfristige Wirkungen gegenteilige Effekte haben. Was kurzfristig attraktive Folgen hat, kann sich häufig langfristig negativ auswirken. Bei der Entwicklung von Friedensregelungen ist das Erkennen von systemdynamischen Prozessen und Zusammenhängen von Vorteil, um die Wechselwirkung der Interaktionen von unterschiedlichen Akteurinnen und Akteuren sowie Parteien zu reflektieren und zu analysieren.

Internationale Friedenssicherung im «Jugoslawienkonflikt» – Unterrichtsplanung mit systemischen Elementen

Im Unterrichtsbeispiel über den Friedensprozess in einem internationalen Konflikt am Beispiel des «Jugoslawien-Krieges» werden systemische Ansätze und die Aktivierung von Friedensperspektiven ausgeführt. Dazu werden sechs Unterrichtseinheiten, die insbesondere die Kommunikation über den Konflikt berücksichtigen, durchgeführt. Drei Leitfragen finden dabei Beachtung (vgl. Danninger 2017, 15 f.).
1. Welche politikdidaktischen Konfliktanalysemethoden können in Konfliktsituationen im internationalen System angewendet werden?
2. Welche Konfliktparteien stehen sich gegenüber, welche Interessen und Ziele werden vertreten?
3. Welche Friedensregelungen werden vereinbart und welche Rolle spielt dabei die internationale Gemeinschaft?
Zu Unterrichtsbeginn werden von der Lehrperson Unterrichtsthema, Unterrichtsziel und die Kernkompetenzen bekanntgegeben und es erfolgt ein Informationseinstieg zur Lernvorbereitung. Eine Lernausgangsdiagnose kann im Vorfeld in Form eines Feedbackbogens (vgl. Arbeitsblatt 1) erstellt und ausgegeben werden (Helmis/Vaupel 2014, 82), um an Theorien und Vorwissen zum Thema, die aufseiten der Schülerinnen und Schüler bestehen, anzuknüpfen.
Nach dem Informationsinput der Lehrperson werden Schülerinnen und Schüler in einer zweiten Phase zu Akteurinnen und Akteuren, Lehrpersonen werden zu Lernbegleiterinnen und Lernbegleitern, das kooperative Lernen, die Selbsttätig-

Arbeitsblatt 1: *Lernausgangsdiagnose*

Lernausgangsdiagnose	
Der Unterricht soll für dich spannend und interessant sein, deshalb ist es wichtig, deine Meinungen, Interessen und dein Wissen zum Thema zu erfahren. Es geht darum, die Lernvoraussetzungen herauszufinden, um diese im Unterricht zu berücksichtigen.	
Kriege werden geführt, weil …	
Welche Bedingungen müssen deiner Meinung nach erfüllt sein, damit Staaten militärisch in andere Länder eingreifen dürfen?	
Liste kurz auf, was du über den Zerfall des ehemaligen Jugoslawiens in mehrere Einzelstaaten weißt.	
Lege kurz dar, welche Bedeutung deiner Meinung nach Medien wie das Fernsehen oder das Internet bei der Berichterstattung über Kriege und Krisengebiete haben.	
Frieden heißt für mich …	
Friedensgruppen und Organisationen helfen mit Geld oder persönlichen Kontakten in Krisengebieten. Auch Schülergruppen engagieren sich zum Beispiel beim Wiederaufbau von Schulen in Kriegsgebieten durch Geld- oder Sachspenden. Bei einer Friedensgruppe würde ich gerne/nicht gerne mitarbeiten, weil …	
Was ich noch mitteilen möchte …	

Quelle: Danninger 2017, 18.

Arbeitsblatt 2: *Konfliktanalyse*

Konfliktanalyse – Interessen der Konfliktparteien	
1. Beantworte die Fragen stichwortartig aus Sicht einer Konfliktpartei mit Hilfe von Textmaterialien (Schüler helfen Leben/Institut für Friedenspädagogik Tübingen e. V., 2009) und Recherchen im Internet. 2. Im Plenum wird eine Debatte und Problemorientierung durchgeführt. Diese Debatte könnte auf Grundlage möglicher Leitfragen verschiedene inhaltliche Ausrichtungen haben. Mögliche Leitfragen sind in der Tabelle jeweils aufgelistet. Du kannst weitere Leitfragen formulieren. Die Positionierung in dieser Debatte hängt auch von den beteiligten Akteuren ab (Slowenien, Kroatien, Bosnien, Herzegowina, Kosovo, Serbien, Montenegro, Mazedonien).	

Akteur (zum Eintragen):	
Wer sind die Konfliktparteien?	
Welche Interessen und Ziele werden vertreten?	
Wie ist der Konflikt entstanden?	
Mit welchen Mitteln werden die Interessen durchgesetzt?	
Welche Phasen der Konflikteskalation sind erkennbar?	
Welche Kompromisse sind möglich?	
Welche Friedensregelungen werden gefunden?	

Quelle: Danninger 2017, 22.

Arbeitsblatt 3: *Systemisches Konfliktanalysemodell*

Systemisches Konfliktanalysemodell		
Faktoren des sozialen Systems	Lösung von Problemen aus systemischer Sicht	
Personen	Welche Veränderungen in Bezug auf die Personen des sozialen Systems sind denkbar?	
Subjektive Deutungen	Können subjektive Deutungen verändert werden?	
Systemumwelt	Ändert sich die Systemumwelt?	
Evolution	Welche Veränderungen hinsichtlich der zukünftigen Entwicklungsrichtung oder Entwicklungsgeschwindigkeit sind möglich?	
Interaktionsstrukturen	Gibt es Veränderungen von Interaktionsstrukturen?	
Verhaltensregeln	Gibt es Veränderungen von Verhaltensregeln und den darauf basierenden Deutungen?	

Quelle: Nach König/Volmer 2014, 39.

keit und die Lernverantwortung der Schülerinnen und Schüler stehen im Fokus. Dabei kommt es vor allem auch auf die Gestaltung und Inszenierung der Lernumgebung, die Bereitstellung der Lernmaterialien und die Beziehungsgestaltung an. Im Unterrichtsbeispiel werden dazu Methoden wie beispielsweise die Konfliktanalyse (Giesecke 1997, 23), Forschendes Lehren und Lernen (Moegling 2011, 98) mit Informationsmaterialien für Arbeitsgruppen angewendet. Der zentrale Punkt im Lernprozess ist die Auswahl, die Planung und die Organisation der Präsentation der Lernergebnisse. Handlungs- und prozessorientiertes Lernen an exemplarischen Beispielen bringt den Vorteil des aktiven und vertieften Lernens, Schlüsselqualifikationen wie Team- und Problemlösefähigkeit werden gefördert und Kompetenzen wie Zeitmanagement und Arbeitsorganisation erworben.

Um die Lernneugier zu wecken, können beispielsweise unterschiedliche Perspektiven in einer Pro-Kontra-Debatte, die auch vielfältige Meinungen in heterogenen Klassen hervorbringen kann, veranschaulicht werden (vgl. Arbeitsblatt 3). Die Aktualität und die Dramatik vieler politischer Konflikte bieten zahlreiche Chancen, die Sensibilität der Schülerinnen und Schüler für politische Auseinandersetzungen und Friedensprozesse zu erhöhen, aber auch soziale und kulturelle Integration zu ermöglichen. Sowohl die Interessengebundenheit von Politik als auch die vielfältige unterschiedliche Darstellung der Medien können an diesem Inhaltsbereich kritisch kommentiert und analysiert werden.

Die Ergebnisse der Schülerinnen und Schüler werden in der dritten Phase des Unterrichts ausgetauscht, präsentiert, mit konstruktivem Feedback begleitet und diskutiert. Dabei kann beispielsweise die Unterrichtsmethode «Lernen durch Lehren» (Hanel 1991, 31) angewendet werden, die darin begründet ist, dass nach der Aufbereitung, Wiedergabe und Diskussion von Stoffgebieten die Lerninhalte weiter und tiefer durchdrungen werden. Beobachtende Lehrende müssen die perspektivische Gebundenheit der eigenen Konstruktionen reflektieren und transparent machen, um als Beobachtende die Komplexität der Konstruktionen der Lernenden bewusst zu machen (vgl. Grugger/Rathgeb-Weber/Schwarz 2008). Zur Lernergebnissicherung werden am Schluss die wesentlichen Inhalte zusammengefasst und weiterführende Ideen und Impulse vermerkt (vgl. Danninger 2017, 15 f.).

Fazit

Systemische und friedensrelevante Sichtweisen können im anspruchsvollen Gegenstandsbereich der Jugoslawienkriege hilfreich sein, da der Fokus im Prozessgeschehen auf der Wirkung liegt, die in sozialen Systemen weder berechenbar noch vorhersehbar ist. In der multidimensionalen Betrachtung von Konflikten kann die Vermittlung von Geschichte und Politischer Bildung im Umgang mit kontroverser Geschichte in einer pluralen und migrationsgeprägten Gesellschaft umgesetzt werden. Reflektiertes Geschichtsbewusstsein kann in Form von multiperspektivischen Analysen und Reflexionsformen erworben werden. Wie Akteurinnen und Akteure Konflikte wahrnehmen und wie sie darüber kommunizieren, wird in den Fokus gerückt. Unter dem Begriff des Radikalen Widerspruchs beschreibt Oliver Ramsbotham «den Krieg der Worte». Darunter wird das Sprechen über den Konflikt und die Tatsache, wie Konfliktparteien übereinander sprechen, nicht nur als Begleiterscheinung des Konfliktes abgetan, sondern als Ansatz von Konfliktbearbeitung und zur Initiierung eines konstruktiven Dialoges über strategische Sichtweisen mit Blick in die Zukunft anstatt in die Vergangenheit verstanden (Ramsbotham 2012, 138).

Literatur

Arndt, Holger (2017). Systemisches Denken im Fachunterricht. Erlangen: FAU University Press.

Arnold, Rolf (2009). Wie man führt, ohne zu dominieren. 29 Regeln für ein kluges Leadership. Carl Auer.

Bateson, Gregory (Hg.) (1981). Ökologie des Geistes. Anthropologische, psychologische, biologische und epistemologische Perspektiven. Frankfurt am Main: Suhrkamp.

Bundesministerium Bildung, Wissenschaft und Forschung (2014). Lehrplan der Handelsakademie, BGBl. II, Nr. 209/2014 vom 27. August 2014.

Danninger, Gabriele (2010). Persönlichkeit und Rhetorik — systemisch betrachtet. Vortrag bei den 6. Salzburger-Tübinger Rhetorikgesprächen 2009 an der Universität Salzburg. Rheton. Online-Zeitschrift für Rhetorik, 2010, www.rheton.sbg.ac.at/rheton/2010/05/gabriele-danninger-perschkeit-und-rhetorik-systemisch-betrachtet, 27. April 2020.

Danninger, Gabriele (2017). Die Logiken der Friedensstiftung verstehen. Unterrichtsentwurf zum «Jugoslawienkonflikt» nach systempädagogischen Elementen. Politisches Lernen 3–4/17, 10–23.

Danninger, Gabriele (2019). «Wie erleben die Akteur/-innen Lehrer/-innen und Schüler/-innen Integrationsmodelle? Rekonstruktion der Lehr- und Lernarrangements im Unterrichtsfach Politische Bildung und Geschichte am exemplarischen Beispiel der berufsbildenden höheren Schule (BHS). In: Zeitschrift für Didaktik der Gesellschaftswissenschaften Geographie – Geschichte – Politik – Wirtschaft. 1/2019. Frankfurt am Main: Wochenschau, 56–74.

Ecker, Alois (2017). Prozessorientierte Geschichtsdidaktik. In: ÖGL Österreich Geschichte Literatur Geographie. Fachdidaktik. Institut für Österreichkunde, 1/2017, 63–75.

Foerster, Heinz von et al. (1997): Einführung in den Konstruktivismus. München: Piper.
Giesecke, Hermann (1997). Kleine Didaktik des politischen Unterrichts. Schwalbach/Ts.: Wochenschau.
Glasersfeld, Ernst von (1996): Radikaler Konstruktivismus. Ideen, Ergebnisse, Probleme. Frankfurt am Main: Suhrkamp.
Gollor, Erika (2015). Hier fühle ich mich wohl. Systemische Pädagogik in der Grundschule. Heidelberg: Carl Auer.
Grugger, Helmut, Gabriele Rathgeb-Weber, Johanna Schwarz (2008). Lernkulturen. Universität Innsbruck.
Hanel, Paul (1991). «Lernen durch Lehren, oder Schüler übernehmen Lehrerfunktionen». In: Staatsinstitut für die Ausbildung der Lehrer an Realschulen (Hg.) (1991), RLInformation, Heft 4, München, 31–34.
Heinemann, Gustav (1975). Allen Bürgern verpflichtet. Reden des Bundespräsidenten 1969–1974. Frankfurt am Main.
Hellmuth, Thomas, Christoph Kühberger (2016). Kommentar zum Lehrplan der Neuen Mittelschule und der AHS-Unterstufe «Geschichte und Sozialkunde/Politische Bildung» (2016).
Helmis, Maria, Laura Vaupel (2014). Lernen diagnostizieren. In: Peter Henkenborg, Gerrit Mambour, Marie Winckler (Hg.), Kompetenzorientiert Politik unterrichten. Schwalbach/Ts.: Wochenschau, 81–87.
Henkenborg, Peter (2014). Lernen auf Kompetenzen beziehen. In: Peter Henkenborg, Gerrit Mambour, Marie Winckler (Hg.), Kompetenzorientiert Politik unterrichten. Schwalbach/Ts.: Wochenschau, 61–70.
Körber, Andreas (2007). Die Dimensionen des Kompetenzmodells «Historisches Denken». In: ders. et al. (Hg.), Kompetenzen historischen Denkens. Ein Strukturmodell als Beitrag zur Kompetenzorientierung in der Geschichtsdidaktik, Neuried, 89–154.
Krammer, Reinhard (2008) Kompetenzen durch Politische Bildung. Ein Kompetenz-Strukturmodell. In: Forum Politische Bildung (Hg.) Wien, 5–14, www.politischebildung.com/pdfs/29_basis.pdf, 7. Mai 2020.
König, Eckard, Gerda Volmer (2014). Handbuch Systemische Organisationsberatung. Weinheim, Basel: Beltz, www.sn.schule.de/~sud/methodenkompendium/module/3/5_3.htm, 30. März 2019.
Kuhn, Annette (1980). 10 Jahre Friedensforschung und Friedenserziehung. Geschichtsdidaktik, 5 (1), 9–22.
Ludewig, Kurt (2005). Einführung in die theoretischen Grundlagen der systemischen Therapie. Carl Auer: Heidelberg.
Luhmann, Niklas (1998). Die Gesellschaft der Gesellschaft. Frankfurt am Main: Suhrkamp.
Luhmann, Niklas, Dirk Baecker (Hg.) (2009). Einführung in die Systemtheorie. 5. Auflage. Heidelberg: Carl Auer.
Melcic, Dunja (Hg.) (2007. Der Jugoslawien-Krieg. Handbuch zu Vorgeschichte, Verlauf und Konsequenzen. 2. Auflage. Wiesbaden: Verlag für Sozialwissenschaften.
Maturana, Humberto R., Franzisco J. Varela (1990). Der Baum der Erkenntnis.

Die biologischen Wurzeln des menschlichen Erkennens. Frankfurt am Main: Goldmann.

Moegling, Klaus (2011). Forschendes Lehren und Lernen. In: Sibylle Reinhardt, Dagmar Richter (Hg.), Politik-Methodik. Handbuch für die Sekundarstufe I und II (S. 98–103), Berlin: Cornelsen.

Ramsbotham, Oliver, Tom Woodhouse, Hugh Miall (2011). Contemporary Conflict Resolution (3. Auflage), Cambridge: John Wiley, Sons.

Reich, Kersten (2006). Konstruktivistische Didaktik. Lehr- und Studienbuch mit Methodenpool und CD-ROM. Weinheim, Basel: Beltz.

Sander, Wolfgang (2014). Friedenserziehung. In: Wolfgang Sander (Hg.), Handbuch politische Bildung, Schwalbach/Ts.

Shazer, Steve de (2002). Der Dreh. Überraschende Wendungen und Lösungen in der Kurzzeittherapie. Heidelberg: Carl Auer.

Shazer, Steve de (2004). Das Spiel mit Unterschieden. Wie therapeutische Lösungen lösen. Heidelberg: Carl Auer.

Sarovic, Alexander (2016). Jugoslawien. Antwort auf die zehn wichtigsten Fragen, www.spiegel.de/einestages/jugoslawienkrieg-antworten-auf-die-wichtigsten-fragen-a-1099538.html, 31. März 2019.

Scheler, Wolfgang (1996). Fortschritt des Friedens in Idee und Wirklichkeit. In: Volker Bialas, Hans-Jürgen Hässler (Hg.), 200 Jahre Kants Entwurf «Zum ewigen Frieden». Idee einer globalen Friedensordnung, Würzburg: Königshausen und Neumann, 119–129.

Schüler helfen Leben, Institut für Friedenspädagogik Tübingen e. V. (Hg.) (2009): Frieden für den Balkan. Didaktische Materialien, Konfliktanalysen und Projektbeispiele. Tübingen, www.schueler-helfen-leben.de/fileadmin/user_upload/Verein/Download/Sozialer_Tag/Unterrichtsmaterial%20f%25FCr%20 Weiterf%25FChrende%20Schulen.pdf, 31. März 2019.

Simon, Fritz B. (2015). Einführung in Systemtheorie und Konstruktivismus (7. Auflage). Heidelberg: Carl Auer.

Sutor, Bernhard (2003). Friedenserziehung und politische Bildung. Kursiv. Journal für politische Bildung, Heft 4, 32.

SWR Planet Schule 2016, www.planet-schule.de/wissenspool/internationale-krisen-2016/inhalt/unterricht/jugoslawien.html, 31. März 2019.

Wette, Wolfram (2004). Kann man aus der Geschichte lernen? Historische Friedensforschung. In: Ulrich Eckern et al. (Hg.), Friedens- und Konfliktforschung in Deutschland. Eine Bestandsaufnahme (S. 83–98). Wiesbaden: Verlag für Sozialwissenschaften.

Wilke, Helmut (1994). Systemtheorie II. Grundzüge einer Theorie der Intervention in komplexen Systemen.

Wulf, Christian (1974). Handbook on Peace Education. Oslo.

Vetter, Mathias (2007). Chronik der Ereignisse 1986–2002. In: Dunja Melcic (Hg.), Der Jugoslawien-Krieg. Handbuch zu Vorgeschichte, Verlauf und Konsequenzen (2. Auflage) (S. 550–579). Wiesbaden: Verlag für Sozialwissenschaften.

Autorinnen und Autoren

Nada Boškovska, Prof. Dr., ist Professorin für Osteuropäische Geschichte am Historischen Seminar der Universität Zürich. Ihre Schwerpunkte in Forschung und Lehre liegen auf der Geschichte Russlands und des Balkans, in erster Linie Jugoslawiens. Insbesondere befasst sie sich mit Sozialgeschichte, Nationalitätenfragen, transkulturellen Beziehungen und Erinnerung und Erinnerungspolitik.

Thomas Bürgisser, Dr., studierte osteuropäische Geschichte, neuere allgemeine Geschichte und Slavistik an den Universitäten Basel und Zagreb. Seine Dissertation *Wahlverwandtschaft zweier Sonderfälle im Kalten Krieg* ist das Standardwerk für die Beziehungsgeschichte zwischen der Schweiz und dem sozialistischen Jugoslawien. Thomas Bürgisser arbeitet als Leiter Wissenschaftliche Kommunikation und Vermittlung bei der Forschungsstelle Diplomatische Dokumente der Schweiz (Dodis) in Bern. Seine Forschungsschwerpunkte bilden die Beziehungen der Schweiz zur Sowjetunion, zu Osteuropa, Ostasien sowie Aspekte der Sicherheits- und Migrationspolitik im Kalten Krieg. Er schreibt als freier Autor regelmässig für die Wochenzeitung WOZ in Zürich sowie für andere Medien.

Gabriele Danninger, Dr. Mag., hat Geschichte, Germanistik, Psychologie, Philosophie und Pädagogik an der Universität Salzburg sowie systemische Psychotherapiewissenschaft in Wien studiert. Sie lehrt seit 2014 an der Pädagogischen Hochschule Salzburg Stefan Zweig in den Bildungswissenschaften, am Institut für Gesellschaftliches Lernen und in der Fort- und Weiterbildung. Seit 2009 ist sie als Lehrbeauftragte an der Donauuniversität Krems tätig. Ihre Forschungsschwerpunkte liegen in den Bereichen Friedens- und Konfliktforschung, Geschlechterforschung sowie Geschichts- und Politikdidaktik.

Nadine Gautschi hat Educational Sciences an der Universität Basel studiert und ist seit August 2019 Doktorandin an der Berner Fachhochschule im Departement Soziale Arbeit.

Shkëlzen Gashi, born in Prishtina (Kosova), works as independent researcher for different NGO-s. He studied Political Sciences at the University of Prishtina and Democracy and Human Rights on the joint study programme of the Universities of Bologna and Sarajevo for his Master's degree. He is author of many publications (books and articles). In 2010 he published the unauthorized biography of Adem Demaçi (available in English), who had spent 28 years in Yugoslav prisons. Currently, he is studying the presentation of the history of Kosovo in the historyschoolbooks in Kosovo, Albania, Serbia, Montenegro and Macedonia. Also, he is writing a biography on Ibrahim Rugova, the leader of the Albanians in Kosovo from 1989–2006.

Susanne Grubenmann studierte Germanistik, Theologie und Geschichte für das Lehramt Sek I an der Universität Basel. Sie arbeitet auf der Sekundarstufe I als Klassen- und Fachlehrerin sowie als Praxislehrperson für angehende Lehrpersonen.

Petra Hamer studied Ethnology and Cultural Anthropology at the University of Ljubljana and graduated in 2013. Her thesis was about functions of popular and traditional music during the war in Sarajevo, Bosnia-Herzegovina. The results of her work were presented at several international conferences and symposia, and her articles have been published in various scientific journals. In 2015, she conducted research on Croatian war music production at the Institute of Ethnology and Folklore Research in Zagreb, Croatia. Currently she is researching art units of the Bosnia-Herzegovina army and their production of patriotic music in relation to nationalism and national identity at the Centre for Southeast European Studies (University of Graz, Austria).

Kathrin Pavić, Dr., hat Geschichte, englische Literatur und Soziologie an der Universität Basel studiert und am Institut für Soziologie der Universität Basel über die Selbst- und Fremdwahrnehmungen von Serbinnen und Serben in der Schweiz promoviert. Sie arbeitet als akademische Mitarbeiterin beim Parlamentsdienst Basel-Stadt und ist nebenbei als selbständige Historikerin und Soziologin tätig.

Oliver Plessow, Prof. Dr., seit 2015 Professor für Didaktik der Geschichte an der Universität Rostock. Promotion zu mittelalterlicher Geschichtsschreibung an der Westfälischen Wilhelms-Universität Münster, Wissenschaftlicher Mitarbeiter in verschiedenen mediävistischen Forschungsprojekten (unter anderem zur mittelalterlichen Gesellschaftssymbolik und Moraldidaxe), Lehrer an einem beruflichen Schulzentrum in Baden-Württemberg und Lehrkraft für besondere

Aufgaben im Bereich der Geschichtsdidaktik an der Universität Kassel; Forschungsschwerpunkte unter anderem zum historischen Lernen im Bereich der nonformalen Bildung sowie zum didaktischen Umgang mit Massenverbrechen und Diktaturerfahrungen.

Dominik Sauerländer, Dr., ist Dozent für Geschichte und ihre Fachdidaktik am Institut Sekundarstufe I und II der Pädagogischen Hochschule Nordwestschweiz. Zu den Schwerpunkten in Lehre und Forschung gehören Geschichtskultur sowie Didaktik ausserschulischer Lernorte. Dominik Sauerländer ist auch Schulbuchautor und realisiert zusammen mit seiner Frau Susanne Mangold in ihrer gemeinsamen Firma ortsgeschichtliche Publikationen, kulturhistorische Ausstellungen und Museumskonzepte.

Elisa Satjukow, Dr. phil. des, ist seit 2015 wissenschaftliche Mitarbeiterin am Lehrstuhl für Ost- und Südosteuropäische Geschichte der Universität Leipzig. Sie hat in Leipzig und Belgrad Ost- und Südeuropawissenschaften studiert und war Fellow im Promotionsprogramm «Trajectories of Change» der «Zeit»-Stiftung Ebelin und Gerd Bucerius. In ihrer Dissertationsschrift *Die andere Seite der Intervention. Eine serbische Erfahrungsgeschichte der NATO-Bombardierung* untersuchte sie die Erfahrungen, Emotionen und Erinnerungen der serbischen Gesellschaft unter den Bedingungen von Bomben und Ausnahmezustand im Frühjahr 1999. Ihre Forschungsschwerpunkte liegen in der Emotions-, Geschlechter- und Erinnerungsforschung sowie im Bereich der Oral History und Geschichtsdidaktik.

Elke Schlote, Dr. phil., studierte Deutsch und Biologie auf Lehramt an der Universität Konstanz und verfasste dort eine soziolinguistische Dissertation zum Sprachgebrauch von Jugendlichen und Erwachsenen in der Stadt Bern. Sie ist zurzeit wissenschaftliche Mitarbeiterin am Seminar für Medienwissenschaft der Universität Basel. 2016–2019 war sie im SNF-Projekt zur Entwicklung des digitalen Lernwerkzeugs Travis Go am Lehrstuhl Prof. Dr. Klaus Neumann-Braun sowie in der Lehre tätig. Ihre Forschungsschwerpunkte sind Bewegtbildanalyse, Medienrezeption von Kindern und Jugendlichen, Medienpädagogik und E-Education sowie digitale Transformation von Schule.

Julia Thyroff, Dr. phil. des., ist wissenschaftliche Mitarbeiterin am Zentrum Politische Bildung und Geschichtsdidaktik der Pädagogischen Hochschule Nordwestschweiz, angesiedelt am Zentrum für Demokratie Aarau. Sie ist dort in Forschung, Lehre und Weiterbildung tätig. Zudem betreut sie die Tagungsreihe «Erinnerung – Verantwortung – Zukunft», in deren Rahmen der vorliegende

Tagungsband entstand. Sie studierte Geschichtswissenschaften mit Studienschwerpunkt Europäische Ethnologie (B. A.) sowie Educational Sciences mit Studienschwerpunkt Geschichtsdidaktik (M. A.) und promovierte an der Universität Basel mit einer Arbeit zu Aneignungsweisen und Elementen historischen Denkens bei Besuchenden der Ausstellung «14/18. Die Schweiz und der Grosse Krieg».

Franziska Anna Zaugg, Dr., untersuchte in ihrer Dissertation die italienische und deutsche Besatzung in Albanien, Kosovo und angrenzenden Gebieten während des Zweiten Weltkriegs. Dabei lag ein Schwerpunkt auf interethnischen Konflikten in dieser Region und ihrer Instrumentalisierung durch die Achsenmächte und lokale Eliten. In ihrem Postdoc-Projekt am University College Dublin/Center for War Studies widmete sie sich Aspekten von Zwang und Motivation bei der Rekrutierung von Südosteuropäern in deutsche Waffen-SS-Verbände. Im Sommer 2018 begann Zaugg mit ihrem Habilitationsprojekt mit dem Arbeitstitel «Eine ‹longue durée› der Gewalt? Kriegsversehrte Gesellschaften in Südosteuropa» an der Universität Bern. Dieses wird finanziert durch den Schweizerischen Nationalfonds.

Béatrice Ziegler, Prof. Dr. phil., Historikerin, Tit. Prof. Universität Zürich, Prof. PH FHNW für Geschichte und Geschichtsdidaktik, ehemalige Leiterin des Zentrums Politische Bildung und Geschichtsdidaktik der PH FHNW am Zentrum für Demokratie Aarau (ZDA) und ehem. Direktionsmitglied des ZDA. Forschungen zur Migrations- und Geschlechtergeschichte, zur schweizerischen Sozialgeschichte des 20. Jahrhunderts, zu Geschichtskultur und politischer Bildung.